考古學特刊

殷周金文集成

第四册

中國社會科學院考古研究所編

中華書局影印

目録

一五四八	[illegible]父乙鼎	3	11	5
一五四九	具父乙鼎	3	11	5
一五五〇	析父乙鼎	3	11	5
一五五一	魚父乙鼎	3	12	5
一五五二	魚父乙鼎	3	12	5
一五五三	魚父乙鼎	3	12	6
一五五四	黿父乙鼎	3	13	6
一五五五	黿父乙鼎	3	13	6
一五五六	黿父乙鼎	3	13	6
一五五七	黿父乙鼎	3	14	6
一五五八	黿父乙鼎	3	14	6
一五五九	黿父乙方鼎	3	14	6
一五六〇	爻父乙方鼎	3	15	6
一五六一	山父乙鼎	3	15	6
一五六二	未父乙鼎	3	15	7
一五六三	祺父乙鼎	3	15	7
一五六四	作父乙鼎	3	16	7
一五六五	犬父丙鼎	3	16	7
一五六六	冄父丙鼎	3	16	7
一五六七	父丙[illegible]鼎	3	16	7
一五六八	弜父丙鼎	3	17	7
一五六九	[illegible]父丙鼎	3	17	7
一五七〇	冀父丁鼎	3	17	7
一五七一	冀父丁鼎	3	17	7
一五七二	冀父丁鼎	3	18	8
一五七三	冀父丁方鼎	3	18	8
一五七四	冄父丁鼎	3	18	8
一五七五	冄父丁鼎	3	18	8
一五七六	父丁[illegible]鼎	3	19	8
一五七七	[illegible]父丁鼎	3	19	8
一五七八	[illegible]父丁方鼎	3	19	8
一五七九	[illegible]父丁方鼎	3	19	8
一五八〇	[illegible]父丁鼎	3	20	8
一五八一	[illegible]父丁方鼎	3	20	9
一五八二	[illegible]父丁鼎	3	20	9
一五八三	黽父丁鼎	3	20	9
一五八四	黽父丁鼎	3	21	9
一五八五	魚父丁鼎	3	21	9
一五八六	[illegible]父丁鼎	3	21	9
一五八七	弜父丁鼎	3	21	9
一五八八	弜父丁鼎	3	22	9
一五八九	弜父丁鼎	3	22	9
一五九〇	大父丁鼎	3	22	10
一五九一	何父丁方鼎	3	22	10
一五九二	[illegible]父丁鼎	3	23	10
一五九三	[illegible]父丁方鼎	3	23	10

一六四〇	𩨂父辛鼎	3	35	15
一六四一	□父辛鼎	3	35	15
一六四二	田父辛方鼎	3	36	15
一六四三	魚父辛鼎	3	36	15
一六四四	□父辛鼎	3	36	16
一六四五	父辛□鼎	3	36	16
一六四六	□父辛鼎	3	37	16
一六四七	□父辛鼎	3	37	16
一六四八	亼父辛鼎	3	37	16
一六四九	亼父辛鼎	3	37	16
一六五〇	冉父辛鼎	3	38	16
一六五一	冉父辛鼎	3	38	16
一六五二	冉父辛鼎	3	38	17
一六五三	冉父辛鼎	3	38	17
一六五四	木父辛鼎	3	39	17
一六五五	□父辛鼎	3	39	17
一六五六	□父辛鼎	3	39	17
一六五七	□父辛鼎	3	39	17
一六五八	□父辛鼎	3	40	17
一六五九	束父辛鼎	3	40	17
一六六〇	串父辛鼎	3	40	17
一六六一	子父辛鼎	3	40	18
一六六二	父辛□鼎	3	41	18
一六六三	作父辛鼎	3	41	18
一六六四	口父辛鼎	3	41	18
一六六五	木父壬鼎	3	41	18
一六六六	重父壬鼎	3	42	18
一六六七	大父癸鼎	3	42	18
一六六八	□父癸鼎	3	42	18
一六六九	□父癸鼎	3	42	18
一六七〇	□父癸方鼎	3	43	18
一六七一	亼父癸方鼎	3	43	19
一六七二	亼父癸鼎	3	43	19
一六七三	□父癸鼎	3	43	19
一六七四	冉父癸鼎	3	44	19
一六七五	冉父癸鼎	3	44	19
一六七六	戈父癸鼎	3	44	19
一六七七	□父癸方鼎	3	44	19
一六七八	弓父癸鼎	3	45	19
一六七九	酉父癸鼎	3	45	19
一六八〇	□父癸方鼎	3	45	20
一六八一	□父癸鼎	3	45	20
一六八二	黿父癸鼎	3	46	20
一六八三	黿父癸鼎	3	46	20
一六八四	黿父癸方鼎	3	46	20
一六八五	鳥父癸鼎	3	46	20

一七三二	叔作寶鼎	3	60	26
一七三三	亣叔鼎	3	60	26
一七三四	成王方鼎	3	60	26
一七三五	大保方鼎	3	61	26
一七三六	口史己鼎	3	62	26
一七三七	册[illegible]宅鼎	3	62	26
一七三八	左癸敄鼎	3	62	26
一七三九	又癸敄鼎	3	62	26
一七四〇	亞受方鼎	3	63	27
一七四一	亞魚鼎	3	63	27
一七四二	亞憂鼎	3	63	27
一七四三	亞[illegible]鼎	3	64	27
一七四四	亞[illegible]鼎	3	64	27
一七四五	亞[illegible]矣鼎	3	64	27
一七四六	亞矣辛方鼎	3	64	27
一七四七	北單戈鼎	3	65	27
一七四八	北單戈鼎	3	65	27
一七四九	北單戈鼎	3	65	28
一七五〇	北單戈鼎	3	65	28
一七五一	貞鼎	3	66	28
一七五二	[illegible][illegible]鼎	3	66	28
一七五三	[illegible]鼎	3	67	28
一七五四	[illegible]鼎	3	67	28
一七五五	[illegible]鼎	3	67	28
一七五六	[illegible]亍方鼎	3	68	28
一七五七	者◇鼎	3	68	28
一七五八	亞[illegible]丁鼎	3	69	29
一七五九	[illegible]亞方鼎	3	69	29
一七六〇	力鼎	3	69	29
一七六一	册戈鼎	3	69	29
一七六二	[illegible]見册鼎	3	70	29
一七六三	耳秉中鼎	3	70	29
一七六四	秉[illegible][illegible]鼎	3	70	29
一七六五	[illegible][illegible]鼎	3	70	29
一七六六	月魚鼎	3	71	30
一七六七	[illegible]作尊方鼎	3	71	30
一七六八	[illegible][illegible]方鼎	3	71	30
一七六九	尚方鼎	3	71	30
一七七〇	羞鼎	3	72	30
一七七一	[illegible]鼎	3	72	30
一七七二	弜作旅鼎	3	72	30
一七七三	作旅鼎	3	72	30
一七七四	作旅鼎	3	73	30
一七七五	作旅鼎	3	73	31
一七七六	口作旅鼎	3	73	31
一七七七	作旅鼎	3	73	31

编号	器名			
一八二四	鄉宁父乙方鼎	4	88	36
一八二五	矢宁父乙方鼎	4	88	36
一八二六	子刀父乙方鼎	4	89	36
一八二七	子口父乙鼎	4	89	36
一八二八	子䀠父乙鼎	4	89	37
一八二九	[illegible]父乙鼎	4	89	37
一八三〇	[illegible]父乙鼎	4	90	37
一八三一	[illegible]父乙鼎	4	90	37
一八三二	冂作父乙鼎	4	90	37
一八三三	父乙㕚口鼎	4	90	37
一八三四	耳衡父己鼎	4	91	37
一八三五	耳衡父乙鼎	4	91	37
一八三六	宁羊父丙鼎	4	91	37
一八三七	亞䣄父丙方鼎	4	91	37
一八三八	[illegible]父丁鼎	4	92	38
一八三九	亞䣄父丁方鼎	4	92	38
一八四〇	亞䣄父丁方鼎	4	92	38
一八四一	亞獏父丁鼎	4	93	38
一八四二	亞獏父丁鼎	4	93	38
一八四三	亞獏父丁鼎	4	93	38
一八四四	亞獏父丁鼎	4	93	38
一八四五	亞犬父丁方鼎	4	94	38
一八四六	亞[illegible]父丁鼎	4	94	38
一八四七	亞酉父丁鼎	4	94	39
一八四八	亞[illegible]父丁鼎	4	94	39
一八四九	田告父丁鼎	4	95	39
一八五〇	子羊父丁鼎	4	95	39
一八五一	寧母父丁方鼎	4	95	39
一八五二	臤父丁鼎	4	95	39
一五五三	耳衡父丁鼎	4	96	39
一八五四	耳夅父丁鼎	4	96	39
一八五五	庚[illegible]父丁方鼎	4	96	39
一八五六	[illegible]父丁册方鼎	4	96	40
一八五七	尹舟父丁鼎	4	97	40
一八五八	[illegible]父丁册方鼎	4	97	40
一八五九	弓𦎫父丁方鼎	4	97	40
一八六〇	作父丁∀方鼎	4	97	40
一八六一	[illegible]父丁鼎	4	98	40
一八六二	季父戊子鼎	4	98	40
一八六三	亞[illegible]父戊鼎	4	98	40
一八六四	角戊父字鼎	4	98	40
一八六五	亞[illegible]父己鼎	4	99	41
一八六六	亞[illegible]父己鼎	4	99	41
一八六七	父己亞䣄方鼎	4	99	41
一八六八	亞[illegible]父己鼎	4	99	41
一八六九	亞戈父己鼎	4	100	41

一九一六	伯作旅彝鼎	4	112	46
一九一七	伯作寶彝鼎	4	112	47
一九一八	伯作寶彝鼎	4	113	47
一九一九	伯作寶彝鼎	4	113	47
一九二〇	伯作寶彝鼎	4	113	47
一九二一	伯作旅鼎	4	114	47
一九二二	仲作旅鼎	4	114	47
一九二三	叔作寶彝鼎	4	114	47
一九二四	内叔作鼎	4	115	47
一九二五	叔尹作旅方鼎	4	115	47
一九二六	叔作鮇子鼎	4	115	47
一九二七	叔作[illegible]鼎	4	115	48
一九二八	叔作旅鼎	4	116	48
一九二九	叔作旅鼎	4	116	48
一九三〇	叔我鼎	4	116	48
一九三一	季作寶彝鼎	4	116	48
一九三二	師公鼎	4	117	48
一九三三	中賙王鼎	4	118	48
一九三四	公鼎	4	118	48
一九三五	國子鼎	4	118	48
一九三六	懋史䌛鼎	4	119	49
一九三七	大祝禽方鼎	4	119	49
一九三八	大祝禽方鼎	4	119	49
一九三九	又敉父癸鼎	4	119	49
一九四〇	更鼎	4	120	49
一九四一	劦冊八辛鼎	4	120	49
一九四二	臣辰冊方鼎	4	120	49
一九四三	臣辰冊方鼎	4	120	49
一九四四	亞[illegible][illegible][illegible]方鼎	4	121	50
一九四五	徣父右㠯鼎	4	121	50
一九四六	公朱右㠯鼎	4	121	50
一九四七	滑斿子鼎	4	121	50
一九四八	戈作寶鼎	4	122	50
一九四九	甲作寶方鼎	4	122	50
一九五〇	[illegible]作寶鼎	4	122	50
一九五一	車作寶鼎	4	123	50
一九五二	車作寶方鼎	4	123	51
一九五三	舟作寶鼎	4	123	51
一九五四	舟作寶鼎	4	123	51
一九五五	鼎之伐鼎	4	124	51
一九五六	右作旅鼎	4	124	51
一九五七	中作寶鼎	4	124	51
一九五八	員作用鼎	4	124	51
一九五九	舌臣鼎	4	125	51
一九六〇	毛作寶鼎	4	125	51
一九六一	益作寶鼎	4	125	52

編號	器名	冊	頁	頁
一九六二	與作寶鼎	4	125	52
一九六三	與作寶鼎	4	126	52
一九六四	𣪘作寶鼎	4	126	52
一九六五	𢿌作寶鼎	4	126	52
一九六六	𦎫作寶鼎	4	126	52
一九六七	𤎩作寶䵼鼎	4	127	52
一九六八	寡長方鼎	4	127	52
一九六九	樂作旅鼎	4	127	52
一九七〇	樂作旅鼎	4	127	53
一九七一	攸作旅鼎	4	128	53
一九七二	𠀠作寶彝鼎	4	128	53
一九七三	㠱作寶彝鼎	4	128	53
一九七四	𩏂作寶器鼎	4	129	53
一九七五	雁𠮚作旅鼎	4	129	53
一九七六	𪊨禾作旅鼎	4	129	53
一九七七	考作寶鼎	4	129	53
一九七八	凵作旅鼎	4	130	53
一九七九	𢻥作旅鼎	4	130	54
一九八〇	卲之飤鼎	4	130	54
一九八一	作执從彝方鼎	4	130	54
一九八二	作执从彝鼎	4	131	54
一九八三	作寶障彝鼎	4	131	54
一九八四	作寶障彝鼎	4	131	54
一九八五	作寶障彝方鼎	4	132	54
一九八六	作寶障彝鼎	4	132	54
一九八七	辛作寶彝鼎	4	132	54
一九八八	明我作鼎	4	133	55
一九八九	眉壽作彝鼎	4	133	55
一九九〇	敳之行鼎	4	133	55
一九九一	易兒鼎	4	134	55
一九九二	宜陽右蒼鼎	4	134	55
一九九三	今永里鼎	4	135	55
一九九四	巨萓十九鼎	4	135	55
一九九五	安氏私官鼎	4	135	55
一九九六	盩且庚父辛鼎	5	136	55
一九九七	木且辛父丙鼎	5	136	55
一九九八	亞𠩌覃父甲鼎	5	136	56
一九九九	作父甲鼎	5	136	56
二〇〇〇	馬羊𠃬父乙鼎	5	137	56
二〇〇一	西單光父乙鼎	5	137	56
二〇〇二	辰行奚父乙鼎	5	137	56
二〇〇三	臣辰父乙鼎	5	138	56
二〇〇四	臣辰父乙鼎	5	138	56
二〇〇五	臣辰父乙鼎	5	138	56
二〇〇六	父乙臣辰鼎	5	138	56
二〇〇七	作父乙鼎	5	139	57

編號	器名			
二〇〇八	作父乙[illegible]鼎	5	139	57
二〇〇九	旁父乙鼎	5	139	57
二〇一〇	宰[illegible]宔父丁鼎	5	139	57
二〇一一	[illegible]作父戊鼎	5	140	57
二〇一二	[illegible]作父戊鼎	5	140	57
二〇一三	[illegible]作父戊方鼎	5	140	57
二〇一四	父己亞奇史鼎	5	140	57
二〇一五	小子作父己鼎	5	141	58
二〇一六	小子作父己方鼎	5	141	58
二〇一七	子册父辛鼎	5	141	58
二〇一八	子作鼎盟彝鼎	5	141	58
二〇一九	冀兄戊父癸鼎	5	142	58
二〇二〇	冀母[illegible]父癸鼎	5	142	58
二〇二一	孔作父癸鼎	5	142	58
二〇二二	臤父鼎	5	142	58
二〇二三	嬰父方鼎	5	143	58
二〇二四	考[illegible]鼎	5	143	58
二〇二五	己方鼎	5	143	59
二〇二六	[illegible]母鼎	5	143	59
二〇二七	嬴氏鼎	5	144	59
二〇二八	亶姜鼎	5	144	59
二〇二九	散姬方鼎	5	144	59
二〇三〇	王伯鼎	5	144	59
二〇三一	王季作鼎彝鼎	5	145	59
二〇三二	小臣鼎	5	145	59
二〇三三	亞[illegible]鼎	5	145	60
二〇三四	亞伯禾鼎	5	145	60
二〇三五	亞[illegible]矣鼎	5	146	60
二〇三六	史咉鼎	5	146	60
二〇三七	[illegible]鼎	5	146	60
二〇三八	伯員鼎	5	147	60
二〇三九	伯申鼎	5	147	60
二〇四〇	伯旅鼎	5	147	60
二〇四一	[illegible]伯鼎	5	147	60
二〇四二	[illegible]伯鼎	5	148	60
二〇四三	戲伯鼎	5	148	61
二〇四四	[illegible]伯鼎	5	148	61
二〇四五	橋仲鼎	5	148	61
二〇四六	仲𠂤父鼎	5	149	61
二〇四七	仲作寶鼎	5	149	61
二〇四八	仲作旅寶鼎	5	149	61
二〇四九	叔攸作旅鼎	5	149	61
二〇五〇	叔伐父作鼎	5	150	61
二〇五一	叔作懿宗方鼎	5	150	61
二〇五二	叔鼎	5	150	62
二〇五三	叔作寶隮彝鼎	5	151	62

二〇〇	半斗鼎	5	166	67
二〇一	三斗鼎	5	166	67
二〇二	中厶官鼎	5	166	67
二〇三	眉脒鼎	5	167	67
二〇四	上[illegible]鼎	5	167	68
二〇五	上樂床鼎	5	167	68
二〇六	君夫人鼎	5	168	68
二〇七	寍女方鼎	5	169	68
二〇八	褱門鼎	5	169	68
二〇九	[illegible]伯鼎	6	169	68
二一〇	[illegible]作且丁鼎	6	169	68
二一一	且辛禹方鼎	6	170	68
二一二	且辛禹方鼎	6	170	68
二一三	犬且辛且癸鼎	6	171	69
二一四	般作父乙方鼎	6	171	69
二一五	臣辰册父乙鼎	6	171	69
二一六	臣辰册父乙鼎	6	171	69
二一七	[illegible]犬犬魚父乙鼎	6	172	69
二一八	[illegible]作父丙鼎	6	172	69
二一九	作父丙殘鼎	6	172	69
二二〇	韋作父丁鼎	6	172	69
二二一	[illegible]作父丁鼎	6	173	70
二二二	[illegible]作父丁𬩳鼎	6	173	70
二二三	涉作父丁鼎	6	173	70
二二四	[illegible]日戊鼎	6	173	70
二二五	束册作父己鼎	6	174	70
二二六	[illegible]作父己鼎	6	174	70
二二七	[illegible]作父庚鼎	6	174	70
二二八	具作父庚鼎	6	174	70
二二九	作父辛方鼎	6	175	70
二三〇	作父辛方鼎	6	175	71
二三一	木作父辛鼎	6	175	71
二三二	匚賓父癸鼎	6	175	71
二三三	或作父癸方鼎	6	176	71
二三四	或作父癸方鼎	6	176	71
二三五	臣辰父癸鼎	6	176	71
二三六	子父癸鼎	6	176	71
二三七	[illegible]婦姑鼎	6	177	71
二三八	[illegible]婦姑方鼎	6	177	71
二三九	爻癸婦鼎	6	177	71
二四〇	[illegible]婦方鼎	6	177	72
二四一	[illegible]父鼎	6	178	72
二四二	安父鼎	6	178	72
二四三	鮮父鼎	6	178	72
二四四	旅父鼎	6	178	72
二四五	田告母辛方鼎	6	179	72

二四六	員母鼎	6	179	72
二四七	王作仲姬方鼎	6	179	73
二四八	齊姜鼎	6	180	73
二四九	夨王方鼎蓋	6	180	73
二五〇	雁公方鼎	6	180	73
二五一	雁公方鼎	6	180	73
二五二	豐公鼎	6	181	73
二五三	康侯丰鼎	6	181	73
二五四	滕侯方鼎	6	181	73
二五五	堇伯鼎	6	182	74
二五六	堇伯鼎	6	182	74
二五七	大保方鼎	6	183	74
二五八	大保方鼎	6	183	74
二五九	大保方鼎	6	183	74
二六〇	陵伯方鼎	6	184	74
二六一	陵伯方鼎	6	184	74
二六二	大丏方鼎	6	184	74
二六三	大丏方鼎	6	184	75
二六四	史逨方鼎	6	185	75
二六五	史逨方鼎	6	185	75
二六六	𢼸史鼎	6	185	75
二六七	伯卿鼎	6	186	75
二六八	伯魚鼎	6	186	75
二六九	史戎鼎	6	186	75
二七〇	伯矩鼎	6	186	75
二七一	嬴靁德鼎	6	187	76
二七二	雁叔鼎	6	187	76
二七三	北單從鼎	6	187	76
二七四	田蒖鼎	6	187	76
二七五	?舀作旅鼎	6	188	76
二七六	鳥壬侜鼎	6	188	76
二七七	?遣鼎	6	188	76
二七八	?遣鼎	6	188	76
二七九	吹作槠妊鼎	6	189	76
二八〇	向方鼎	6	189	77
二八一	作公障彝鼎	6	189	77
二八二	作口寶障彝鼎	6	189	77
二八三	才僩父鼎	6	190	77
二八四	霸姞鼎	6	190	77
二八五	伯𩛥方鼎	6	190	77
二八六	外叔鼎	6	191	77
二八七	叔旟鼎	6	191	77
二八八	考作吝父鼎	6	191	77
二八九	史昔鼎	6	192	78
二九〇	伯趞方鼎	6	192	78
二九一	王作仲姜鼎	6	192	78

二一九二	彌作井姬鼎	6	192	78
二一九三	騳鋗鼎	6	193	78
二一九四	[illegible]父鼎	6	193	78
二一九五	伯遲父鼎	6	193	78
二一九六	史盄父鼎	6	194	78
二一九七	伯咸父鼎	6	194	78
二一九八	陵叔鼎	6	194	79
二一九九	井季𡚬鼎	6	194	79
二二〇〇	鯀還鼎	6	195	79
二二〇一	非攸鼎	6	195	79
二二〇二	孟𣶒鼎	6	195	79
二二〇三	史宋鼎	6	196	79
二二〇四	羌鼎	6	196	79
二二〇五	鶾叏父鼎	6	196	79
二二〇六	𤇾子鼎	6	197	79
二二〇七	仲義父鼎	6	197	80
二二〇八	仲義父鼎	6	198	80
二二〇九	仲義父鼎	6	198	80
二二一〇	仲義父鼎	6	199	80
二二一一	仲義父鼎	6	199	80
二二一二	遣叔鼎	6	200	80
二二一三	孟渒父鼎	6	200	80
二二一四	尹小叔鼎	6	200	80
二二一五	蔡侯𪔂	6	201	81
二二一六	蔡侯鼑	6	201	81
二二一七	蔡侯鼎	6	202	81
二二一八	蔡侯殘鼎	6	203	81
二二一九	蔡侯殘鼎	6	203	81
二二二〇	蔡侯殘鼎	6	203	81
二二二一	蔡侯殘鼎蓋	6	204	81
二二二二	蔡侯殘鼎蓋	6	204	82
二二二三	蔡侯殘鼎蓋	6	204	82
二二二四	蔡侯殘鼎蓋	存2	205	82
二二二五	蔡侯殘鼎	6	205	82
二二二六	蔡侯殘鼎	存4	205	82
二二二七	取它人鼎	6	206	82
二二二八	中敃鼎	6	206	82
二二二九	沖子鼎	6	207	82
二二三〇	口子鼎	6	207	82
二二三一	楚子趈鼎	6	208	83
二二三二	右卜脒鼎	6	208	83
二二三三	宋公䜌鼎蓋	6	208	83
二二三四	鄧尹疾鼎	6	209	83
二二三五	鄧子午鼎	6	209	83
二二三六	王氏官鼎蓋	6	210	83
二二三七	王蔑鼎	6	210	83

二二八四	喬夫人鼎	7	227	89
二二八五	子陝口之孫鼎	7	228	89
二二八六	盅子臧鼎蓋	7	229	89
二二八七	鈇侯之孫陳鼎	7	229	89
二二八八	邵王之諻鼎	7	229	89
二二八九	王子臺鼎	7	230	89
二二九〇	曾侯乙鼎	7	231	90
二二九一	曾侯乙鼎	7	231	90
二二九二	曾侯乙鼎	7	232	90
二二九三	曾侯乙鼎	7	233	90
二二九四	曾侯乙鼎	7	234	90
二二九五	曾侯乙鼎	7	235	90
二二九六	鑄客鼎	7	236	90
二二九七	鑄客爲集脰鼎	7	237	90
二二九八	鑄客爲集脰鼎	7	237	91
二二九九	鑄客爲集糌鼎	7	237	91
二三〇〇	鑄客爲集口鼎	7	238	91
二三〇一	巨荳王鼎	7	239	91
二三〇二	膴所偖鼎	7	239	91
二三〇三	敄公上坖鼎	7	239	91
二三〇四	鋹詯侯鼎	7	239	91
二三〇五	墉夜君成鼎	7	240	91
二三〇六	荼鼎	7	240	92
二三〇七	右𡧊公鼎	7	240	92
二三〇八	半齋鼎	7	241	92
二三〇九	口賡鼎	7	241	92
二三一〇	廷作且丁鼎	8	241	92
二三一一	咸姝子作且丁鼎	8	242	92
二三一二	堇臨作父乙方鼎	8	242	92
二三一三	作父乙鼎	8	243	92
二三一四	士作父乙方鼎	8	243	93
二三一五	亞豚作父乙鼎	8	243	93
二三一六	亳作父乙方鼎	8	243	93
二三一七	亞只作父丁鼎	8	244	93
二三一八	引作文父丁鼎	8	244	93
二三一九	車作父丁鼎	8	245	93
二三二〇	砦子旅作父戊鼎	8	245	93
二三二一	𠃌作父辛鼎	8	245	93
二三二二	作父辛方鼎	8	245	93
二三二三	䇂作父癸鼎	8	246	94
二三二四	㐆作父癸鼎	8	246	94
二三二五	𢑚季作父癸方鼎	8	246	94
二三二六	史造作父癸鼎	8	246	94
二三二七	易貝作母辛鼎	8	247	94
二三二八	册木工作母辛鼎	8	247	94
二三二九	北子作母癸方鼎	8	247	94

二三七六	乙公鼎	9	262	99
二三七七	薛侯鼎	9	263	99
二三七八	季念作旅鼎	9	263	99
二三七九	[illegible][illegible]鼎	9	263	99
二三八〇	亘鼎	9	263	100
二三八一	穌衛妃鼎	9	264	100
二三八二	穌衛妃鼎	9	264	101
二三八三	穌衛妃鼎	9	265	101
二三八四	穌衛妃鼎	9	265	101
二三八五	至作寶鼎	9	265	101
二三八六	綵駒父鼎	9	265	101
二三八七	内公鼎	9	266	101
二三八八	内公鼎	9	266	101
二三八九	内公鼎	9	266	101
二三九〇	郐子余鼎	9	267	102
二三九一	江小仲母生鼎	9	267	102
二三九二	叔姬作陽伯鼎	9	267	102
二三九三	鑄客爲王句小廥鼎	9	268	102
二三九四	鑄客爲王句小廥鼎	9	268	102
二三九五	鑄客爲大句脰官鼎	9	269	102
二三九六	公朱右自鼎	9	269	102
二三九七	壽春鼎	9	270	102
二三九八	[illegible]鼎	9	270	102
二三九九	言鼎	9	270	103
二四〇〇	亞若癸鼎	10	271	103
二四〇一	亞若癸鼎	10	271	103
二四〇二	亞若癸鼎	10	271	103
二四〇三	婦闟鼎	10	272	103
二四〇四	伯[illegible]方鼎	10	272	103
二四〇五	德鼎	10	273	103
二四〇六	戈父辛鼎	10	274	103
二四〇七	伯[illegible]	10	274	104
二四〇八	禽鼎	10	274	104
二四〇九	大師作叔姜鼎	10	274	104
二四一〇	甚諆臧鼎	10	275	104
二四一一	叔師父鼎	10	275	104
二四一二	叔孟父鼎	10	275	104
二四一三	靃鼎	10	275	104
二四一四	伯旬鼎	10	276	104
二四一五	鄭同媿鼎	10	276	104
二四一六	子遹鼎	10	276	105
二四一七	廟孱鼎	10	277	105
二四一八	己華父鼎	10	277	105
二四一九	樂鼎	10	277	105
二四二〇	陽鼎	10	277	105
二四二一	鄭子石鼎	10	278	105

編號	器名			
二四二二	邿艁鼎	10	278	105
二四二三	曾侯仲子游父鼎	10	279	105
二四二四	曾侯仲子游父鼎	10	279	105
二四二五	乙未鼎	存 10	280	106
二四二六	[illegible]鼎	10	280	106
	（辛中姬皇母鼎）			
二四二七	亞[illegible]鼎	10	280	106
二四二八	口子每刄鼎	10	281	106
二四二九	[illegible]仲鼎	10	281	106
二四三〇	殘⿰阝尊鼎	10	281	106
二四三一	乃孫作且己鼎	11	282	106
二四三二	無[illegible]鼎	11	283	106
二四三三	韓姛方鼎	11	283	106
二四三四	韓姛方鼎	11	283	107
二四三五	從鼎	11	284	107
二四三六	剌攺宁鼎	11	284	107
二四三七	[illegible]虎鼎	11	284	107
二四三八	伯口作⿰阝尊鼎	11	284	107
二四三九	庚兹鼎	11	285	107
二四四〇	叔口父鼎	11	285	107
二四四一	蔡侯鼎	11	285	107
二四四二	仲宧父鼎	11	285	107
二四四三	伯[illegible]鼎	11	286	108
二四四四	伯[illegible]	11	286	108
二四四五	伯[illegible]	11	286	108
二四四六	伯[illegible]	11	286	108
二四四七	伯[illegible]鼎	11	287	108
二四四八	内大子鼎	11	287	108
二四四九	内大子鼎	11	287	108
二四五〇	曾子伯誩鼎	11	287	108
二四五一	梁上官鼎	11	288	109
二四五二	吳買鼎	11	288	109
二四五三	[illegible]父鼎	12	289	109
二四五四	[illegible]父鼎	12	289	109
二四五五	[illegible]父鼎	12	289	109
二四五六	伯矩鼎	12	290	109
二四五七	[illegible]侯鼎	12	290	109
二四五八	中作且癸鼎	12	290	109
二四五九	交鼎	12	290	110
二四六〇	[illegible]伯鼎	12	291	110
二四六一	从鼎	12	291	110
二四六二	倗仲鼎	12	291	110
二四六三	仲殷父鼎	12	292	110
二四六四	仲殷父鼎	12	292	110
二四六五	伯[illegible]父鼎	12	293	110
二四六六	溓俗父鼎	12	293	110

二四六七	鄭姜伯鼎	12	294	111
二四六八	敶生隺鼎	12	294	111
二四六九	大師人鼎	12	295	111
二四七〇	癸有𤔲爯鼎	12	295	111
二四七一	图口鼎	12	296	111
二四七二	虢姜鼎	12	296	111
二四七三	史喜鼎	12	297	111
二四七四	[illegible]𤔲寇鼎	12	297	111
二四七五	内公鼎	12	298	111
二四七六	專車季鼎	12	298	111
二四七七	[illegible]匂君鼎	12	299	112
二四七八	鎬鼎	12	299	112
二四七九	楚王酓肯釶鼎	12	300	112
二四八〇	鑄客鼎	12	301	112
二四八一	二年寍鼎	12	302	112
二四八二	四年昌國鼎	12	302	112
二四八三	壴生鼎	存 12	302	112
二四八四	舟鼎	存 13	303	112
二四八五	刺觀鼎	13	303	113
二四八六	禽鼎	13	303	113
二四八七	伯[illegible]鼎	13	304	113
二四八八	右伯鼎	13	304	113
二四八九	伯衛父鼎	13	304	113
二四九〇	叀鼎	13	305	113
二四九一	居[illegible][illegible]鼎	13	305	113
二四九二	虢叔大父鼎	13	306	113
二四九三	鄭饔原父鼎	13	306	113
二四九四	杞伯每匕鼎	13	307	113
二四九五	杞伯每匕鼎	14	308	114
二四九六	内大子白鼎	13	308	114
二四九七	黃君孟鼎	13	309	114
二四九八	鄁子[illegible][illegible]鼎	13	310	114
二四九九	[illegible]父丁鼎	存 13	311	114
二五〇〇	伯[illegible]父鼎	13	311	114
二五〇一	𤔲工殘鼎	13	312	114
二五〇二	[illegible]君鼎	13	312	114
二五〇三	癸子旅鼎	14	313	115
二五〇四	作冊甾鼎	14	313	115
二五〇五	[illegible]方鼎	14	314	115
二五〇六	[illegible]作且乙鼎	14	315	115
二五〇七	復鼎	14	315	115
二五〇八	伯考父鼎	14	316	115
二五〇九	屯鼎	14	316	115
二五一〇	屯鼎	14	316	115
二五一一	叔[illegible]父鼎	14	317	116
二五一二	吉父鼎	14	317	116

二五一三	伯筍父鼎	14	318	116
二五一四	伯筍父鼎	14	318	116
二五一五	史宜父鼎	14	319	116
二五一六	粭嫃鼎	14	319	116
	（會嫃鼎）			
二五一七	内子仲口鼎	14	320	116
二五一八	蔡生鼎	14	320	116
二五一九	君季鼎	14	320	117
	（杞伯每匕鼎）			
二五二〇	鄭蔵句父鼎	14	321	117
二五二一	雍作母乙鼎	14	321	117
二五二二	武生鼎	14	322	117
二五二三	武生鼎	14	322	117
二五二四	[illegible][illegible]生鼎	14	323	117
二五二五	[illegible]伯御戎鼎	14	323	117
二五二六	穌冶妊鼎	14	324	117
二五二七	卅年鼎	14	325	117
二五二八	巺口仲方鼎	14	326	118
二五二九	仲爯父鼎	存 14	326	118
二五三〇	王子中賓鼎	存 14	327	118
	（秦王子鼎）			

鼎類銘文 二

且丁鼎

1510

戈且辛鼎

1511

象且辛鼎

1512

戈且癸鼎

1514

戈且癸鼎

1513

戈匕辛鼎

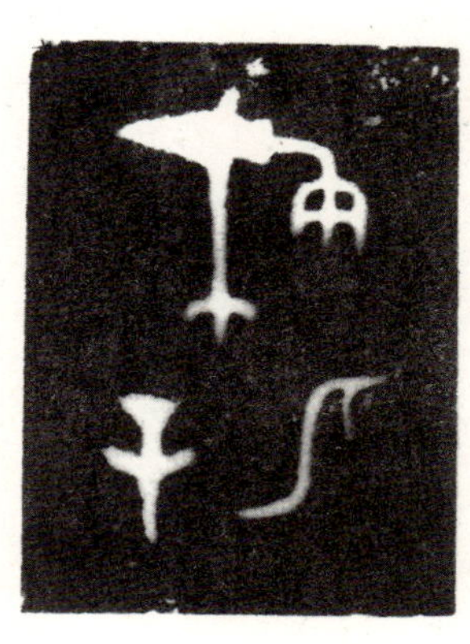

1515

戈父甲方鼎

1517

⿱子共匕癸方鼎

1516

戈父甲方鼎

1518

戈父甲方鼎

1519

咸父甲鼎

1520

冀父甲鼎

1521

父甲鼎

1522

㠱父乙方鼎

1523

㠱父乙方鼎

1524

㠱父乙鼎

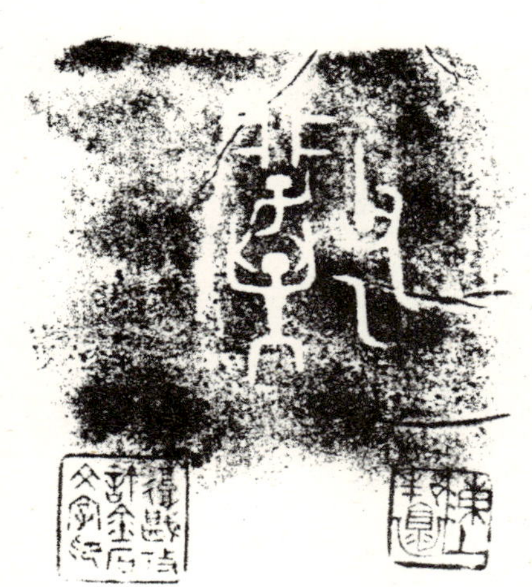

1525

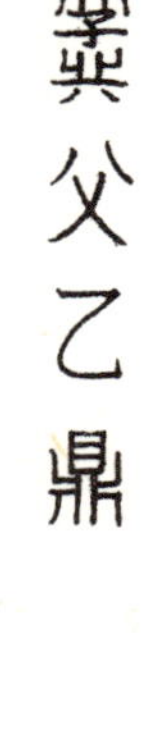

㠱父乙鼎

1526

冀父乙鼎

1527

父乙鼎

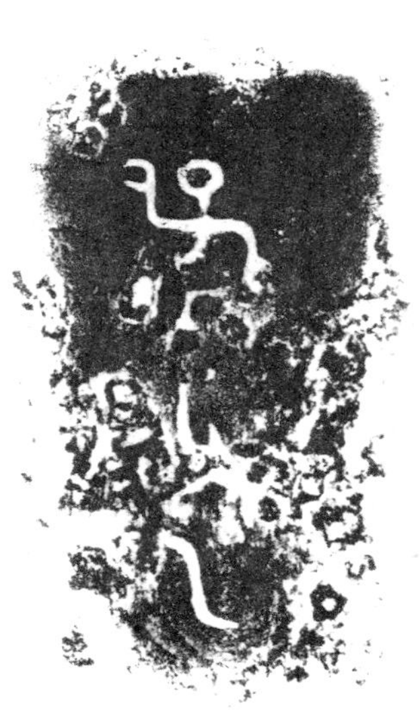

1528

父乙方鼎

1529

光父乙方鼎

1530

父乙□鼎

1531

父乙欠鼎

1532

父乙鼎

1533

子父乙鼎

1534

息父乙鼎

1535

[illegible]父乙鼎

1536

[illegible]父乙鼎

1537

紷父乙鼎

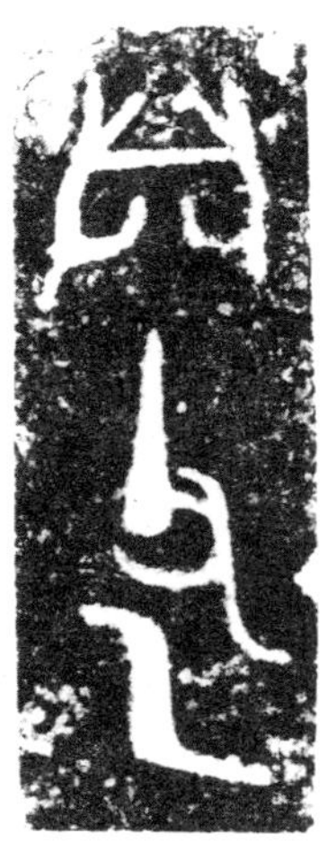

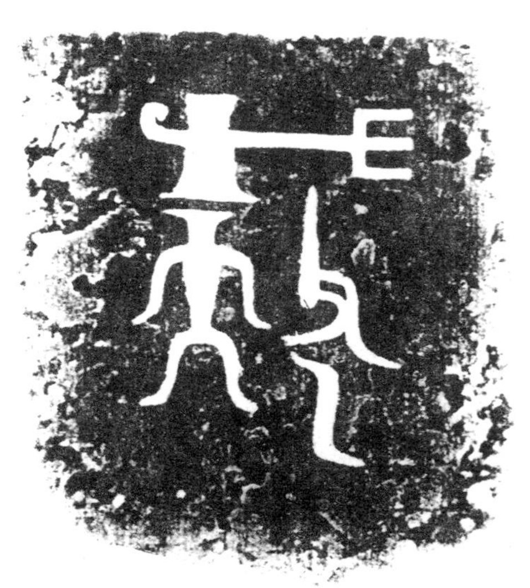

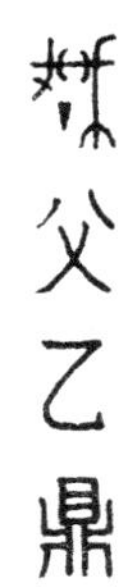

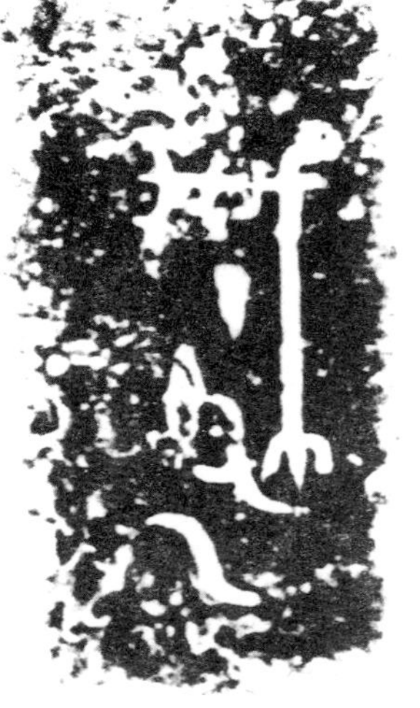

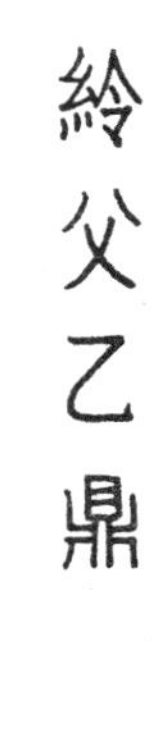

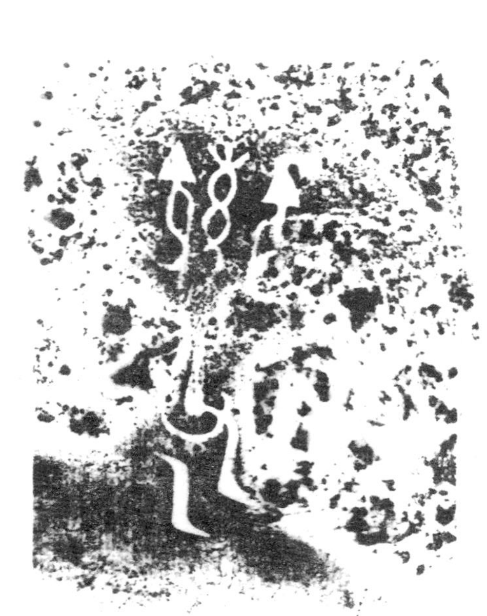

1538

箙父乙鼎

1539

㚔父乙鼎

1540

□父乙鼎

1541

□父乙鼎

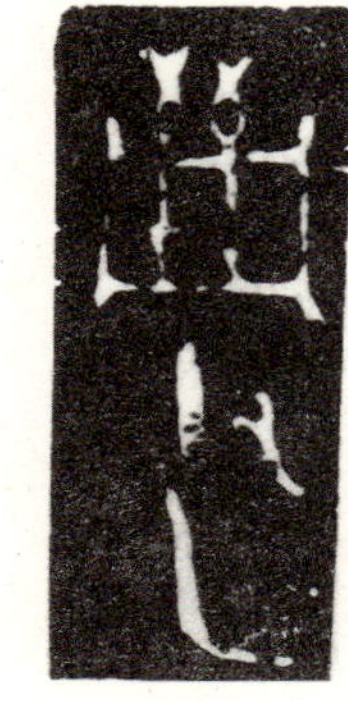

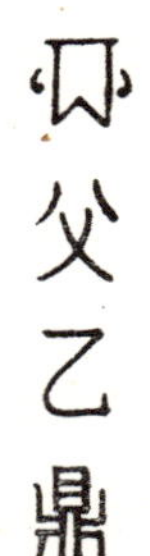

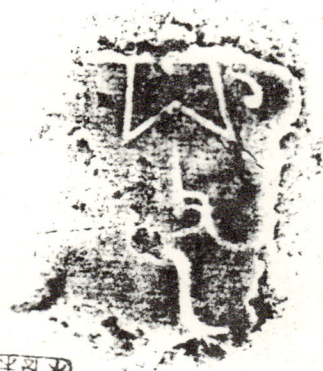

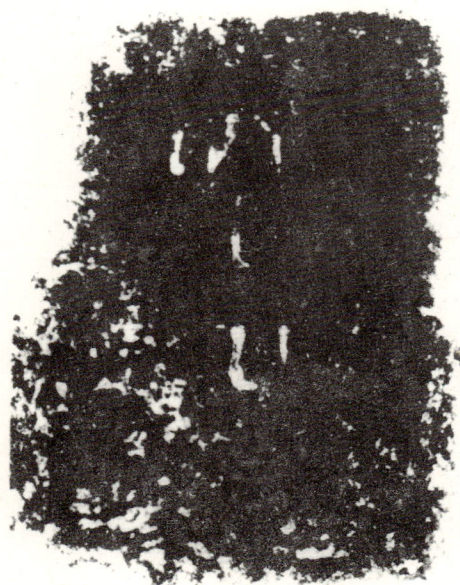

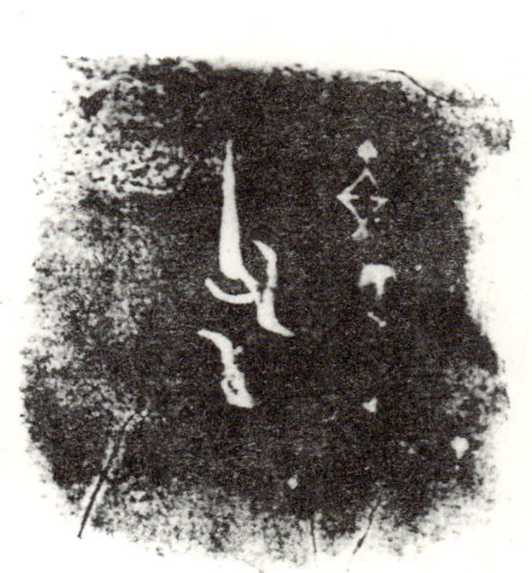

1542

冂父乙方鼎

1543

冈父乙鼎

1544

父乙冈鼎

1545

父乙鼎方鼎

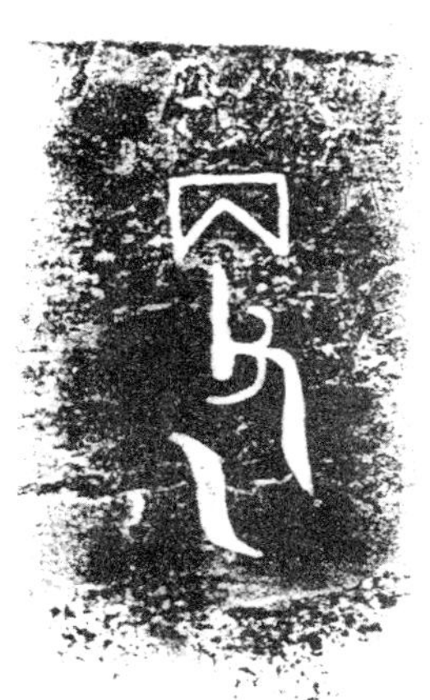

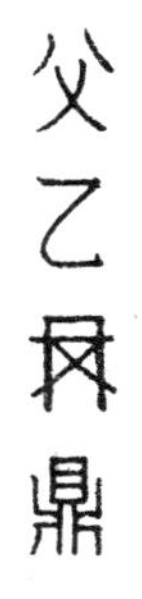

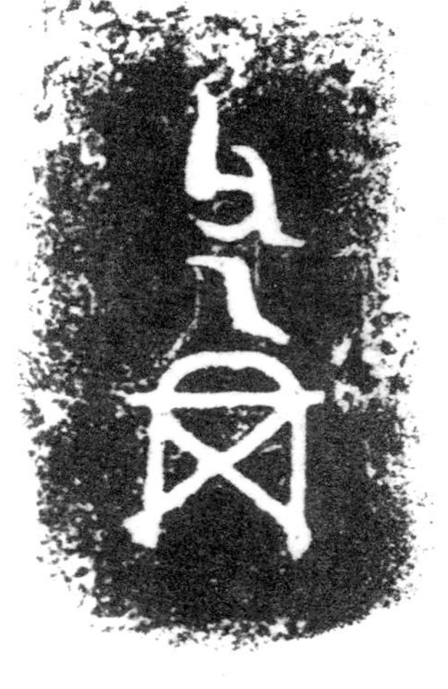

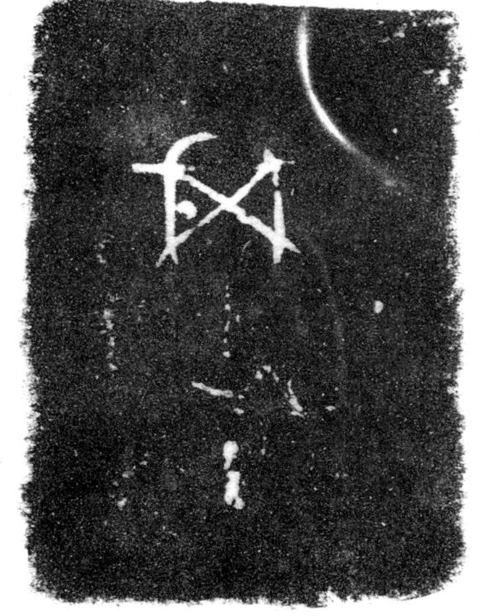

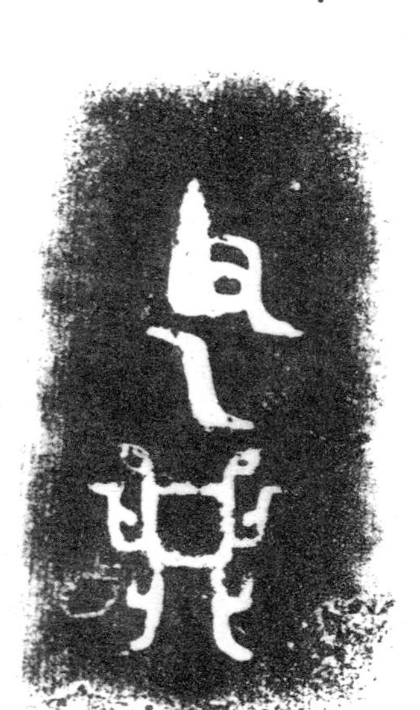

1546

父乙𪔂鼎

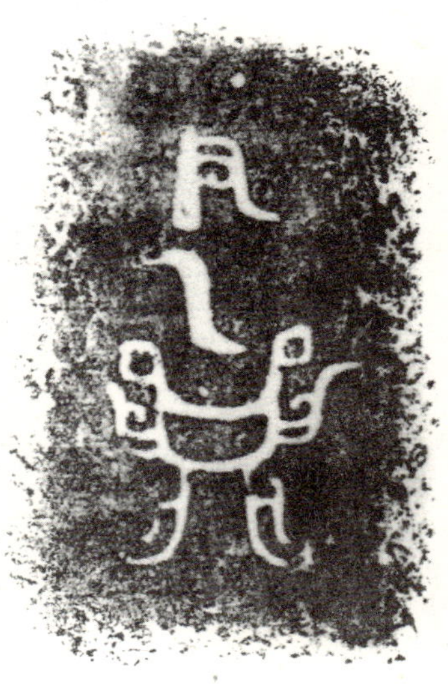

1547

仌父乙鼎

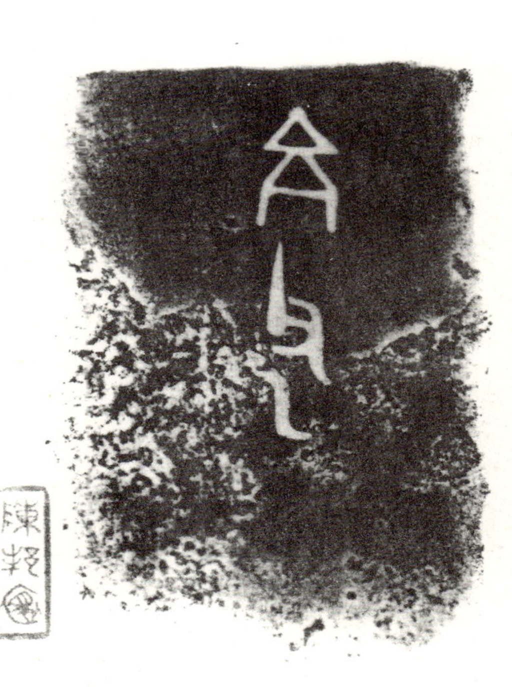

1548

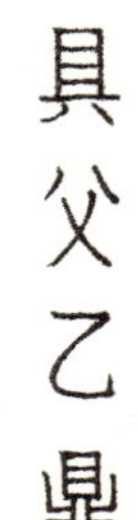

具父乙鼎

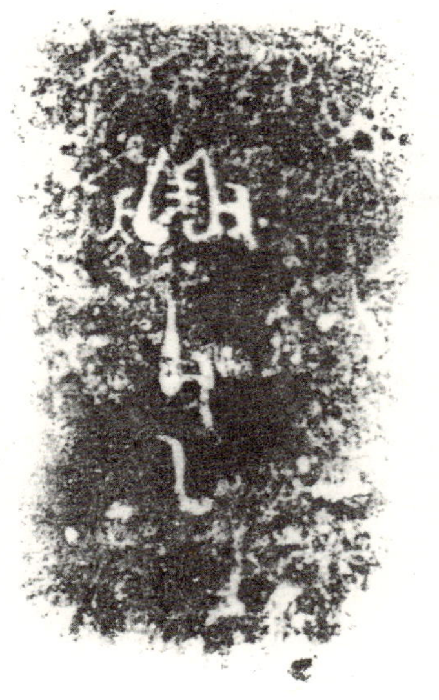

1549

析父乙鼎

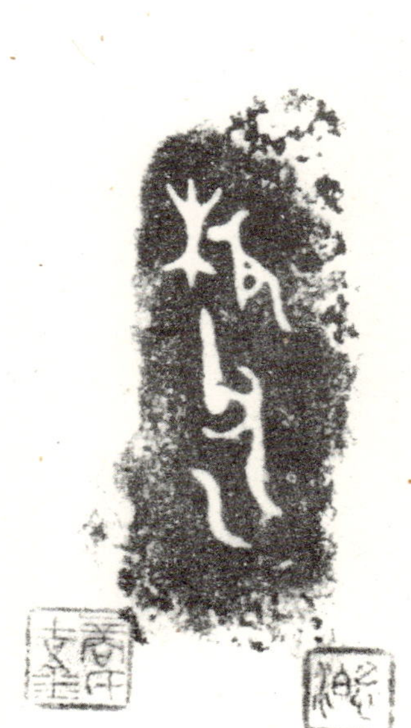

1550

魚父乙鼎

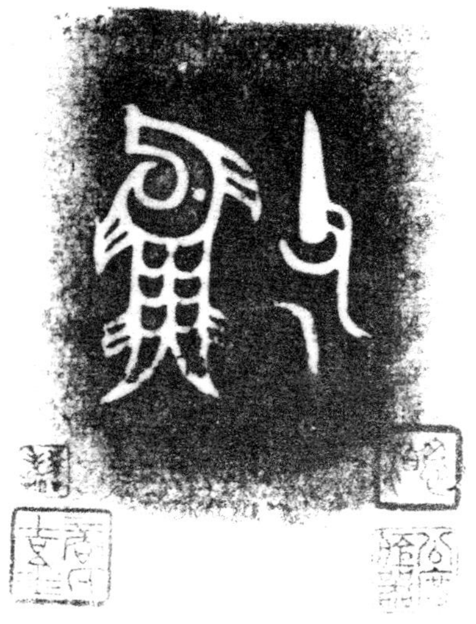

1551

魚父乙鼎

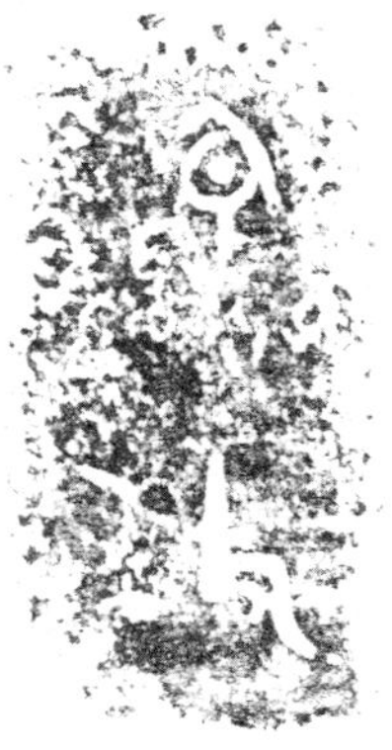

1552

魚父乙鼎

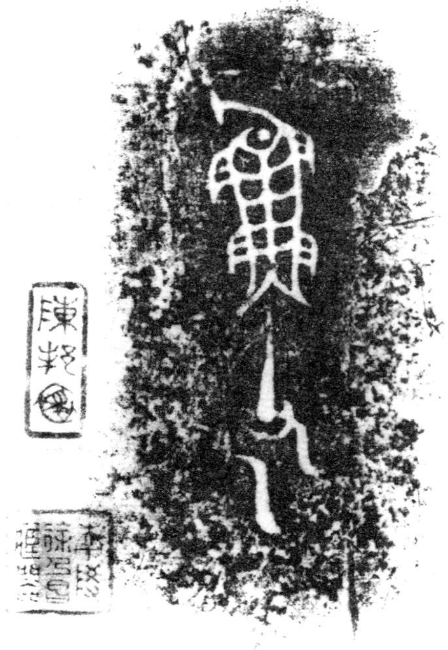

1553

⿱大黽父乙鼎

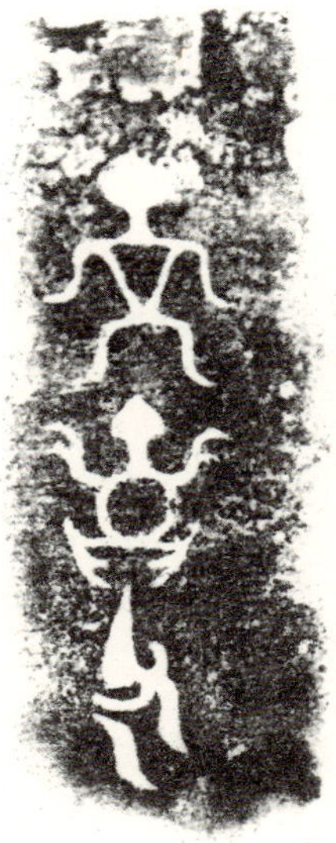

1554

⿱大黽父乙鼎

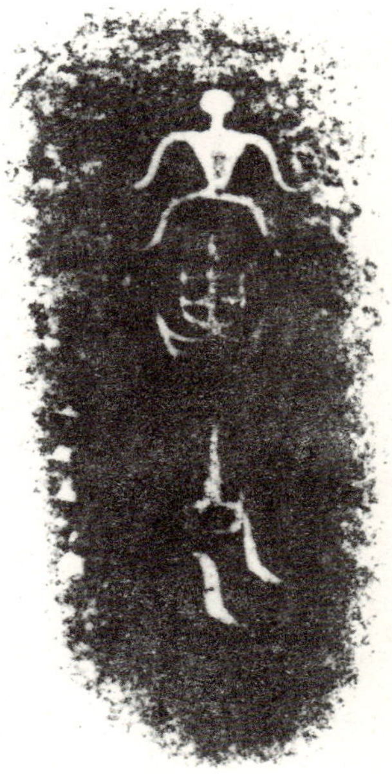

1555

⿱大黽父乙鼎

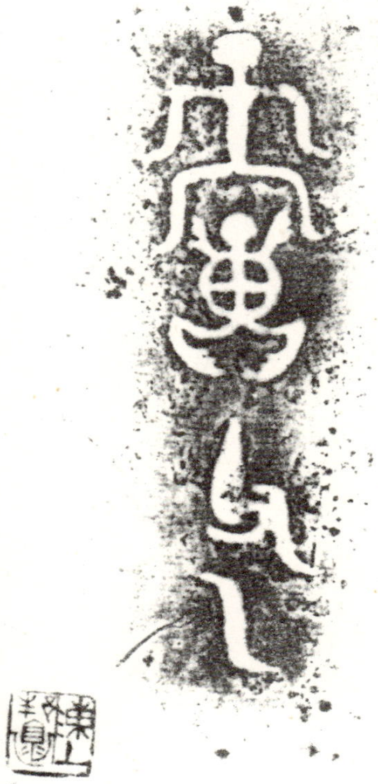

1556

奄父乙鼎

1557

奄父乙方鼎

1559 · *A*

奄父乙鼎

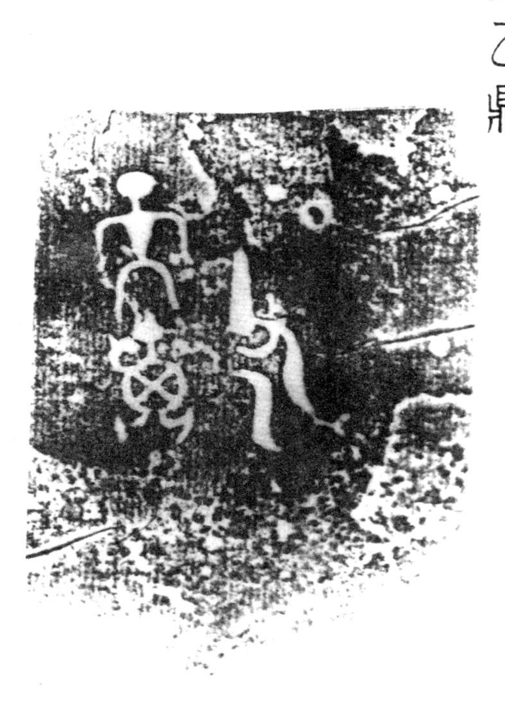

1558

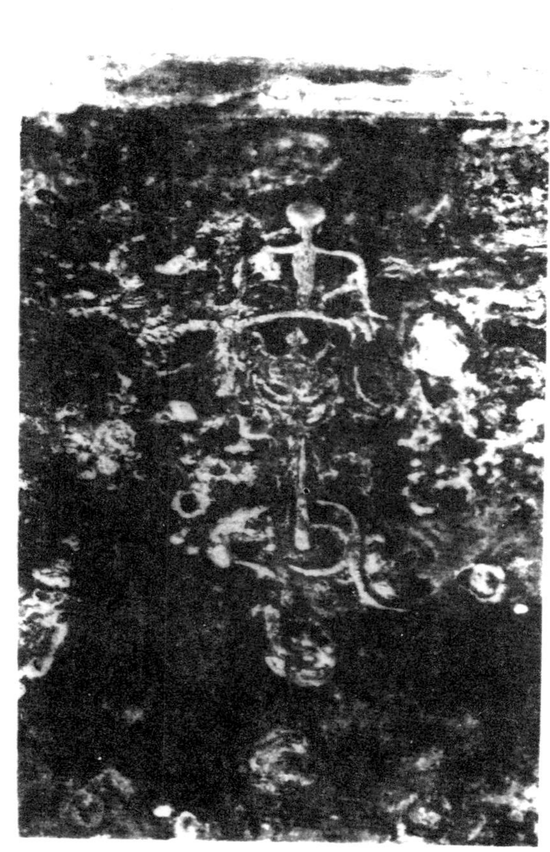

1559 · *B*

爻父乙方鼎

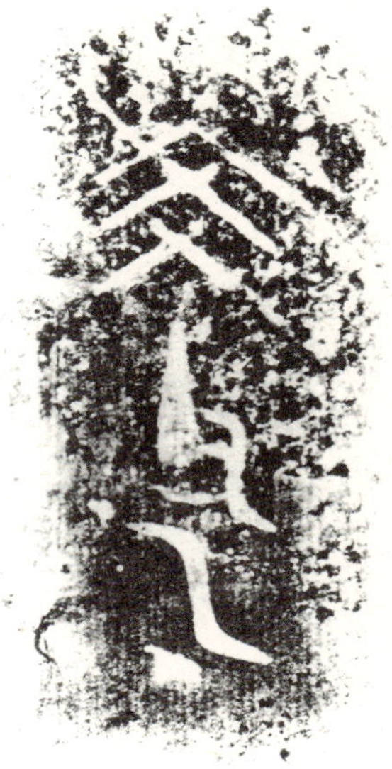

1560

山父乙鼎

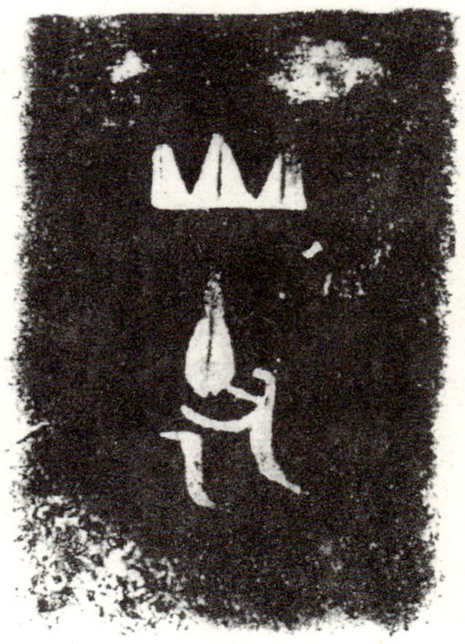

1561

未父乙鼎

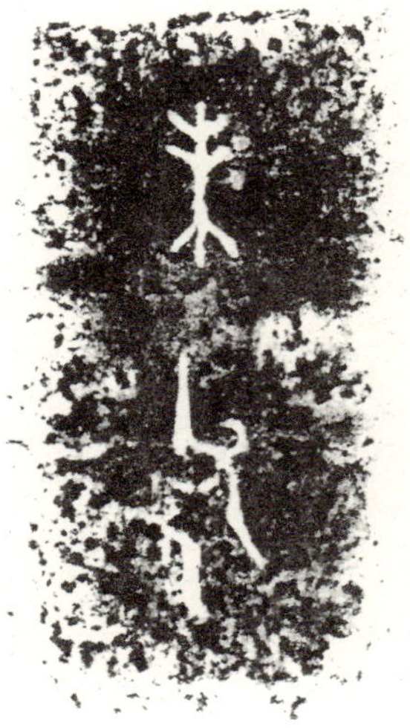

1562

祺父乙鼎

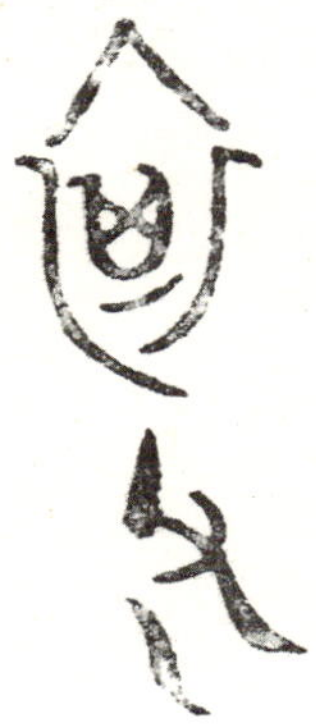

1563

作父乙鼎

1564

冄父丙鼎

1566

犬父丙鼎

1565

父丙[illegible]鼎

1567

卯父丙鼎

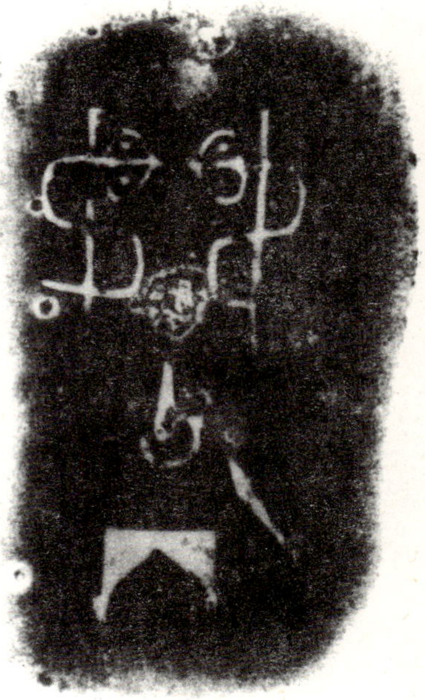

1568

龜父丙鼎

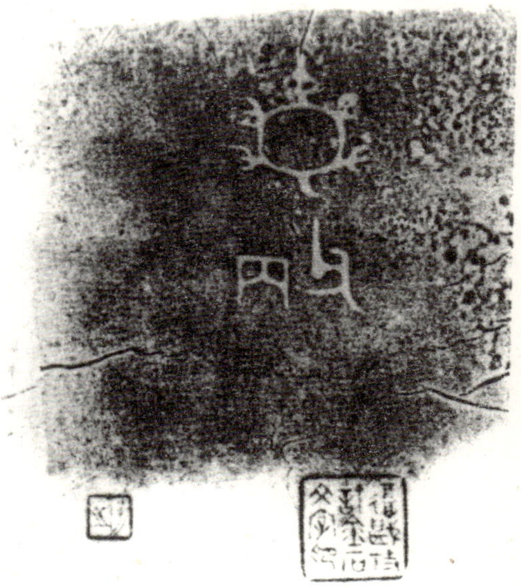

1569

冀父丁鼎

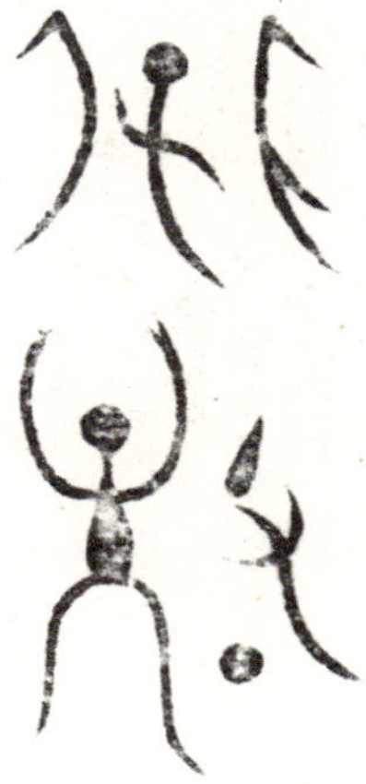

1570

冀父丁鼎

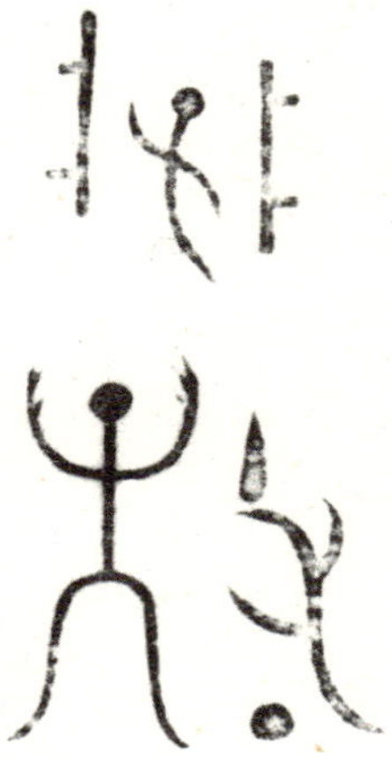

1571

冀父丁鼎

1572

冀父丁方鼎

1573

冈父丁鼎

1574

冈父丁鼎

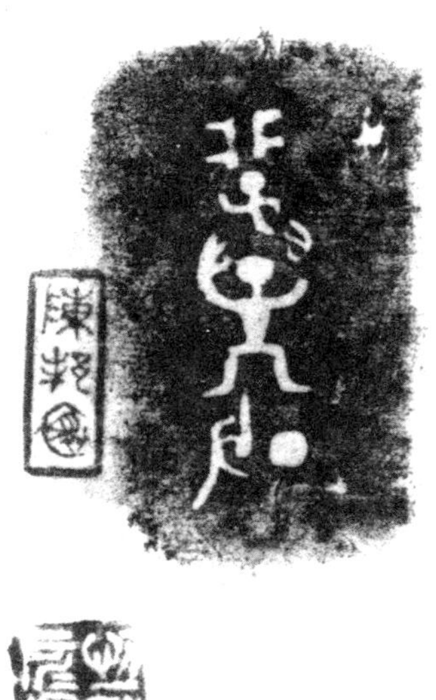

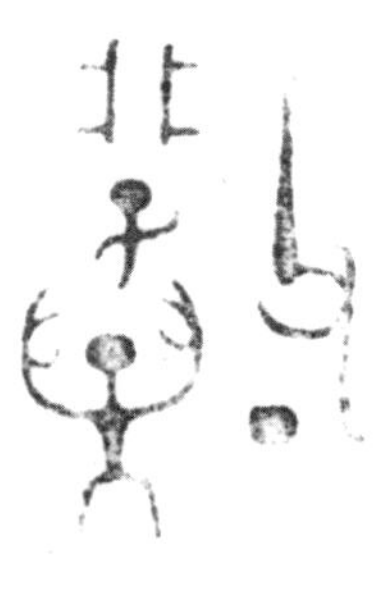

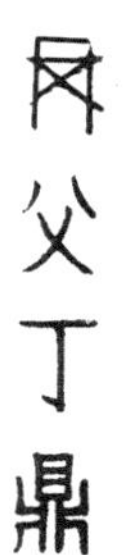

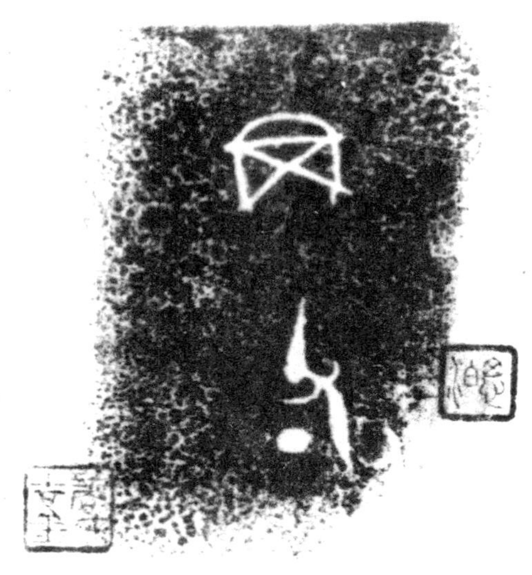

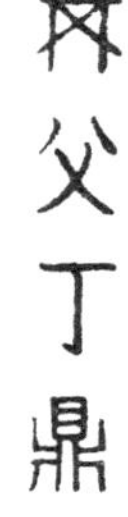

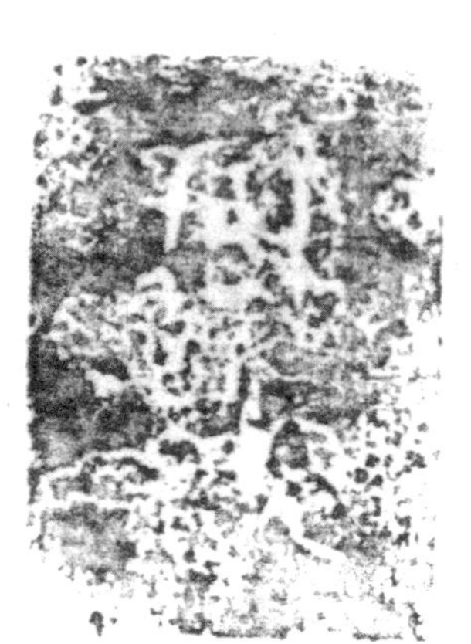

1575

父丁□鼎

1576

□父丁鼎

1577

□父丁方鼎

1578

□父丁方鼎

1579

[illegible]父丁鼎

1580

豕父丁鼎

1582

[illegible]父丁方鼎

1581

黽父丁鼎

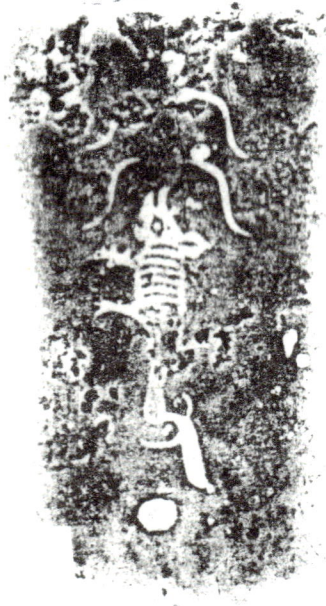

1583

黽父丁鼎

1584

魚父丁鼎

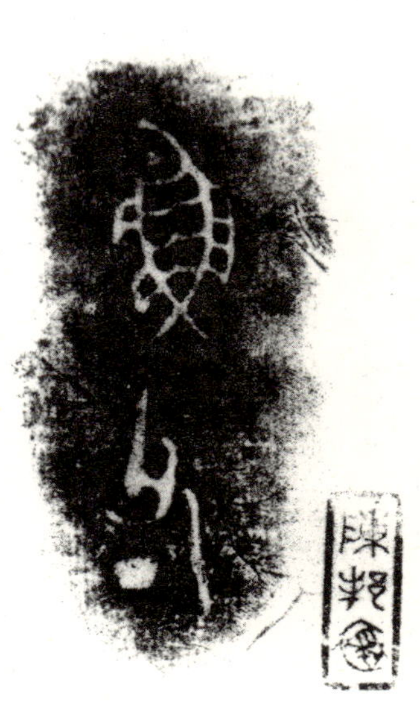

1585

鳥父丁鼎

1586

弜父丁鼎

1587

弜父丁鼎

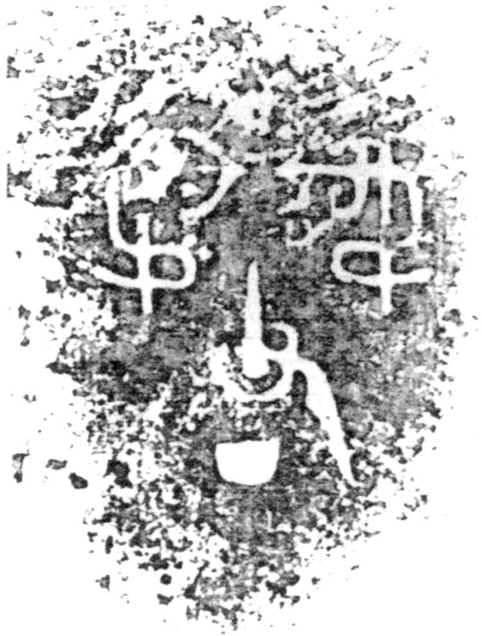

1588

弜父丁鼎

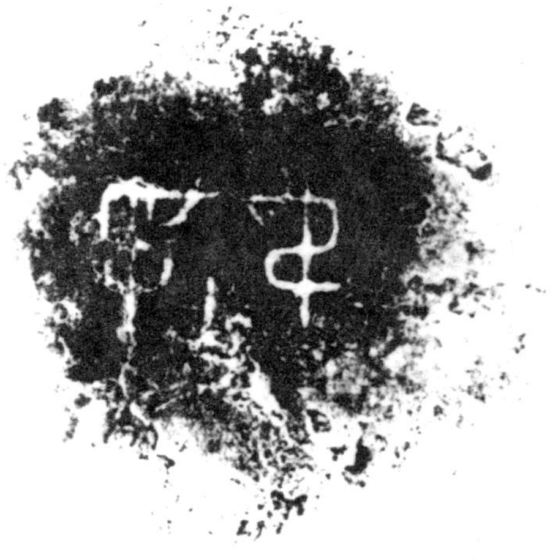

1589

大父丁鼎

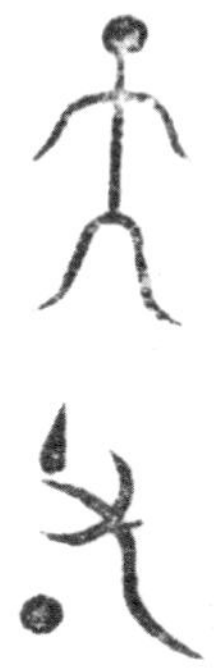

1590

何父丁方鼎

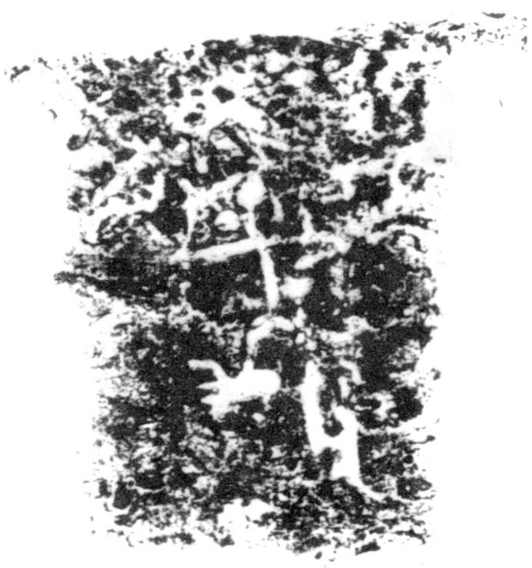

1591

父丁鼎

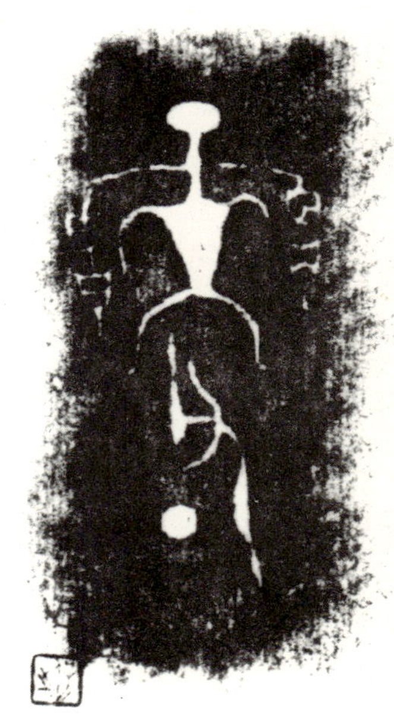

1592

父丁方鼎

1593

父丁鼎

1594

父丁鼎

1595

子父丁鼎

1596

[illegible]父丁鼎

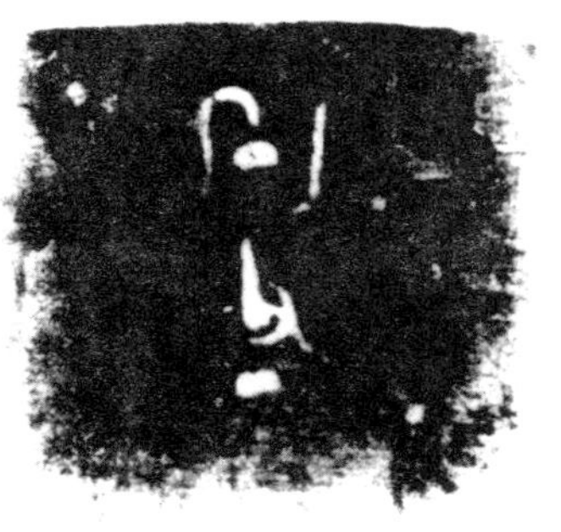

1597

息父丁鼎

1598

戈父丁鼎

1599

1600

⿱罒豕父丁鼎

1601

宀父戊鼎

大父己鼎

1602

1603

⿳北子共父己鼎

[illegible]父己鼎

1604

[illegible]父己鼎

1605

戈父己鼎

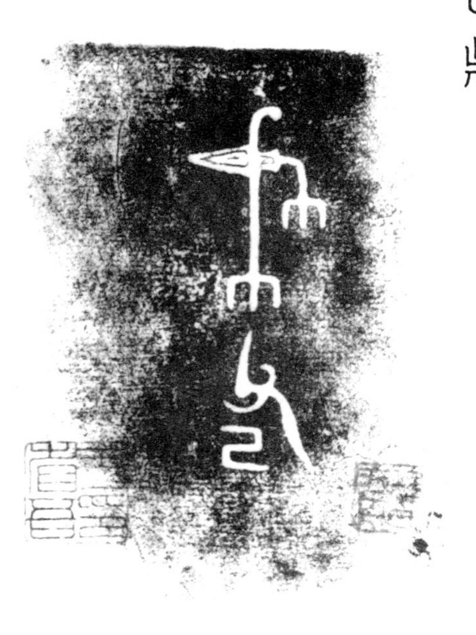

1606

[illegible]父己鼎

1607

父己鼎

1608

父己方鼎

1610

父己鼎

1609

父己鼎

1611

□父己鼎

1612

□父己鼎

1613

□父己鼎

1614

□父己鼎

1615

舌父己鼎

1616

[illegible]父己鼎

1617

耒父己鼎

1618

[illegible]父己鼎

1619

作父己鼎

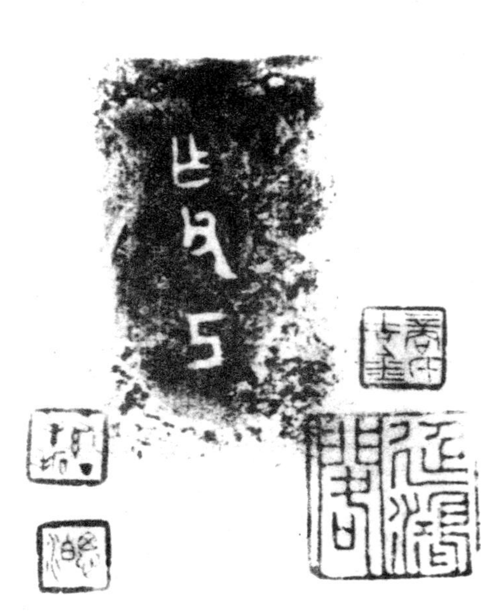

1620

子父己鼎

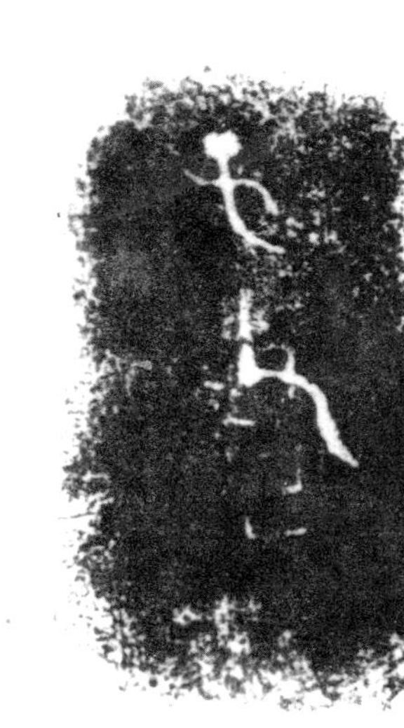

1621

父己車鼎

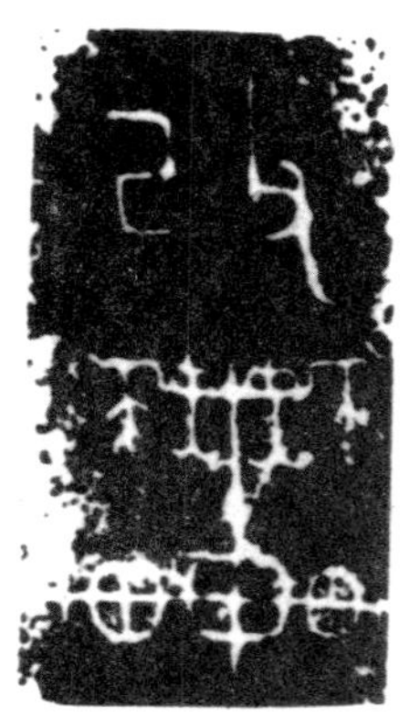

1622

史父庚鼎

1623

史父庚鼎

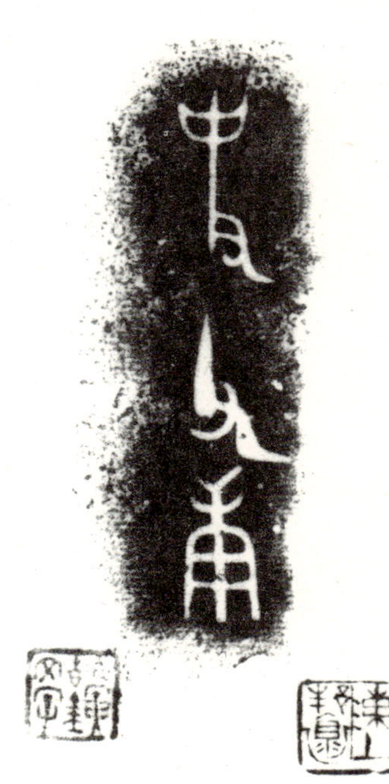

1624

箙父庚鼎

1625

㚔父庚鼎

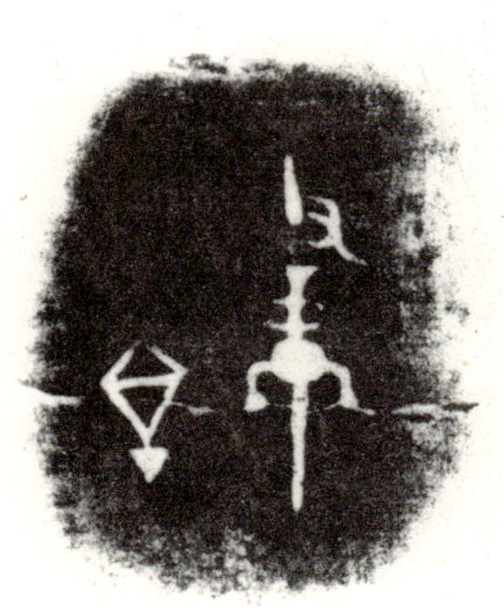

1626

羊父庚鼎

1627

父庚□鼎

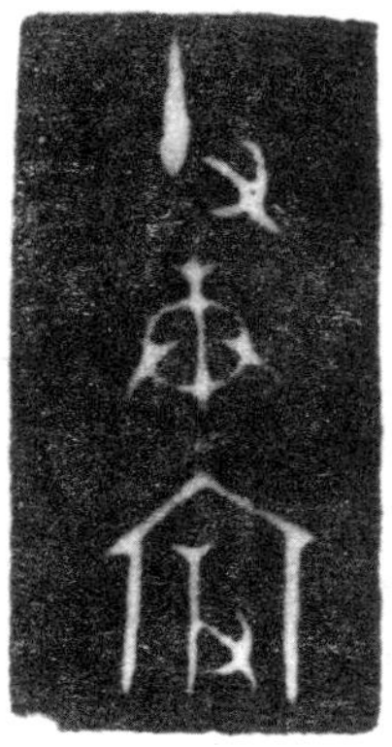

1628

虎父庚鼎

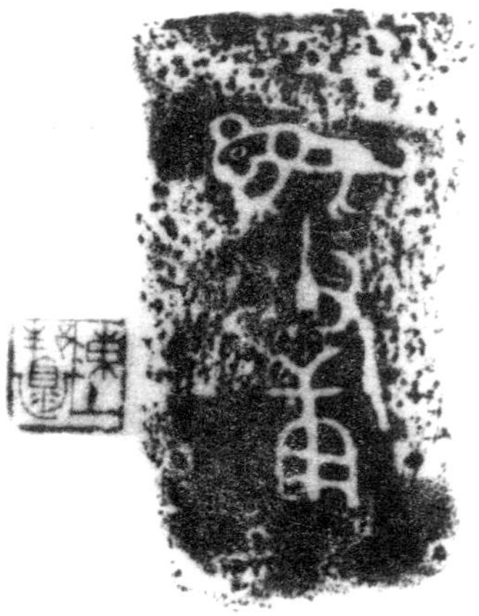

1629

觥父庚鼎

1630

亞父辛鼎

1631

1632

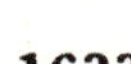

1633

奜父辛鼎

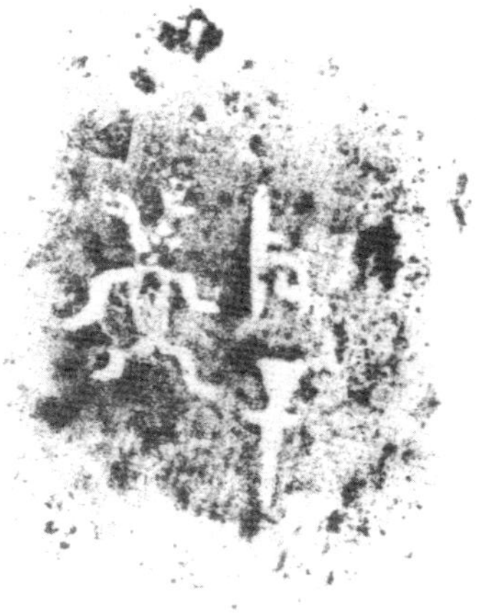

1634

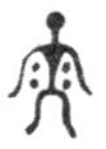父辛鼎

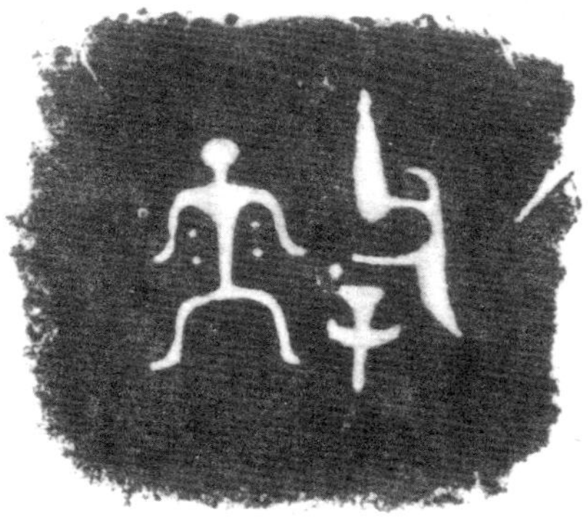

1635

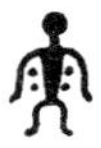父辛鼎

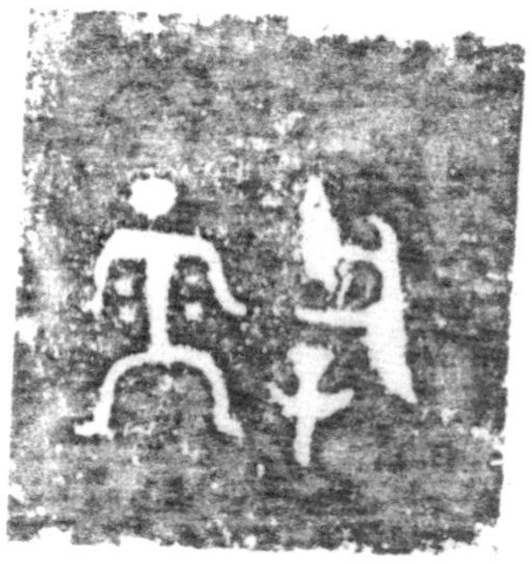

1636

⿱戉大父辛鼎

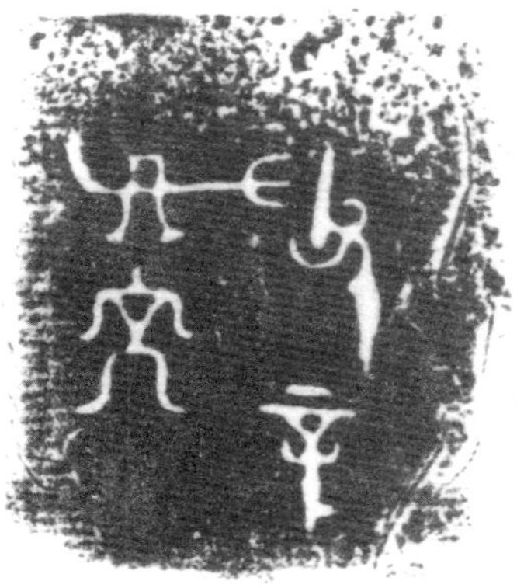

1637

戈父辛鼎

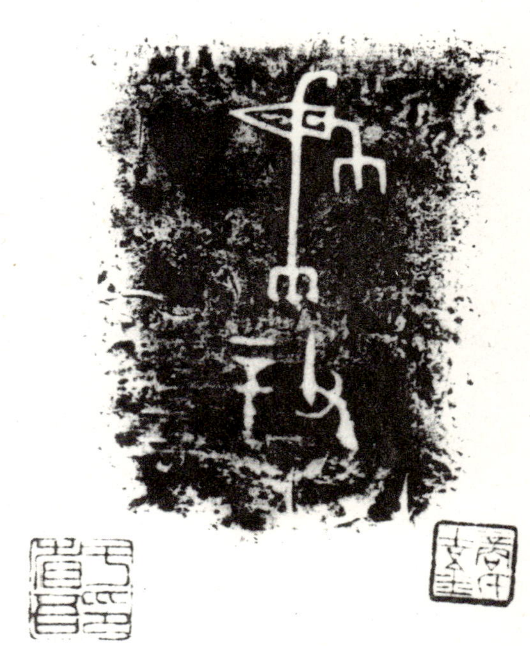

1638

[illegible]父辛鼎

1640

戈父辛鼎

1639

[illegible]父辛鼎

1641

田父辛方鼎

1642

狐父辛鼎

1644

魚父辛鼎

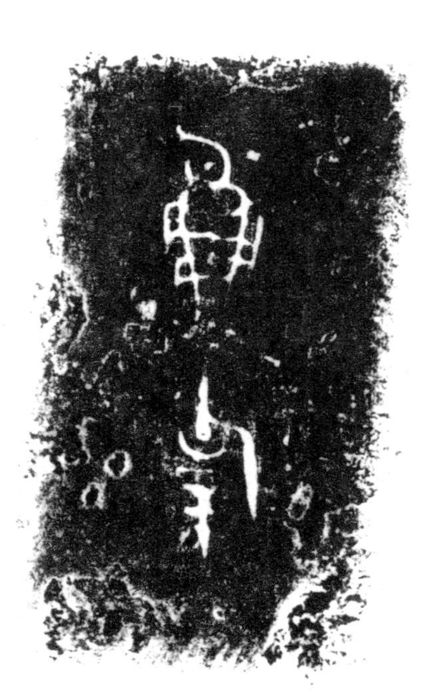

1643

父辛⿰豕刀鼎

1645

父辛鼎

1646

父辛鼎

1647

父辛鼎

1648

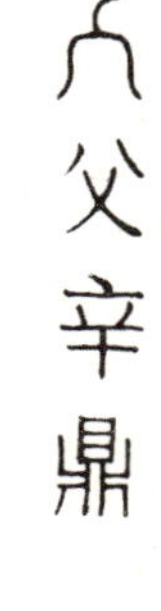父辛鼎

1649

冄父辛鼎

1650

冄父辛鼎

1651

冄父辛鼎

1652

冄父辛鼎

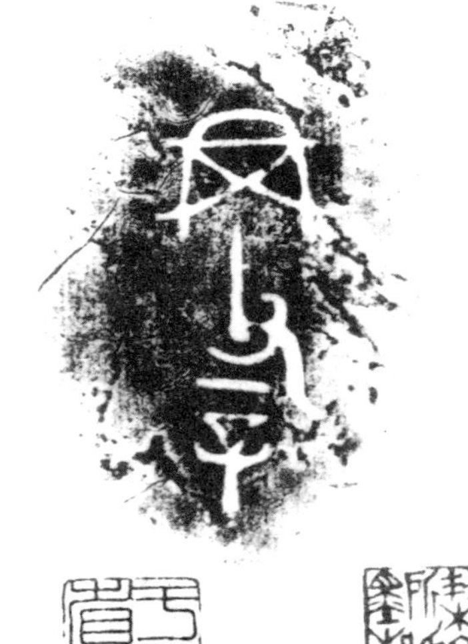

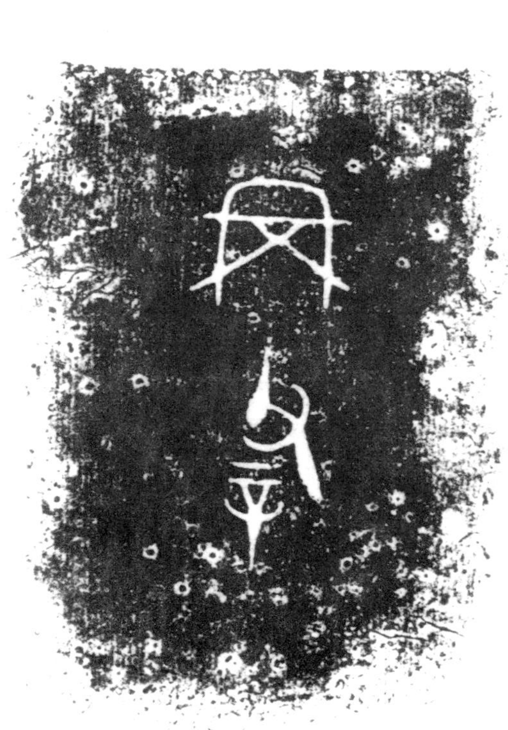

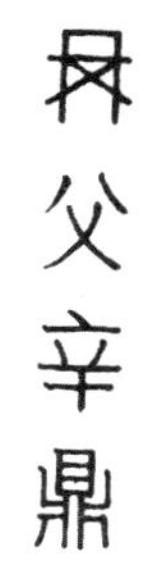

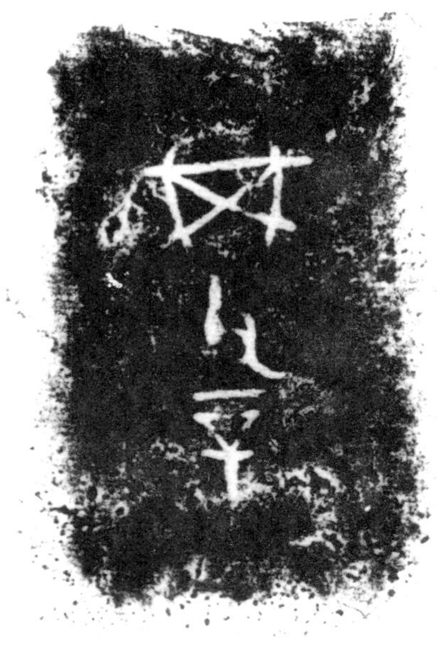

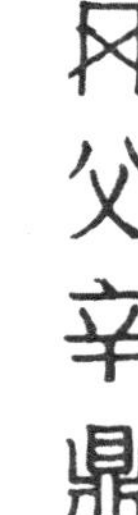

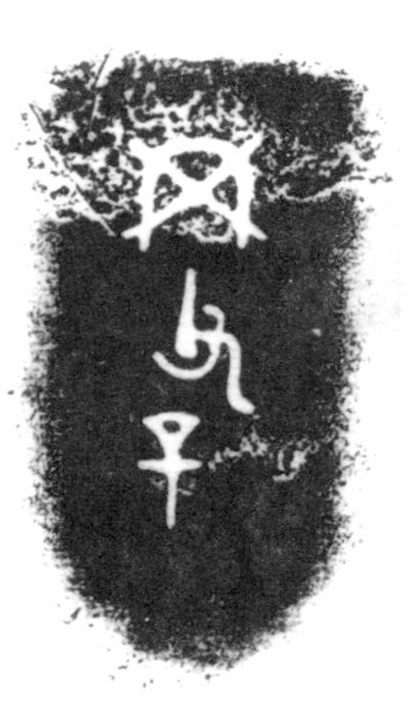

1653

木父辛鼎

1654

⿰冓攵父辛鼎

1655

⿱○口父辛鼎

1656

聑父辛鼎

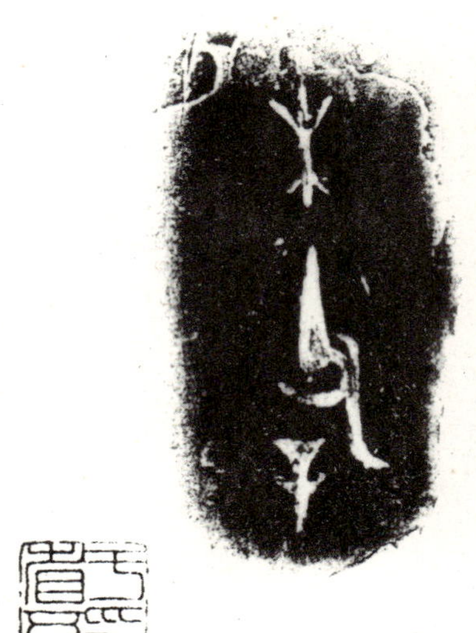

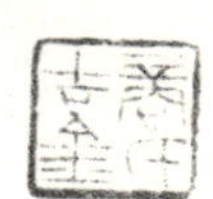

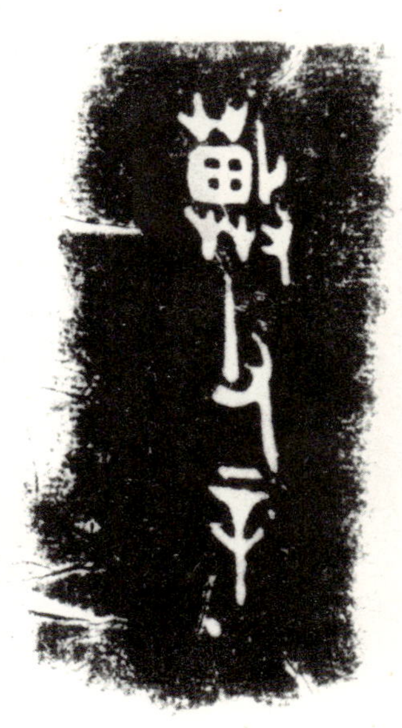

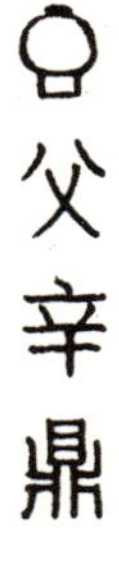

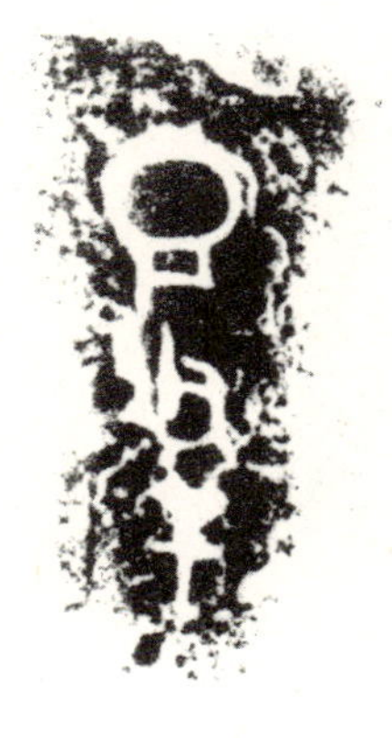

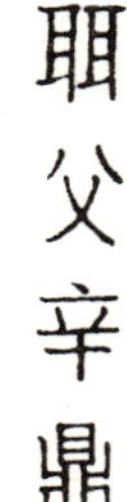

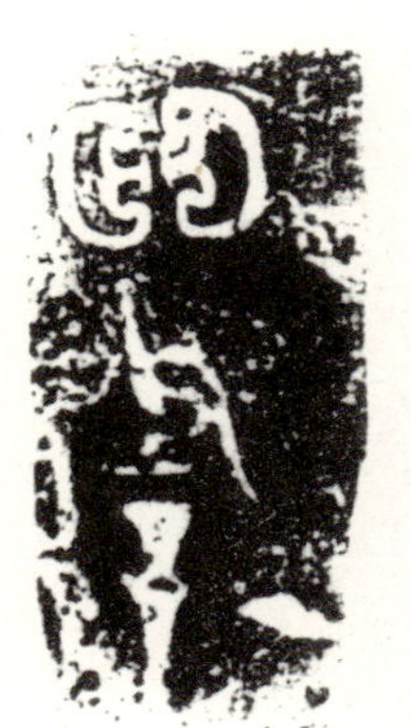

1657

[illegible]父辛鼎

1658

東父辛鼎

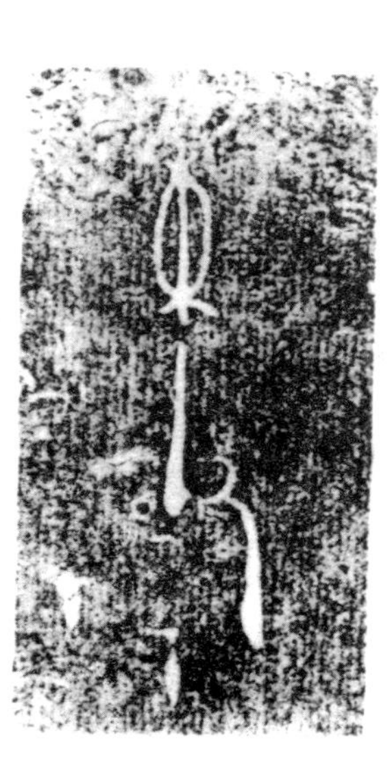

1659

串父辛鼎

1660

子父辛鼎

1661

父辛启鼎

1662

□父辛鼎

1664

作父辛鼎

1663

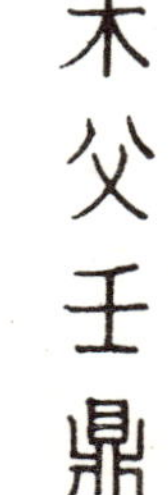

木父壬鼎

1665

重父壬鼎

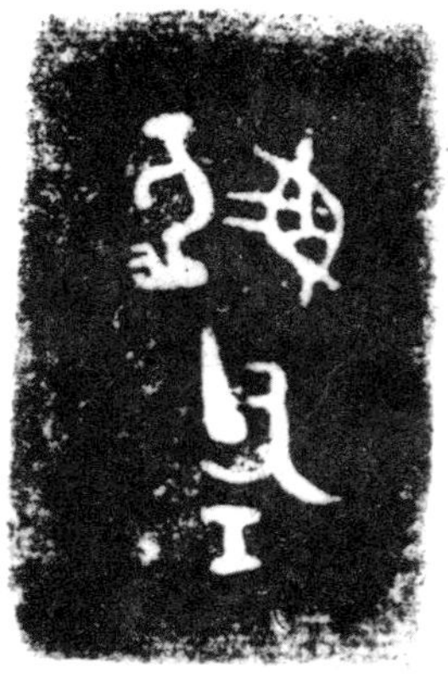

1666

大父癸鼎

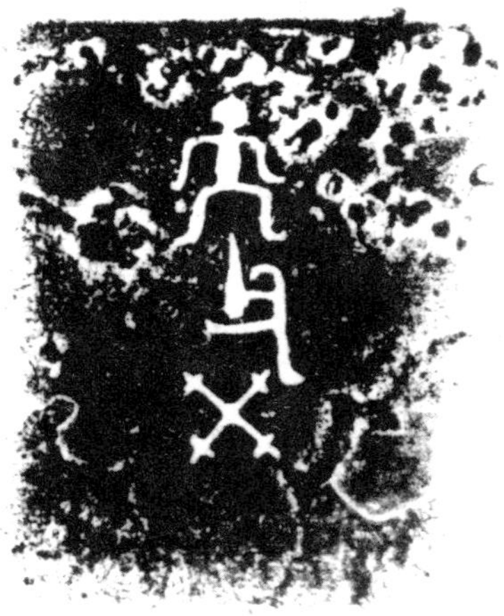

1667

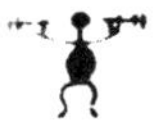父癸鼎

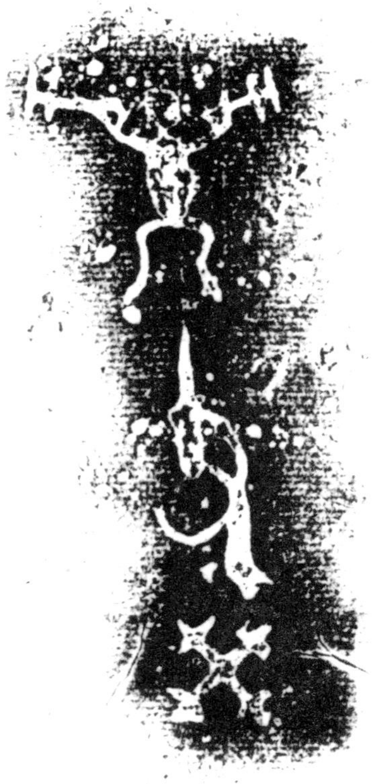

1668

⿱戈大父癸鼎

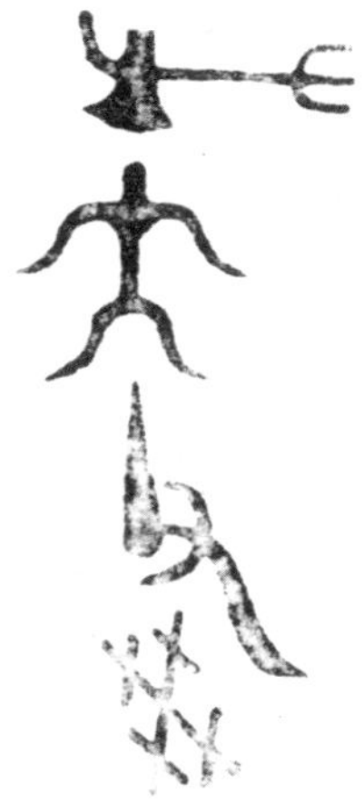

1669

⿱子共父癸方鼎

1670

宀父癸鼎

1672

宀父癸方鼎

1671

丙父癸鼎

1673

冄父癸鼎

1674

冄父癸鼎

1675

戈父癸鼎

1676

[illegible]父癸方鼎

1677

弓父癸鼎

1678

父癸方鼎

1680

酉父癸鼎

1679

□父癸鼎

1681

奄父癸鼎

1682

奄父癸鼎

1683

奄父癸方鼎

1684

鳥父癸鼎

1685

魚父癸方鼎

1686

[illegible]父癸鼎

1687

[illegible]父癸鼎

1688

[illegible]父癸鼎

1689

嬰父癸鼎

1690

目父癸鼎

1691

衛父癸鼎

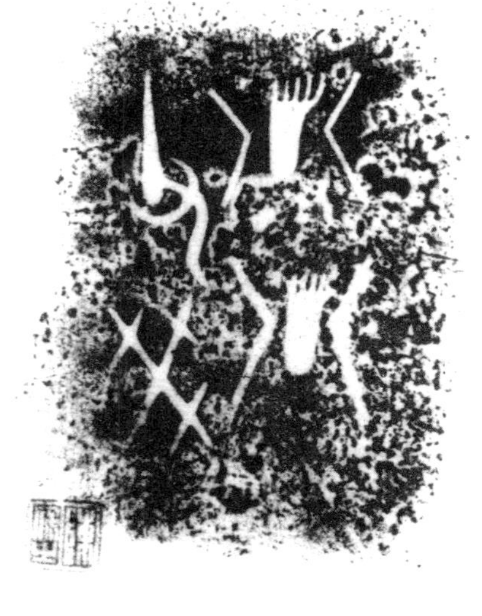

1692

串父癸鼎

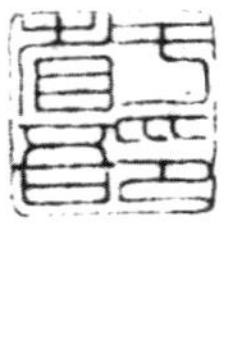

1693

父癸卂鼎

1694

宀父一鼎

1696

[illegible]父癸鼎

1695

子父[illegible]鼎

1697

甾戈父鼎

1698

鄉乙宁鼎

1699

鄉宁癸方鼎

1700

鄉癸宁鼎

1701

乙▼車方鼎

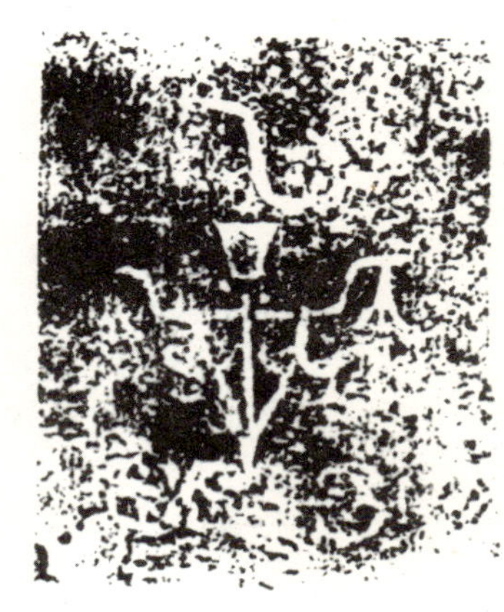

1702

亞乙丁鼎

1703

甫母丁鼎

1704

作𠂊鼎

1705

司母戊方鼎

1706

司母辛方鼎

1707

司母辛方鼎

1708

冄婦姃鼎

1709

婦姅告鼎

1710

奄帚方鼎

1711

辛女彝鼎

1712

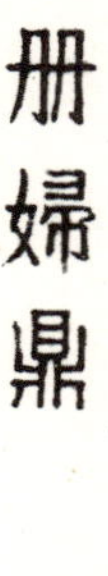
舟册婦鼎

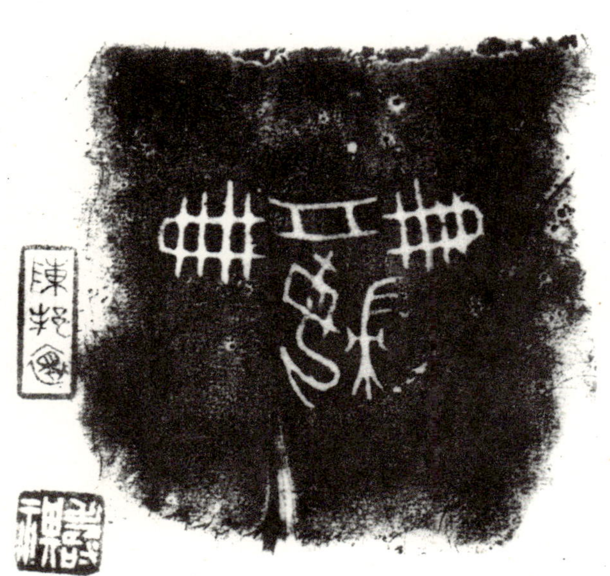

1713

中婦鼎

1714

子□鼎

1715

子□鼎

1716

子雨己鼎

1717

屰子干鼎

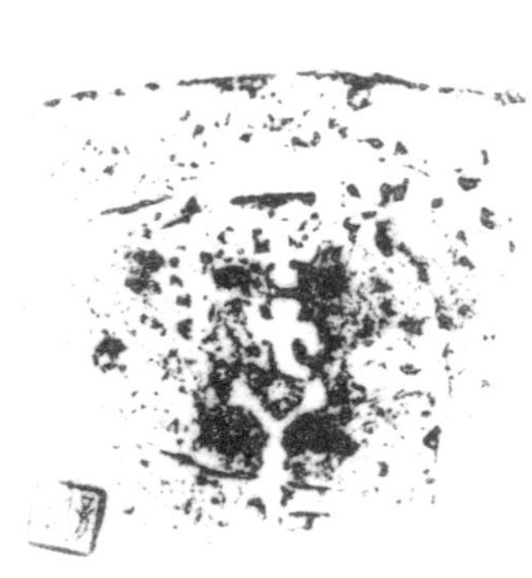

1718

北子鼎

1719

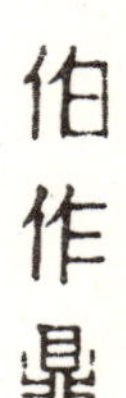

伯作鼎

1720

伯作鼎

1721

伯作鼎

1722

伯作鼎

1723

伯作鼎

1724

伯作寶鼎

1725

伯作䵼鼎

1726

伯作彝鼎

1727

伯作彝鼎

1729

伯作彝鼎

1728

伯旅鼎

1730

仲作齋鼎

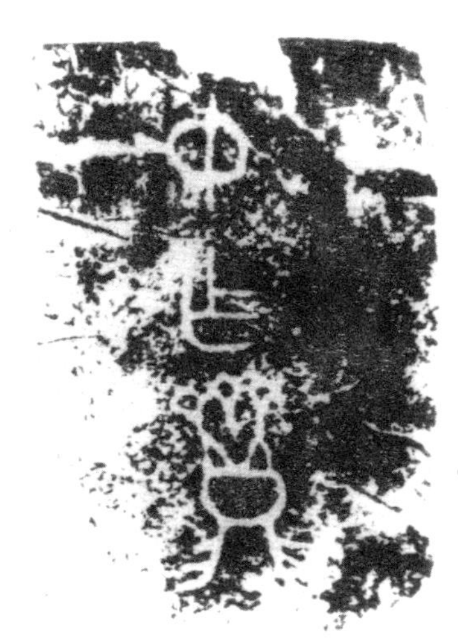

1731

𢓊叔鼎

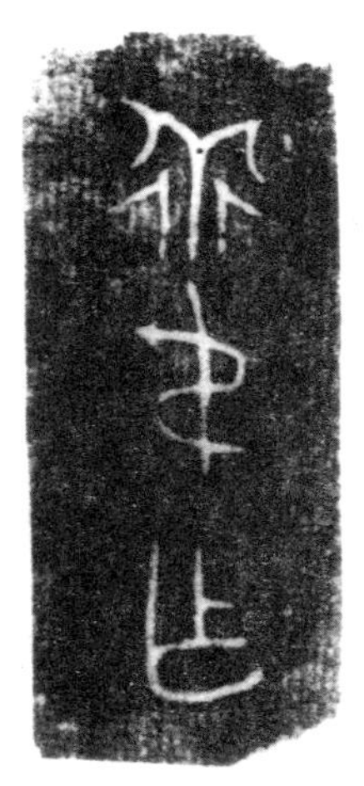

1733

叔作寶鼎

1732

成王方鼎

1734

大保鼎

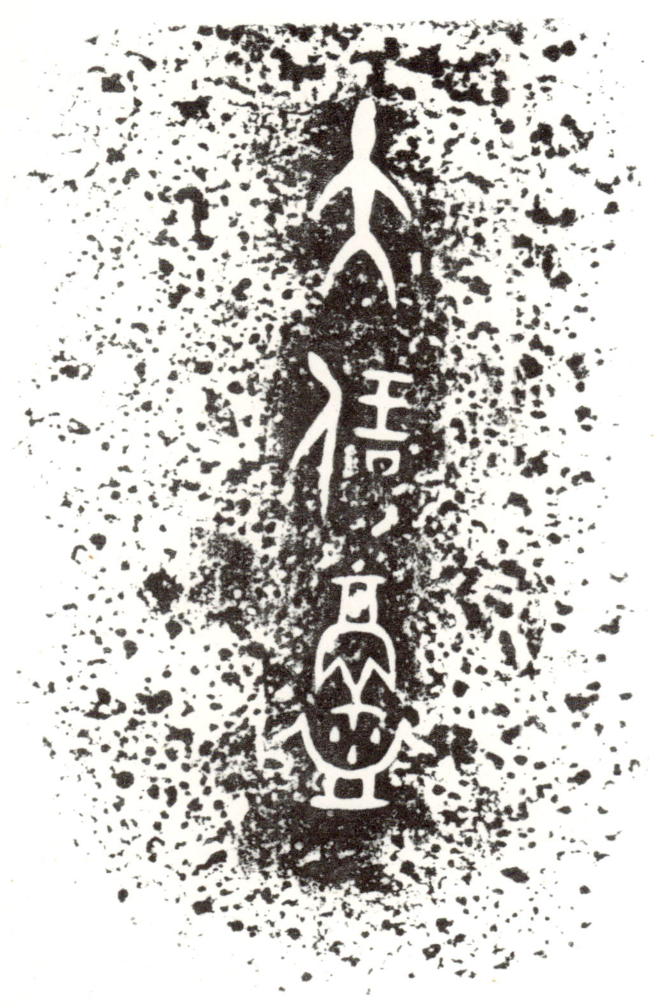

1735

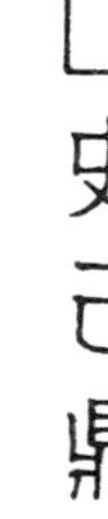

□史己鼎

1736

册叩宅鼎

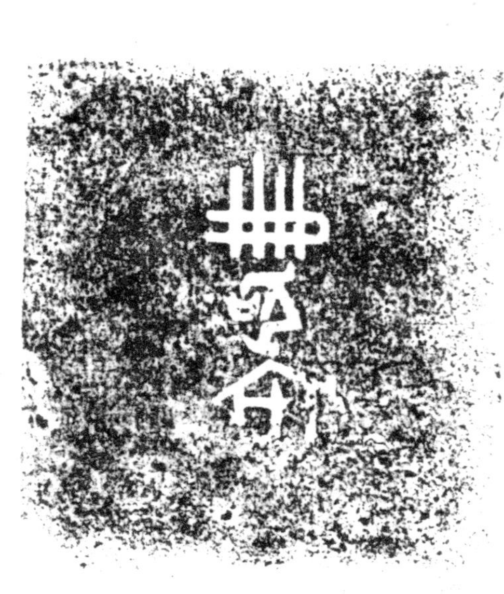

1737

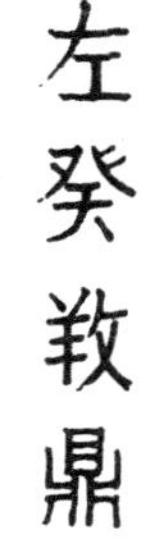

左癸敄鼎

1738

又癸敄鼎

1739

亞受方鼎

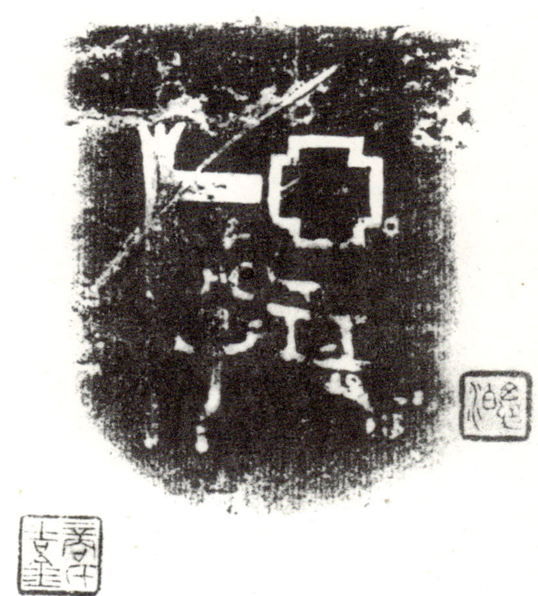

1740

亞憂鼎

1742

亞魚鼎

1741

亞亘鼎

1743

亞亘鼎

1744

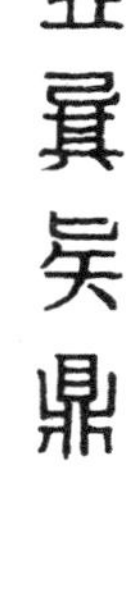

亞㠱吴鼎

1745

亞吴辛方鼎

1746

北單戈鼎

1747

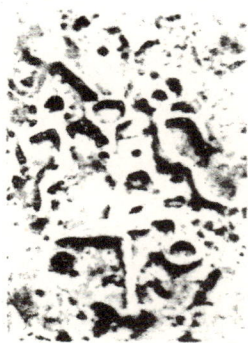

北單戈鼎

1748

北單戈鼎

1749

北單戈鼎

1750

貞鼎

1751

聑鼎

1752

𨘢鼎

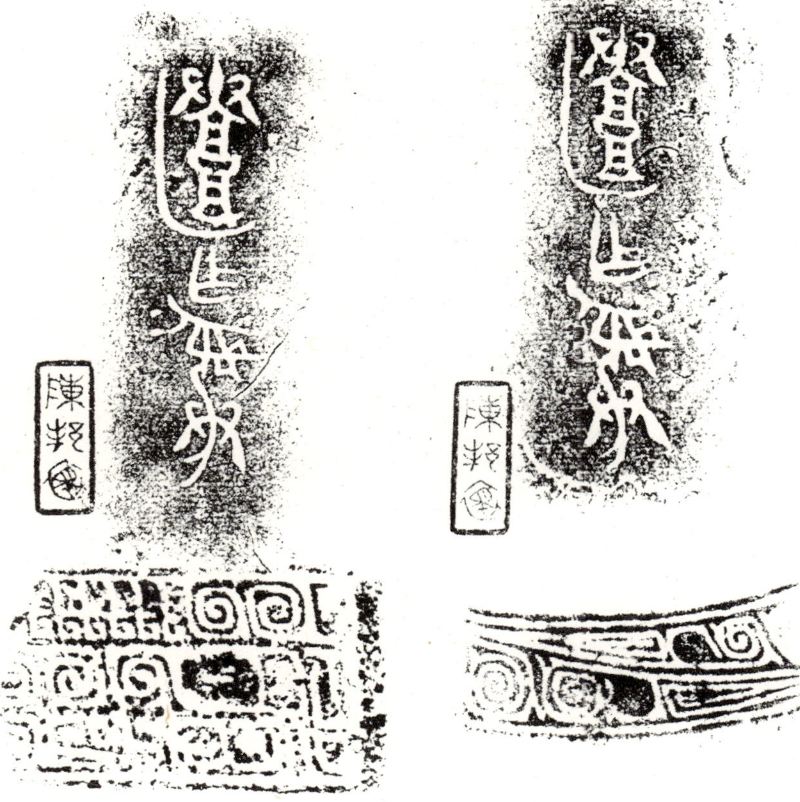

1753·2　　1753·1

𨘢鼎

1754

𨘢鼎

1755

[illegible]亍方鼎

1756

者◇鼎

1757

亞㐱丁鼎

1758

力鼎

1760

止亞方鼎

1759

册戈鼎

1761

齒見冊鼎

1762

秉中卩鼎

1764

耳秉中鼎

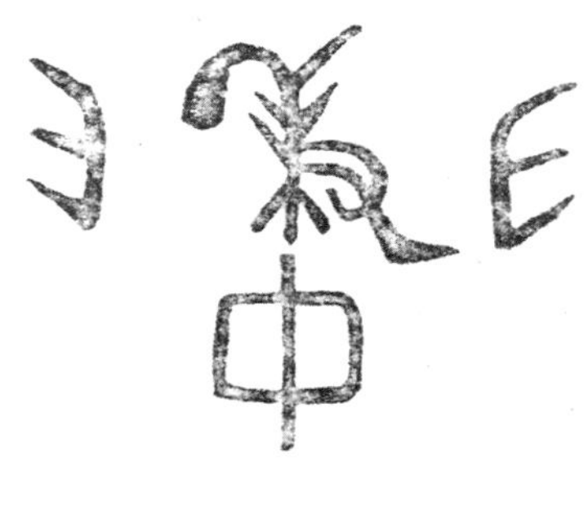

1763

口丙鼎

1765

月魚鼎

1766

猲盡方鼎

1768

∞作尊方鼎

1767

尚方鼎

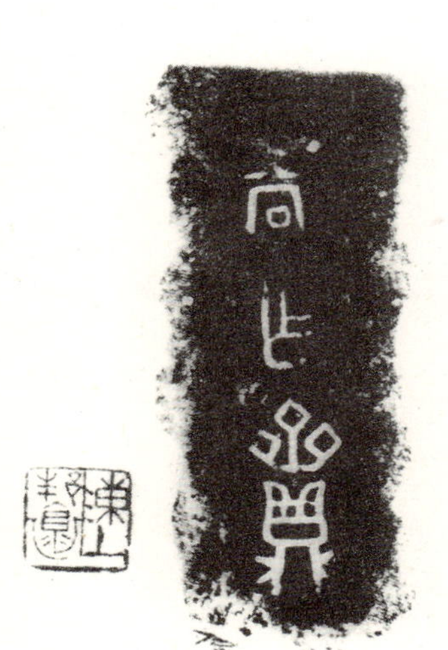

1769

羞鼎

1770

⿱軍廾鼎

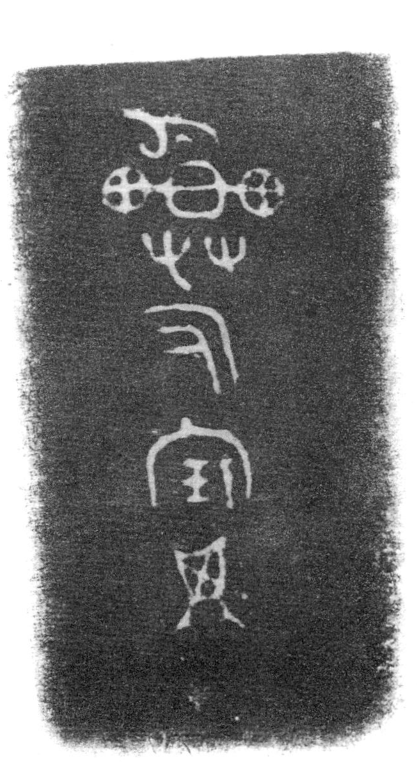

1771

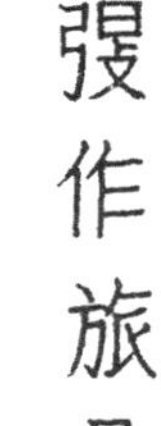

弜作旅鼎

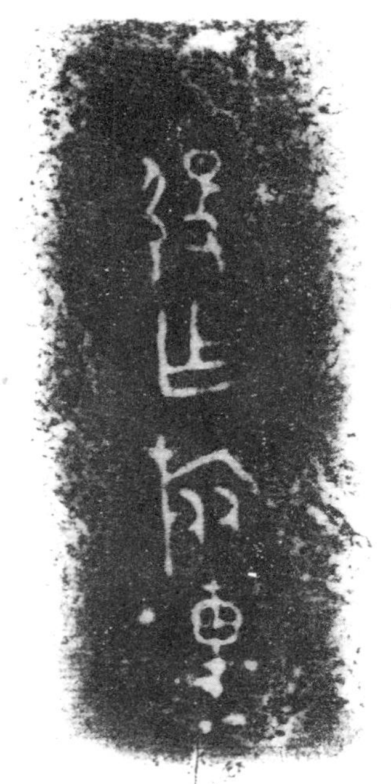

1772

作旅鼎

1773

作旅鼎

1774

作旅鼎

1775

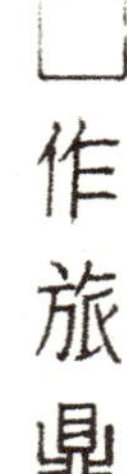

□作旅鼎

1776

作旅鼎

1777

作旅鼎

1778

作寶鼎

1779

1780

作寶鼎

1781

作寶鼎

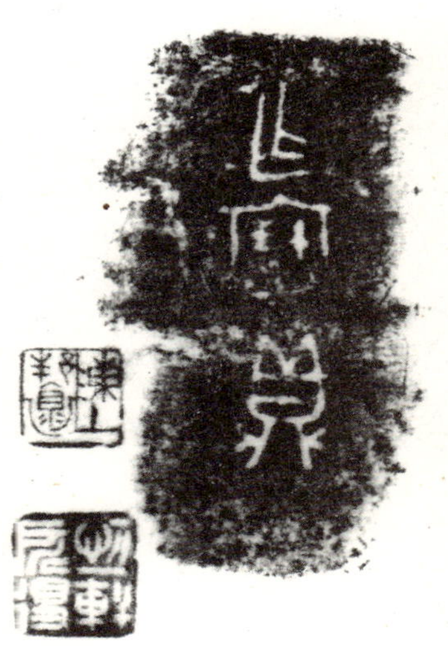

1782

作寶鼎

1783

作寶鼎

1784

作寶鼎

1785

作寶鼎

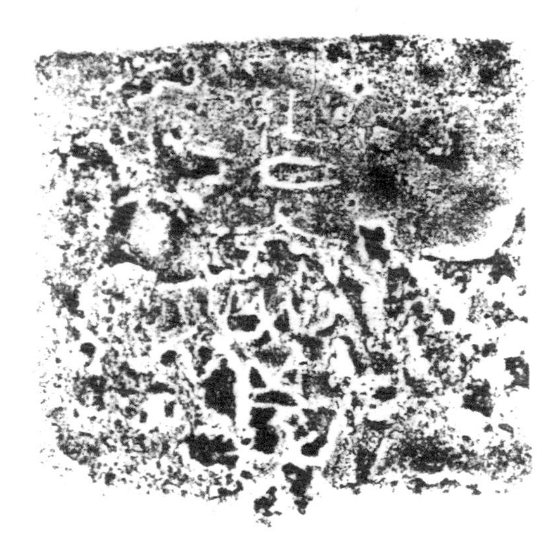

1786

作寶鼎

1787

作旅彝鼎

1788

作旅彝鼎

1789

作旅寶鼎

1790

作寶彝方鼎

1791

作寶彝鼎

1792

作寶彝方鼎

1793

作寶彝方鼎

1794·1

1794·2

作寶彝鼎

1795

作寶彝鼎

1796

作从彝鼎

1797

1799

子𦣞氏鼎

1798

長倉鼎

1800

右坓刃鼎

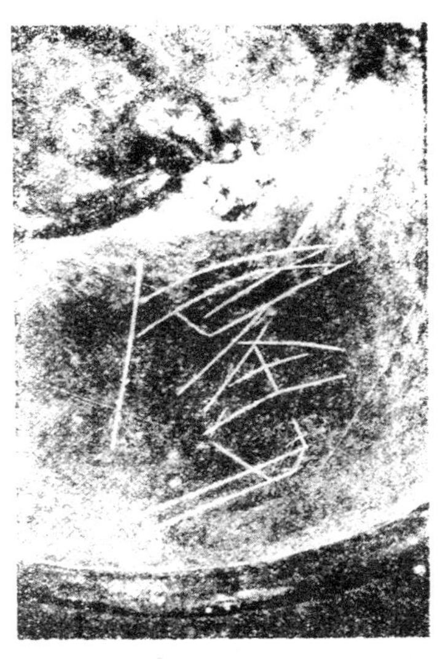

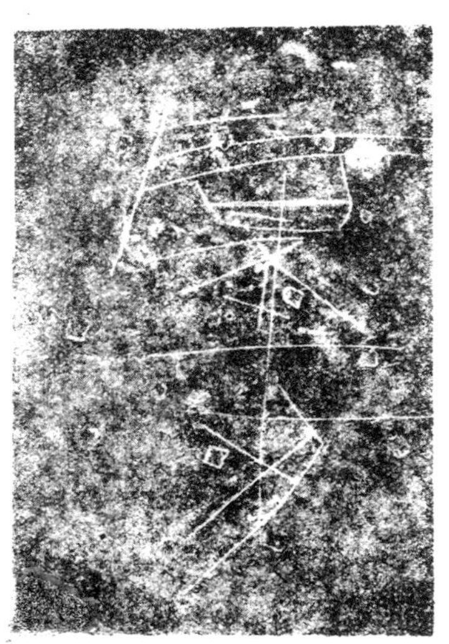

1801

𣲖頣官鼎

1802·1

1802·2

客豊愳鼎

1803

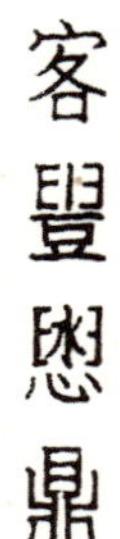

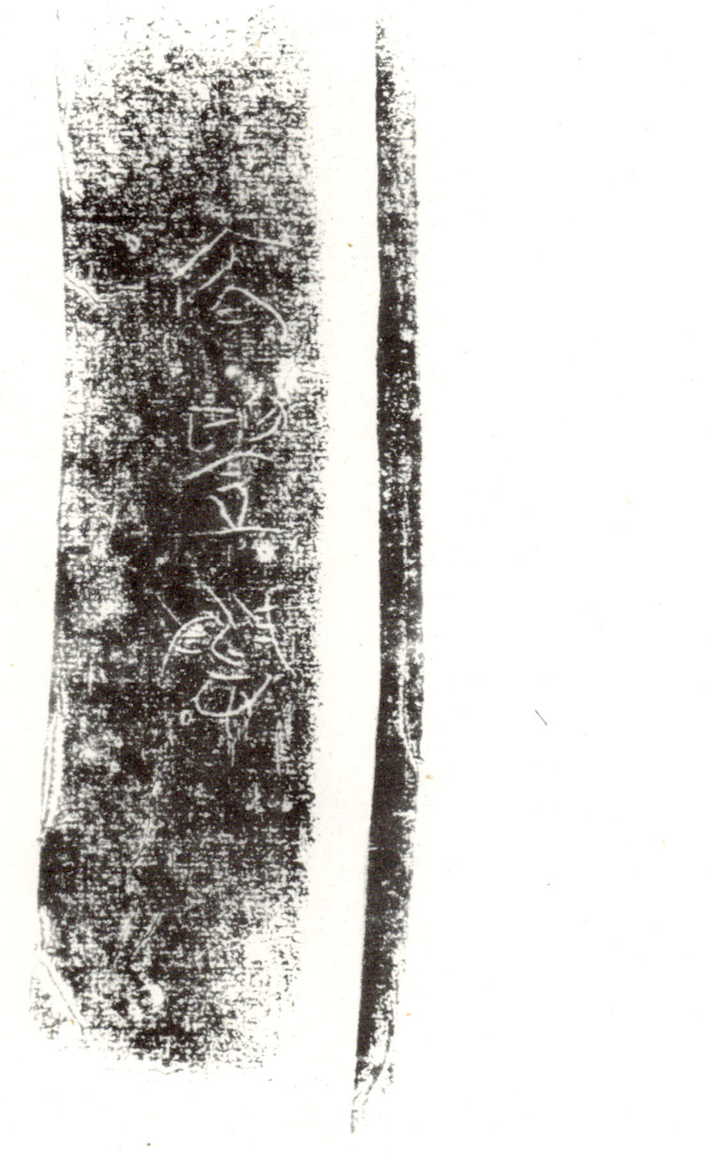

1804

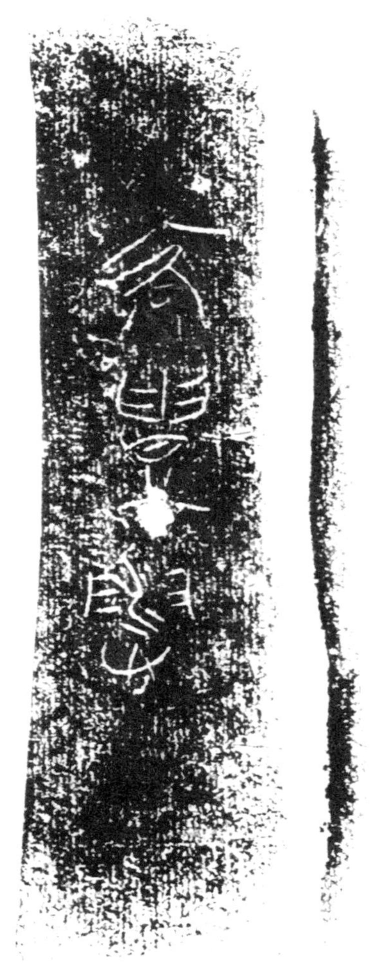

1805

客豊愆鼎

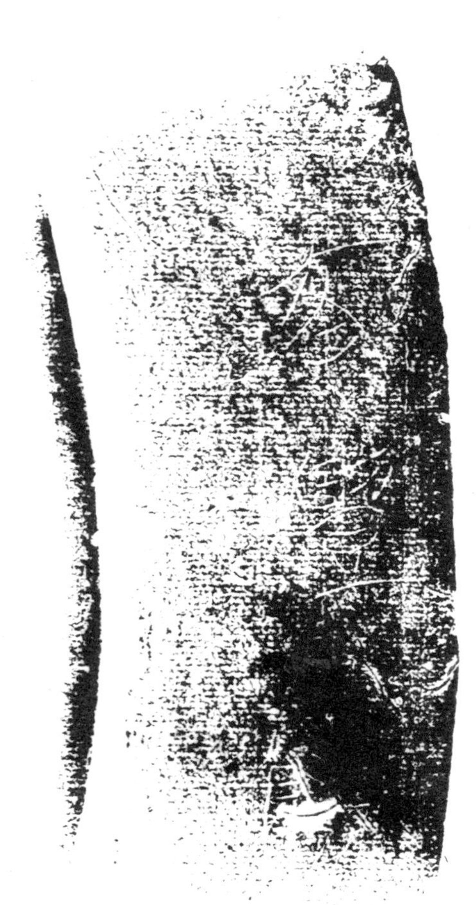

1806

集刹鼎

1807

四分鼎

1808

秉父辛鼎

1809

文方鼎

1810

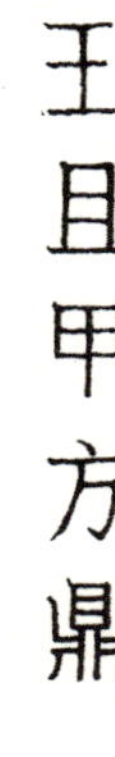
王且甲方鼎

1811

[illegible]作且丁鼎

1812

且丁癸□鼎

1813

□作且戊鼎

1814

且己父癸鼎

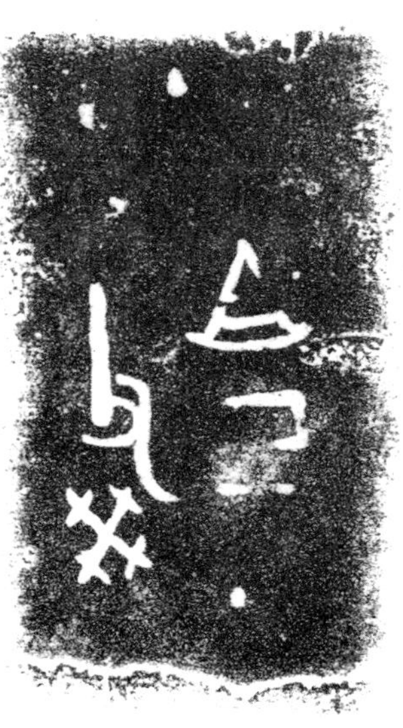

1815

朋亞且癸鼎

1816

亞鳥父甲鼎

1817

亞攷父乙鼎

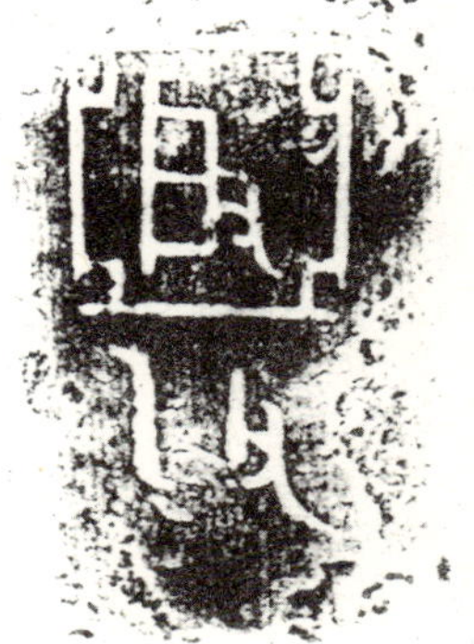

1818

亞醜父乙鼎

1819

亞⿰虘支父乙鼎

1820

冊父乙方鼎

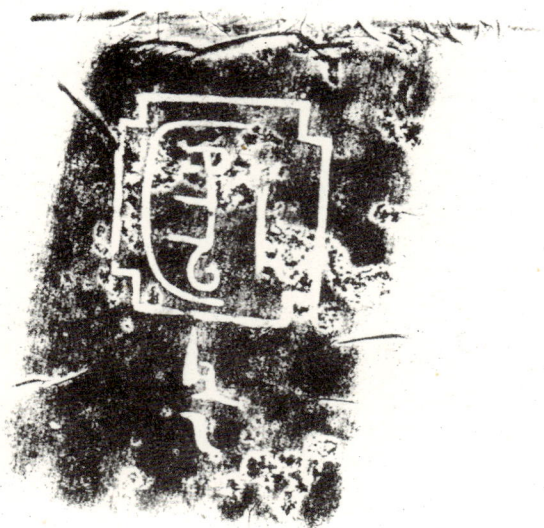

1821

天册父乙鼎

1822

[illegible]父乙鼎

1823

鄉宁父乙方鼎

1824

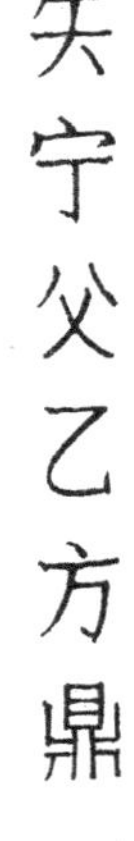

矢宁父乙方鼎

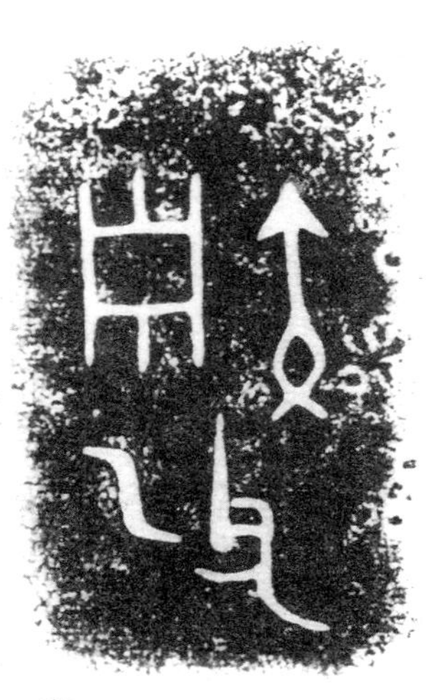

1825

子刀父乙方鼎

1826

子□父乙鼎

1827

子鼎父乙鼎

1828

⿸广執父乙乙鼎

1829

冄[illegible]父乙鼎

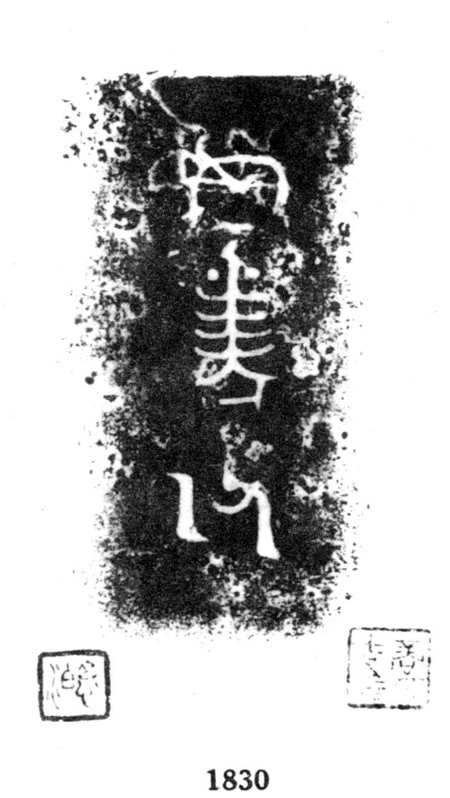

1830

冄[illegible]父乙鼎

1831

內作父乙鼎

1832

父乙爻□鼎

1833

耳衡父乙鼎

1834

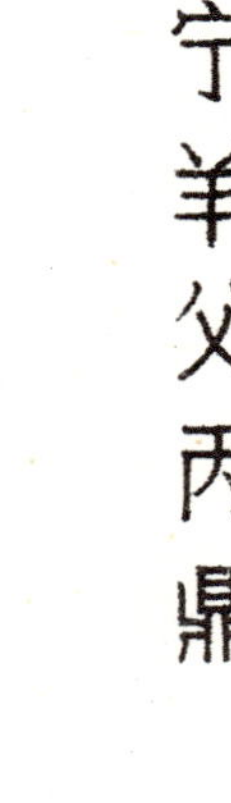

宁羊父丙鼎

1836

耳衡父乙鼎

1835

亞䣓父丙方鼎

1837

□父丁鼎

1838

亞醜父丁方鼎

1839

亞醜父丁方鼎

1840

亞獏父丁鼎

1841

亞獏父丁鼎

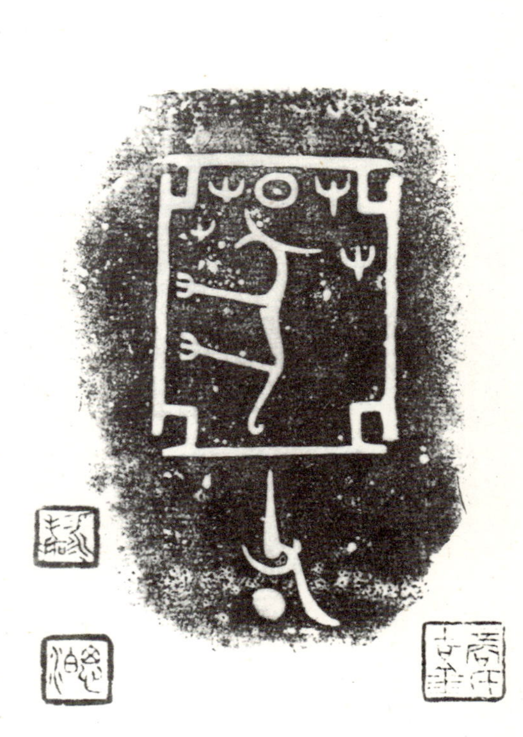

1842

亞獏父丁鼎

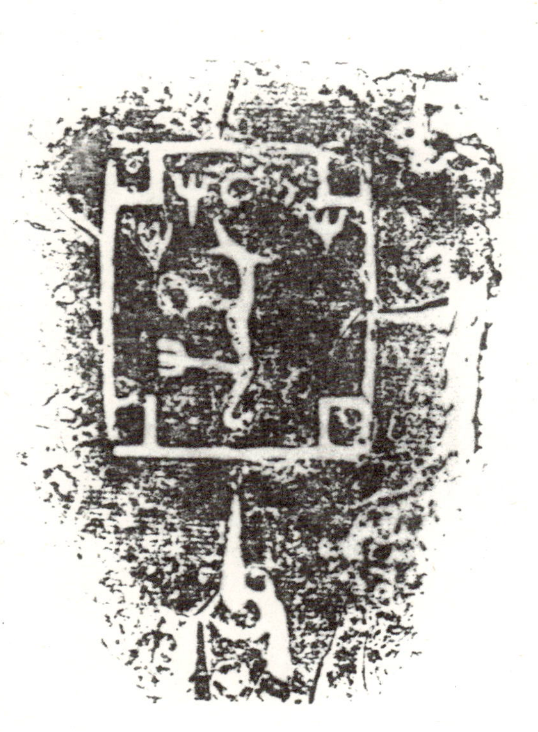

1843

亞獏父丁鼎

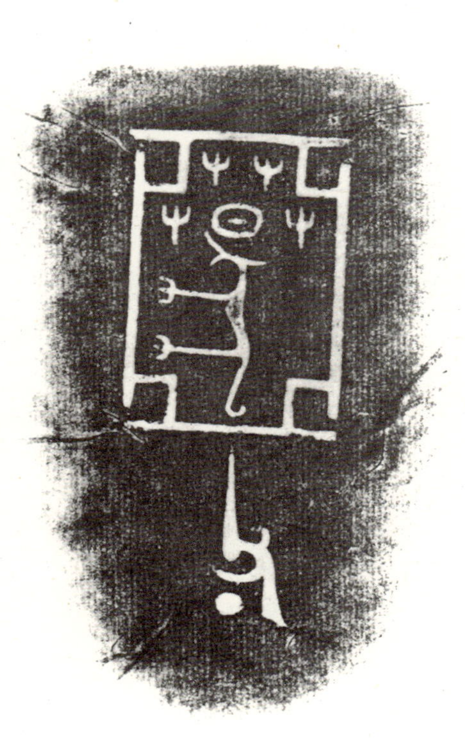

1844

亞犬父丁方鼎

1845

亞旃父丁鼎

1846

亞酉父丁鼎

1847

亞旨父丁鼎

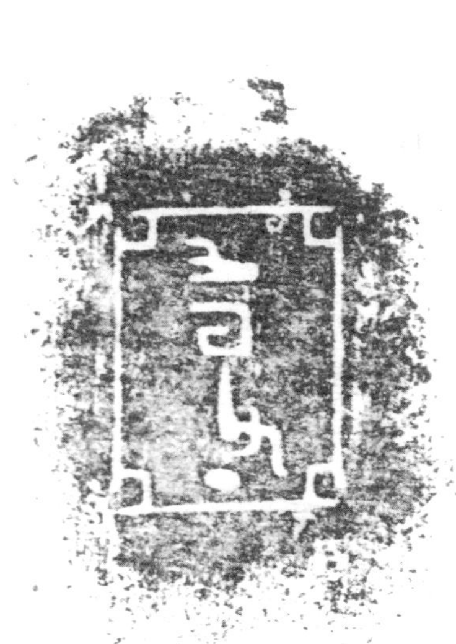

1848

田告父丁鼎

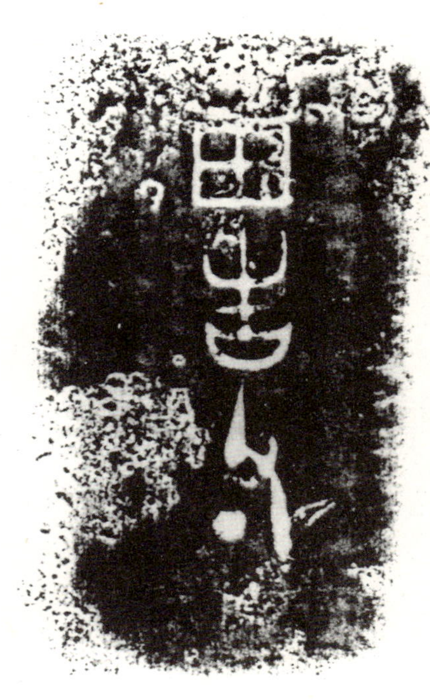

1849

子羊父丁鼎

1850

寧母父丁方鼎

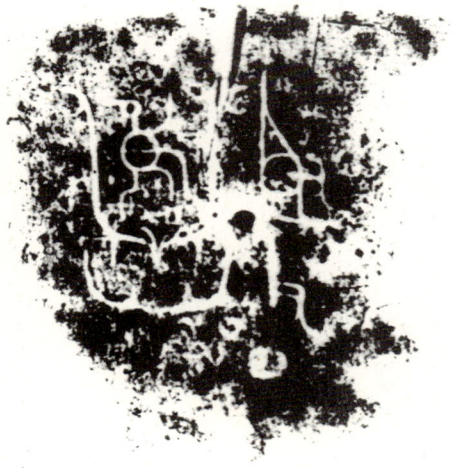

1851

臤父丁鼎

1852

耳衡父丁鼎

1853

庚豩父丁方鼎

1855

耳条父丁鼎

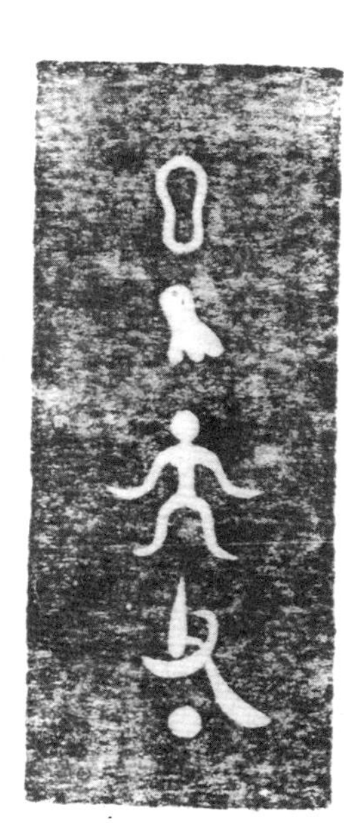

1854

⿱䀠豕父丁册方鼎

1856

尹舟父丁鼎

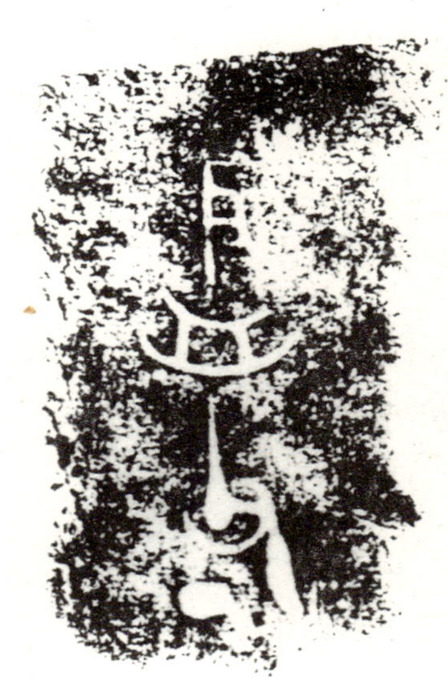

1857

弓𩫖父丁方鼎

1859

[illegible]父丁册方鼎

1858

作父丁[illegible]方鼎

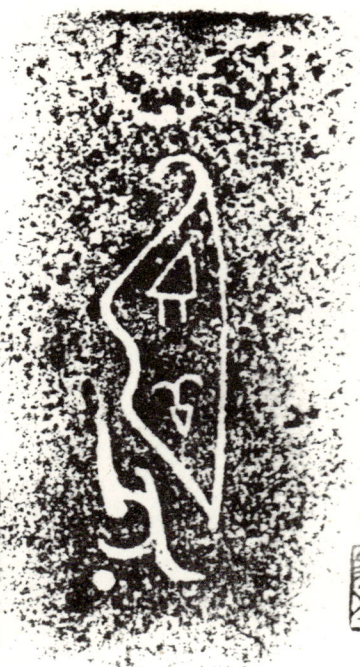

1860

冄一父丁鼎

1861

亞□父戊鼎

1863

季父戊子鼎

1862

角戊父字鼎

1864

亞[illegible]父己鼎

1865

1867

亞[illegible]父己鼎

1866

1868

亞戈父己鼎

1869

亞⿰方⿱𠂉血父己鼎

1871

亞獸父己鼎

1870

亞[illegible]父己鼎

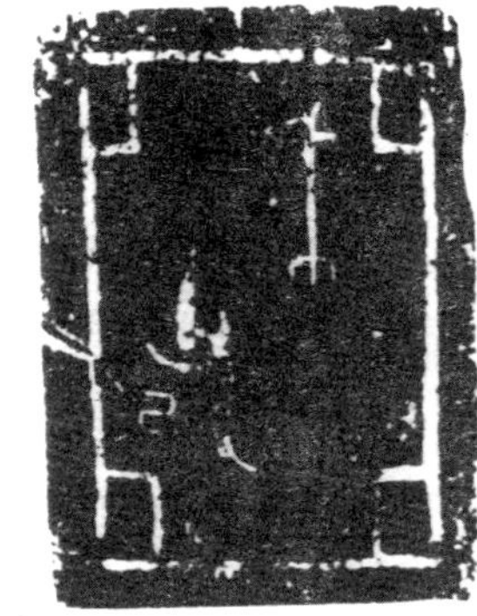

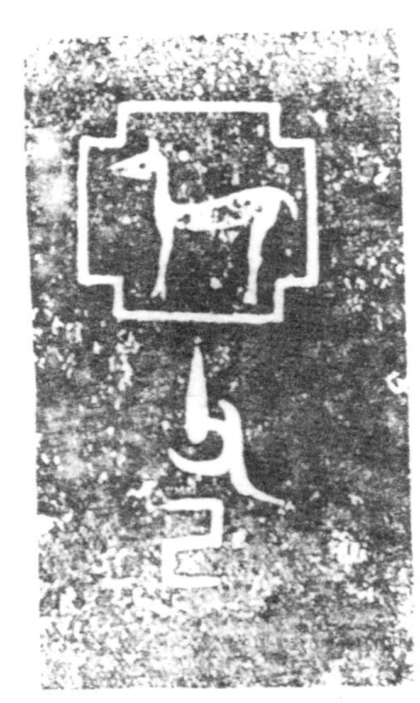

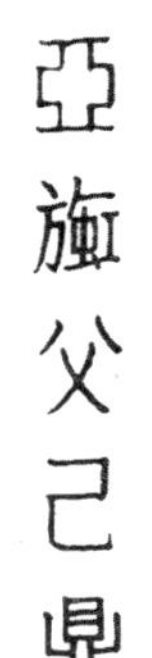

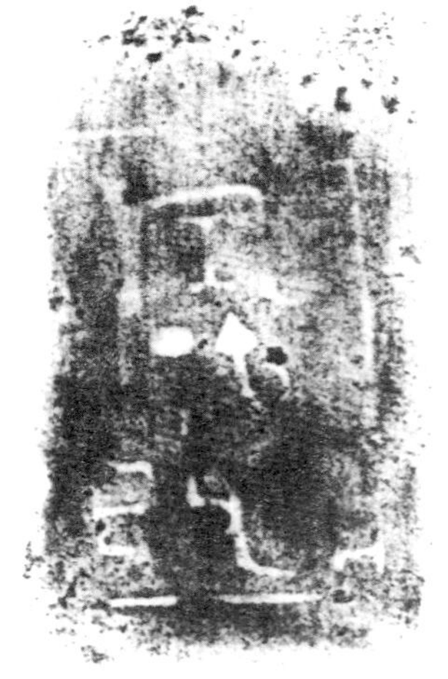

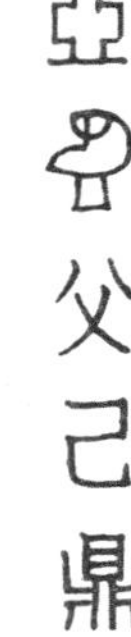

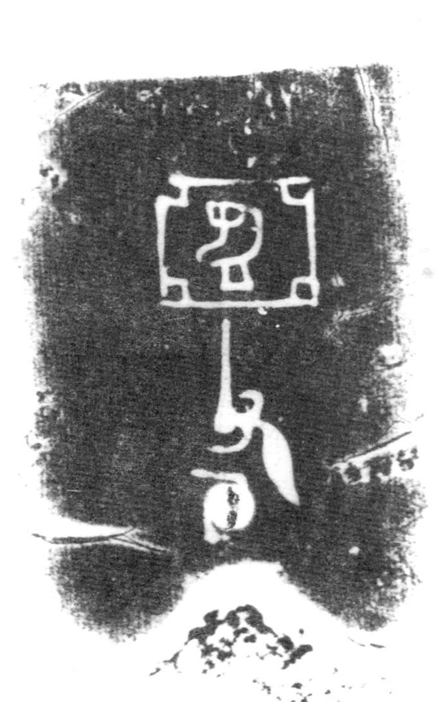

1872

子申父己鼎

1873

又敄父己鼎

1875

小子父己方鼎

1874

弓𦎫父己鼎

1876

遽作父己鼎

1877

子□父己鼎

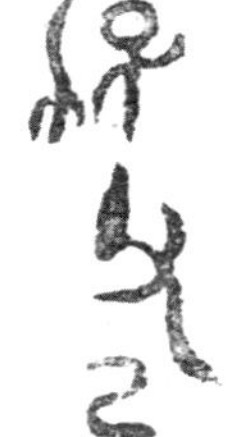

1879

作父己□鼎

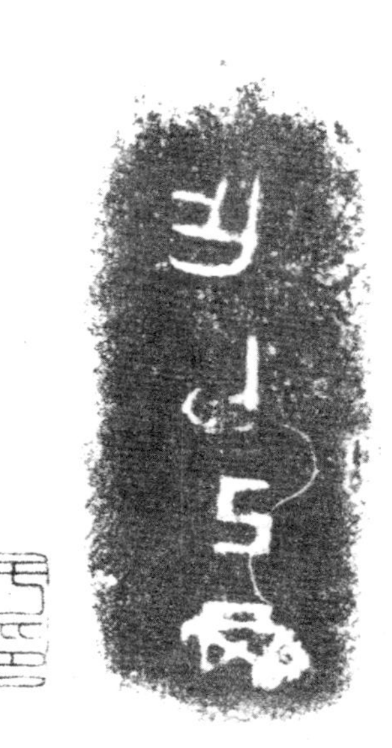

1878

亞得父庚鼎

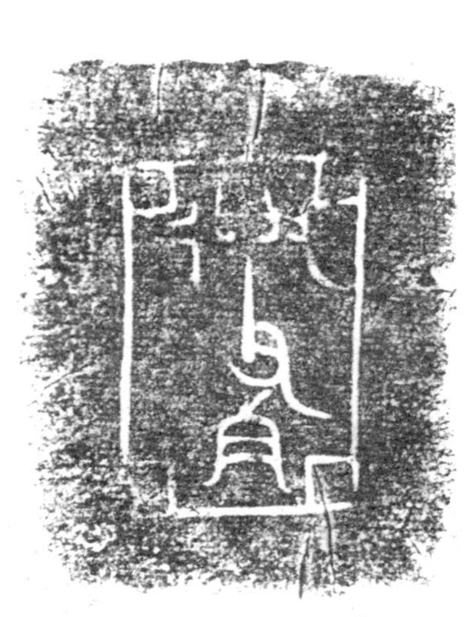

1880

子刀父辛鼎

1881

亞㐭父辛鼎

1883

子刀父辛方鼎

1882

亞醜父辛鼎

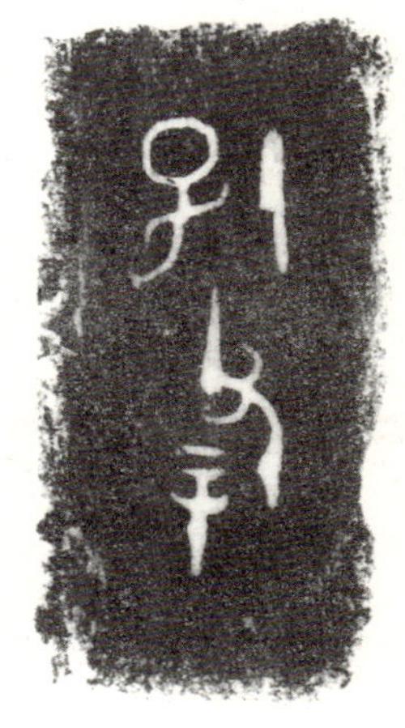

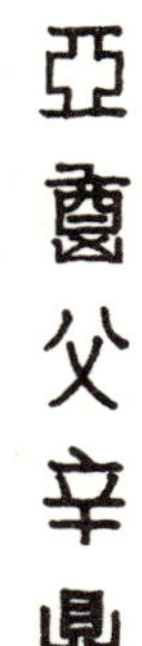

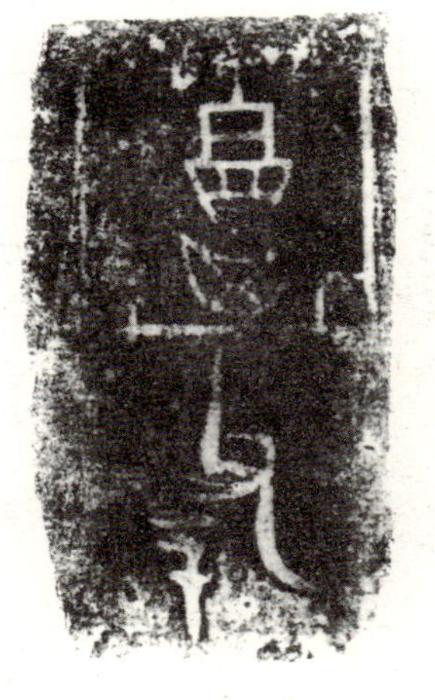

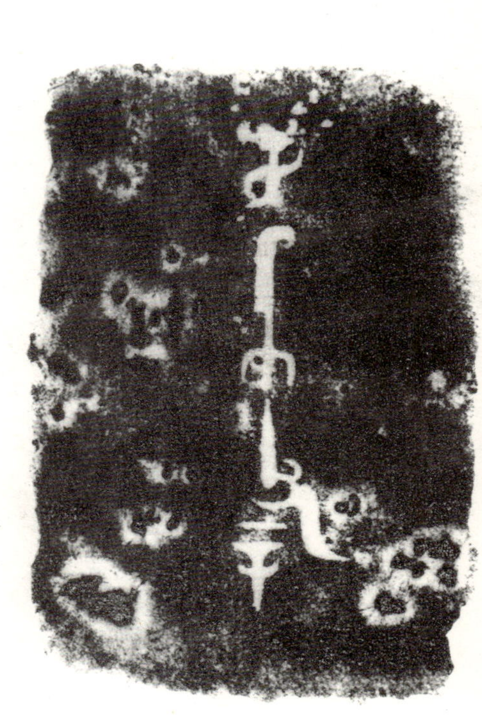

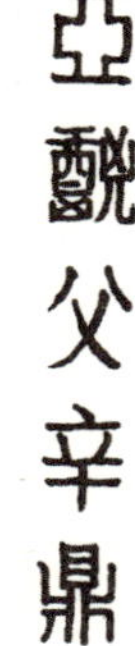

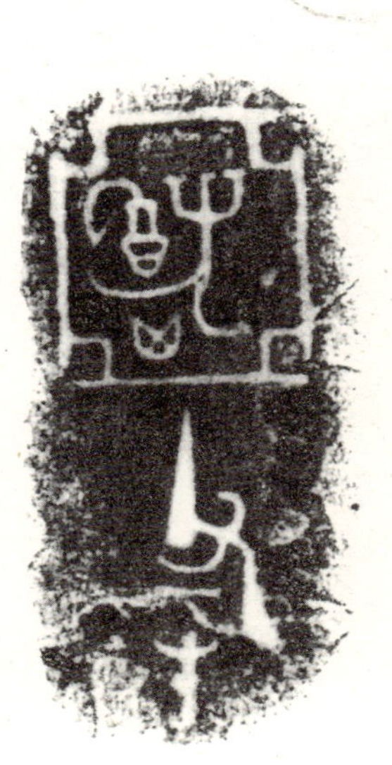

1884

虎重父辛鼎

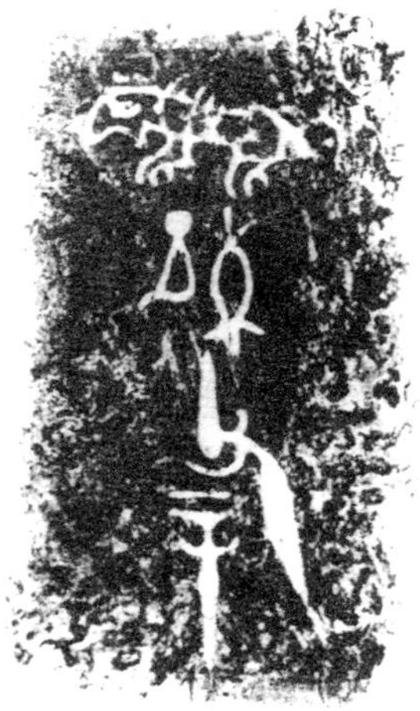

1885

[illegible]作父辛鼎

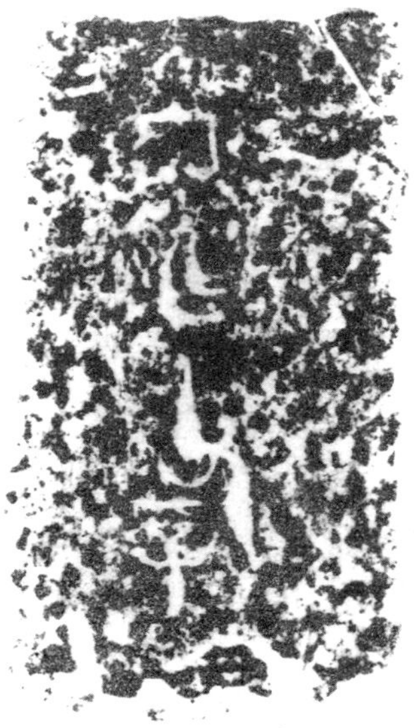

1886

父辛[illegible]册鼎

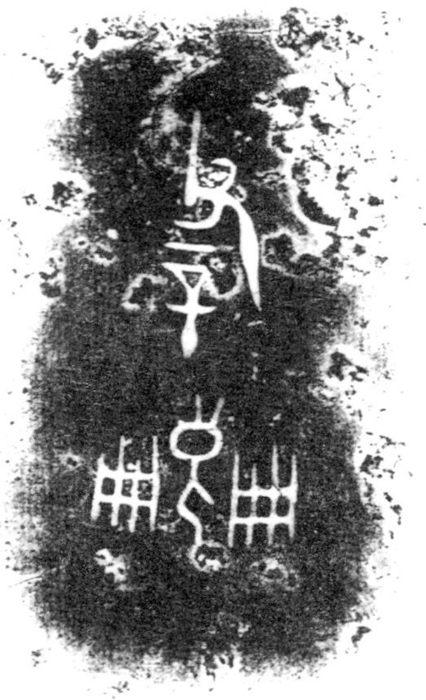

1887

1888

1890

1889

1891

亞□父癸鼎

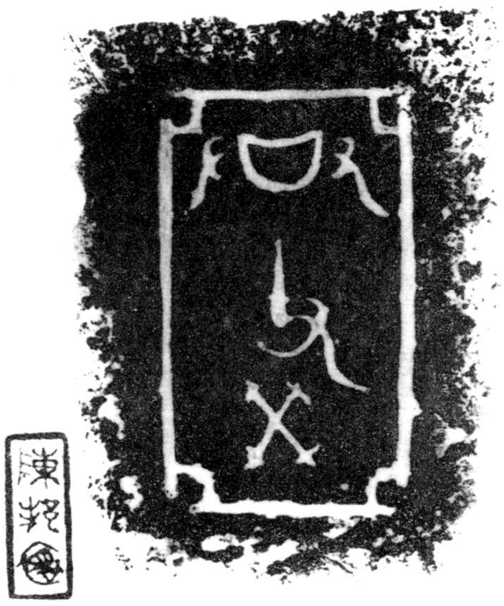

1892

何父癸鼎

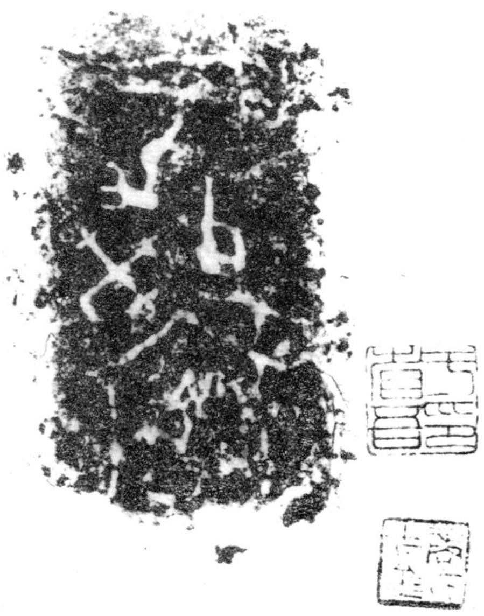

1893

何父癸鼎

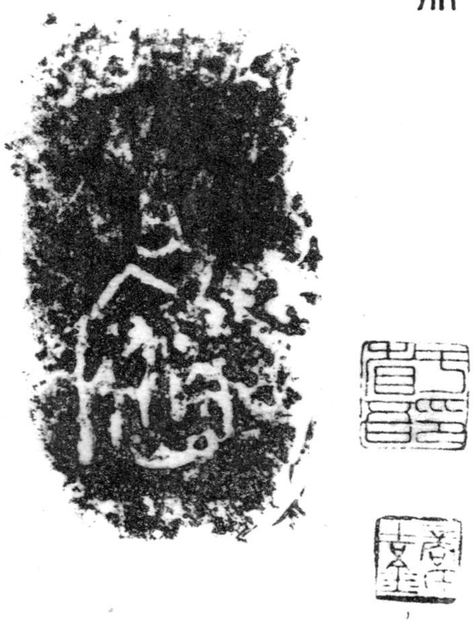

1894

射獸父癸鼎

1895

冊[illegible]父癸鼎

1897

衎天父癸鼎

1896

冊[illegible]父癸鼎

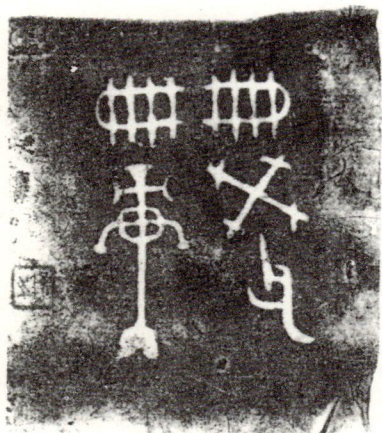

1898

允册父癸鼎

1899

[illegible]作父癸鼎

1901

父癸疋册鼎

1900

[illegible][illegible]父癸鼎

1902

作母嬔彝鼎

1903

1905

耴[illegible]婦[illegible]鼎

1904

司母㠯康方鼎

1906

彭女彝鼎

1907

亞㠱女子鼎

1909

彭女彝鼎

1908

子𪖙君妻鼎

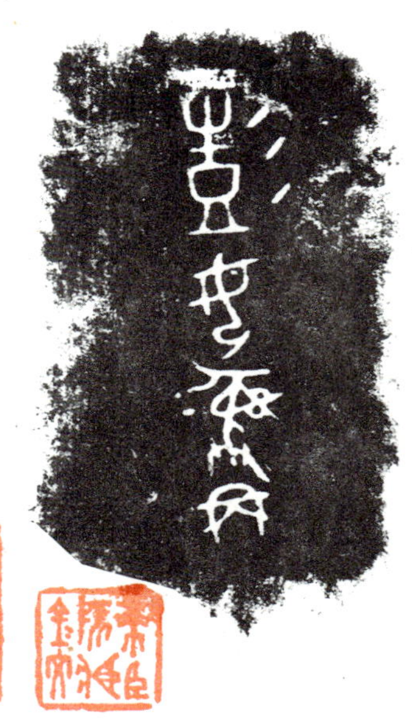

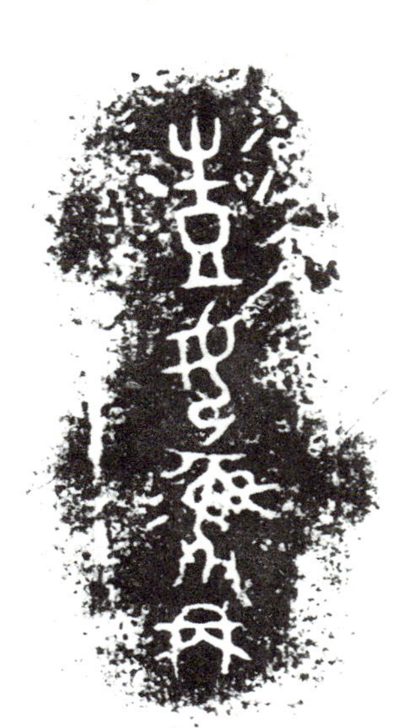

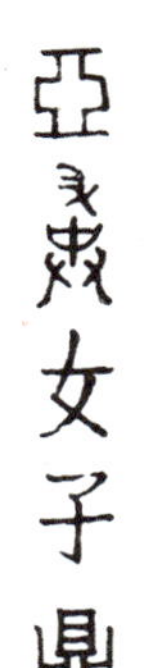

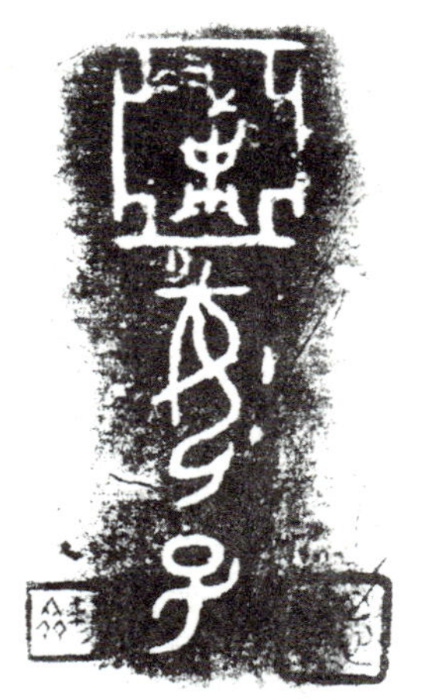

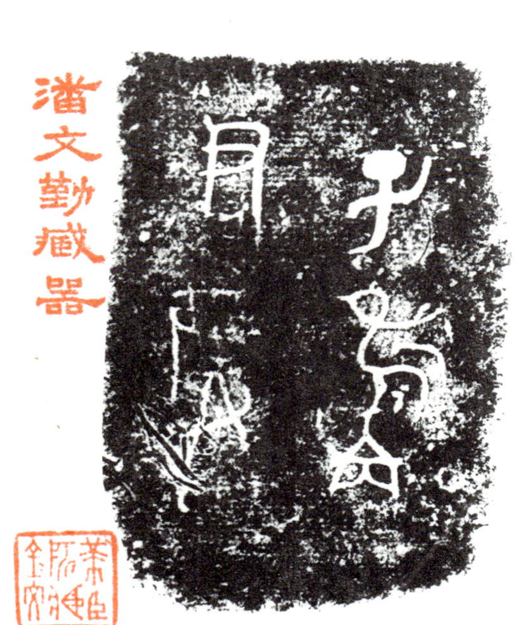

1910

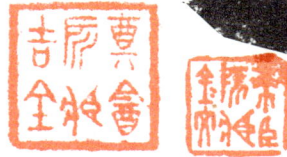

北伯作隮鼎

1911

或伯鼎

1913

伯作寶方鼎

1912

伯作寶鼎

1914

伯作旅彝鼎

1916

伯作旅鼎

1915

伯作寶彝鼎

1917

伯作寶彝鼎

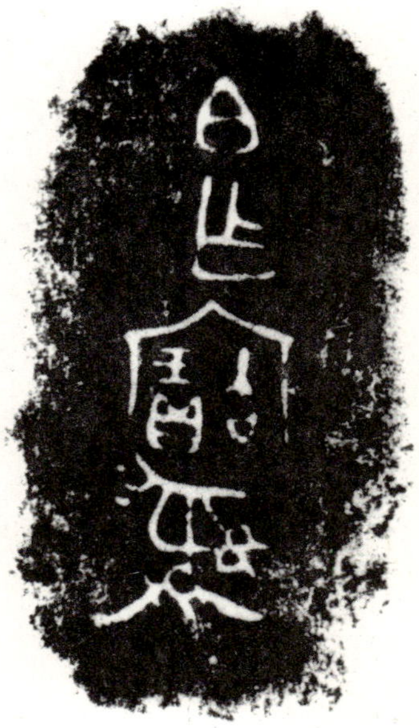

1918

伯作寶彝鼎

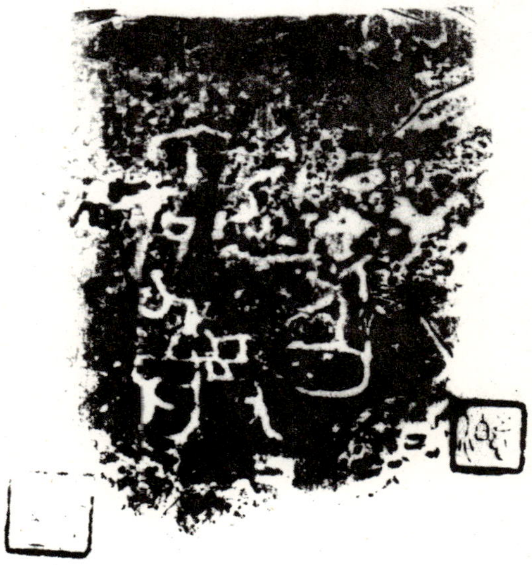

1919

伯作寶彝鼎

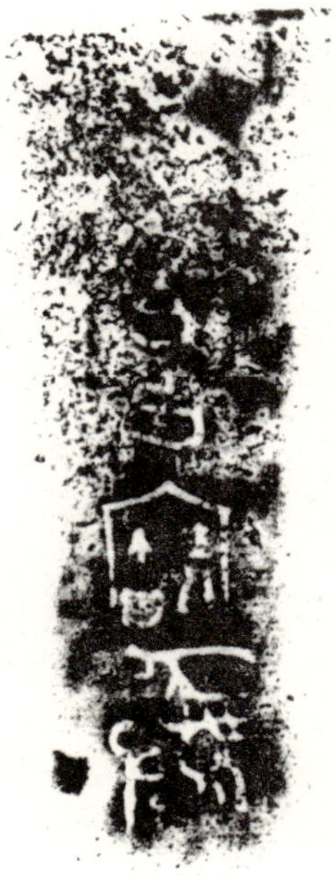

1920

伯作旅鼎

1921

仲作旅鼎

1922

叔作寶彝鼎

1923

内叔作鼎

1924

叔尹作旅方鼎

1925

叔作鮇子鼎

1926

叔作𨽍鼎

1927

叔作旅鼎

1928

叔作旅鼎

1929

叔我鼎

1930

季作寶彝鼎

1931

師公鼎

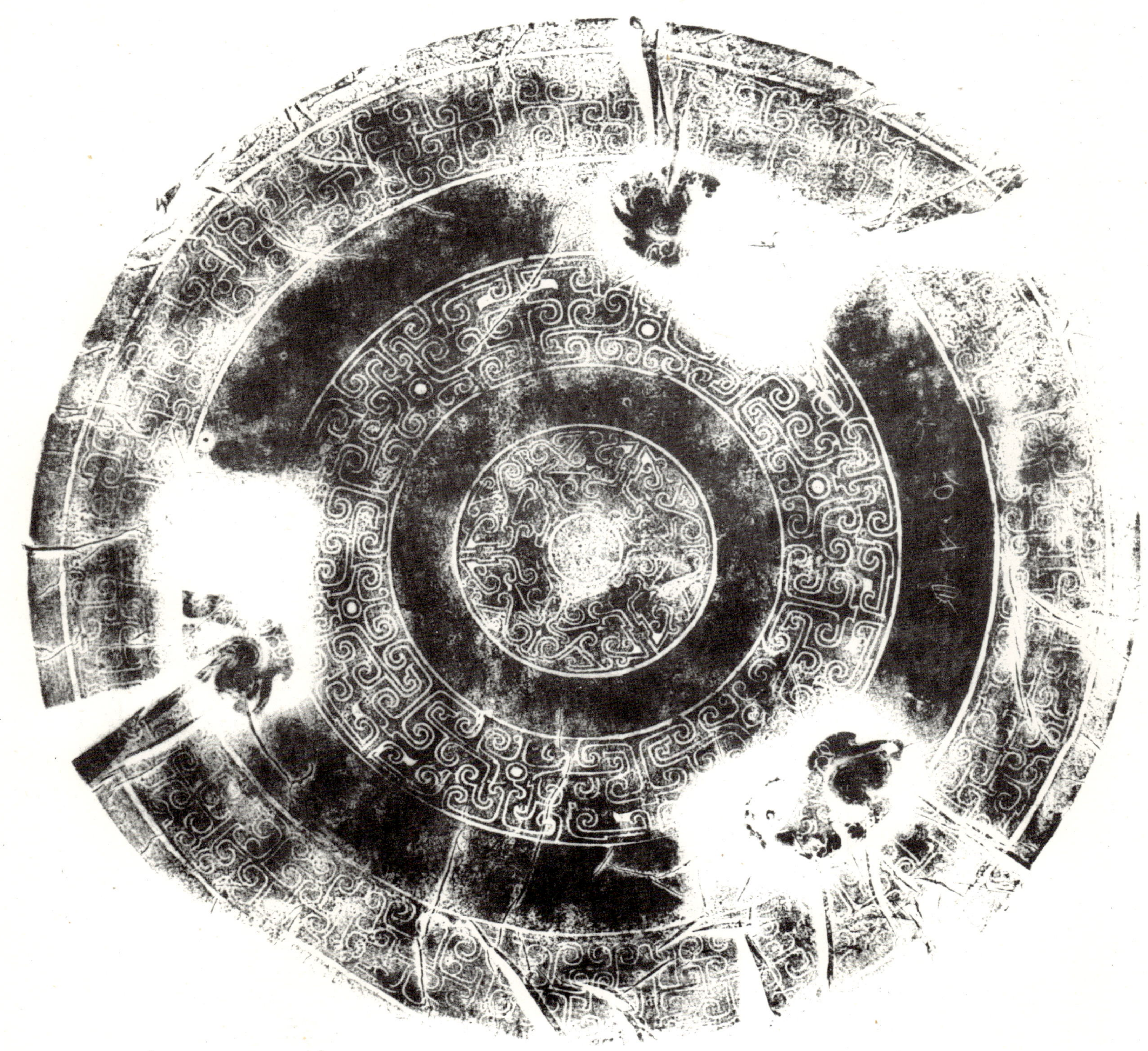

1932

中䝬王鼎

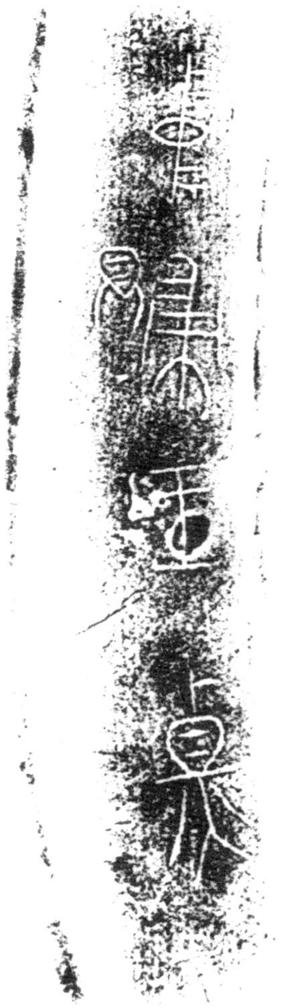

1933

公鼎

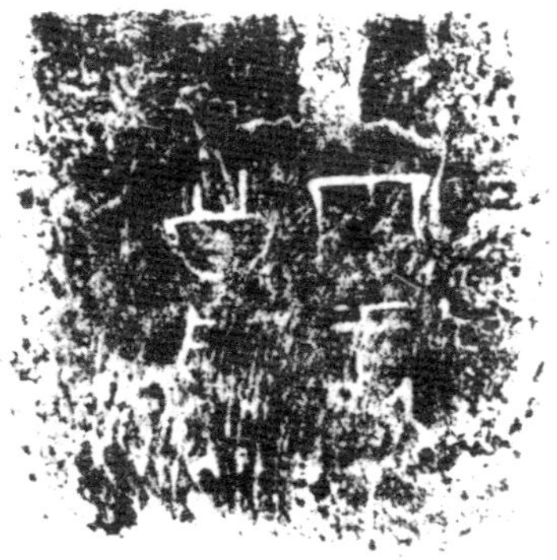

1934

國子鼎

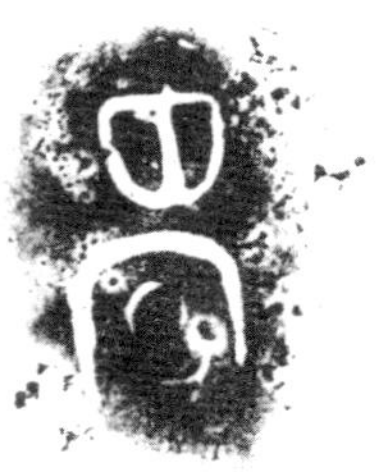

1935·1

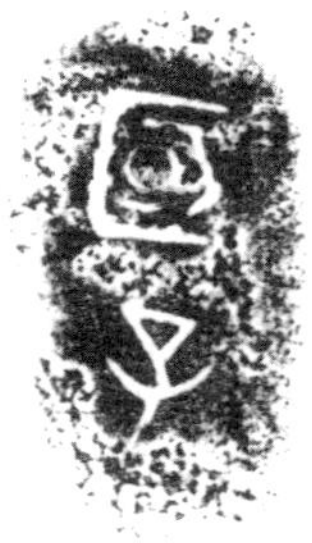

1935·2

懋史繇鼎

1936

大祝禽方鼎

1937

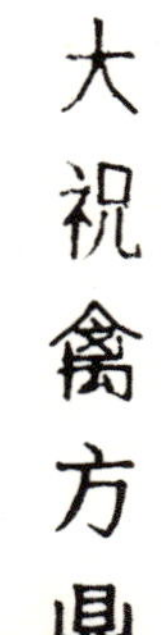

大祝禽方鼎

1938

又敎父癸鼎

1939

更鼎

1940

刕册)(辛鼎

1941

臣辰册方鼎

1942

臣辰册方鼎

1943

亞𡫹[illegible][illegible]方鼎

1944

公朱右𠂤鼎

1946

𢓊公右𠂤鼎

1945

滑斿子鼎

1947

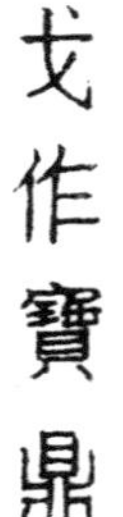
戈作寶鼎

1948

甲作寶方鼎

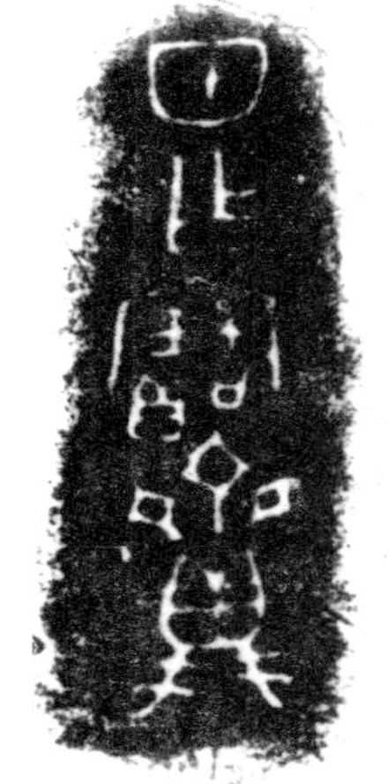

1949

□作寶鼎

1950

車作寶鼎

1951

車作寶方鼎

1952

舟作寶鼎

1953

舟作寶鼎

1954

鼎之伐鼎

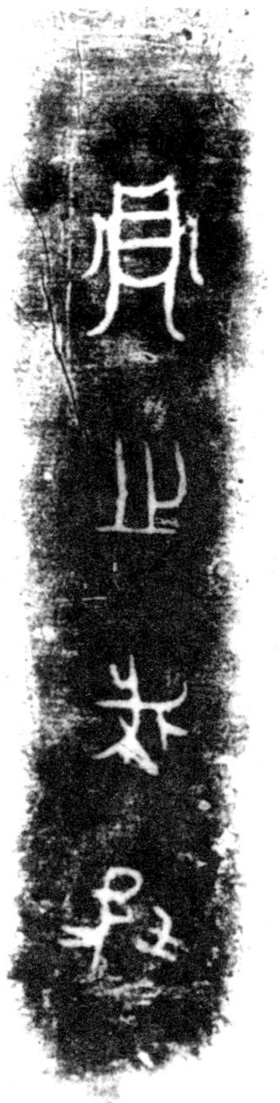

1955

中作寶鼎

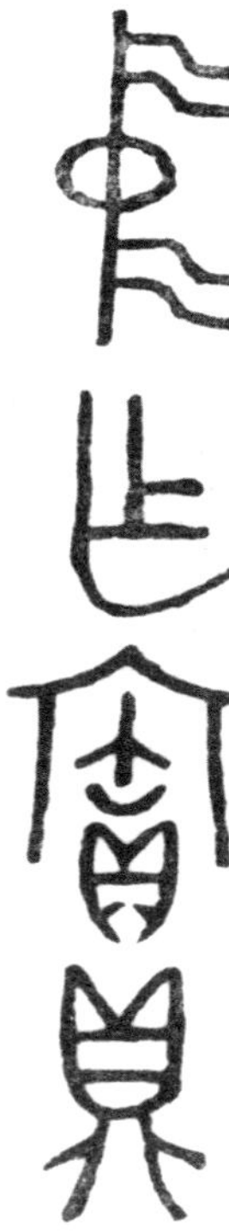

1957

右作旅鼎

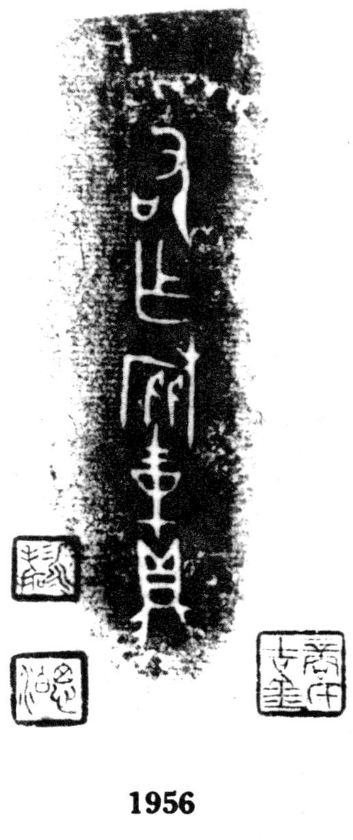

1956

員作用鼎

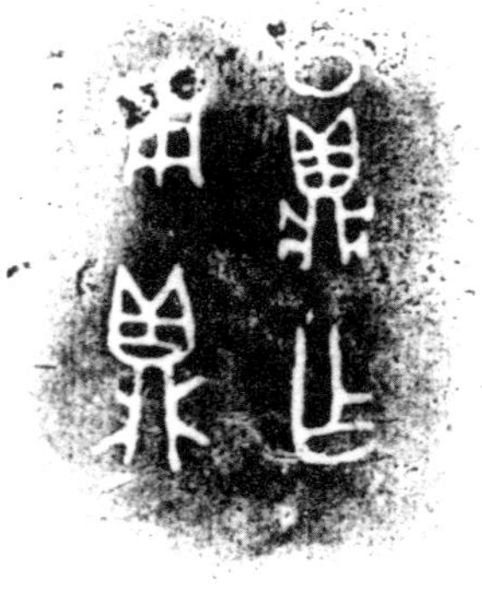

1958

舌臣鼎

1959

毛作寶鼎

1960

益作寶鼎

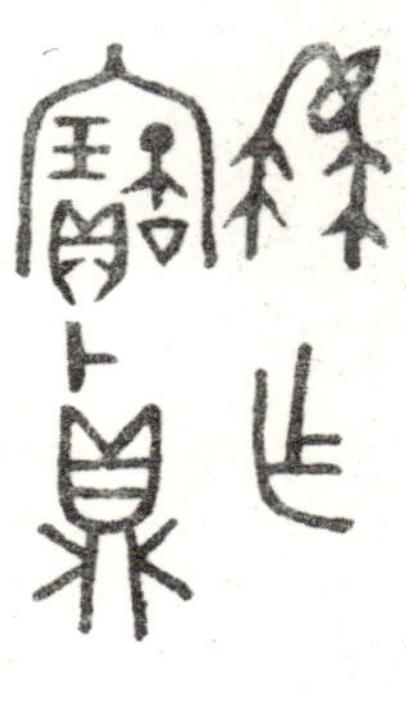

1961

興作寶鼎

1962

興作寶鼎

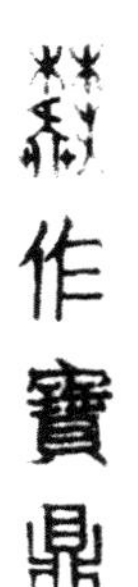作寶鼎

1963

1965

𡪢作寶鼎

𩫖作寶鼎

1966

1964

椙作寶䵼鼎

1967

樂作旅鼎

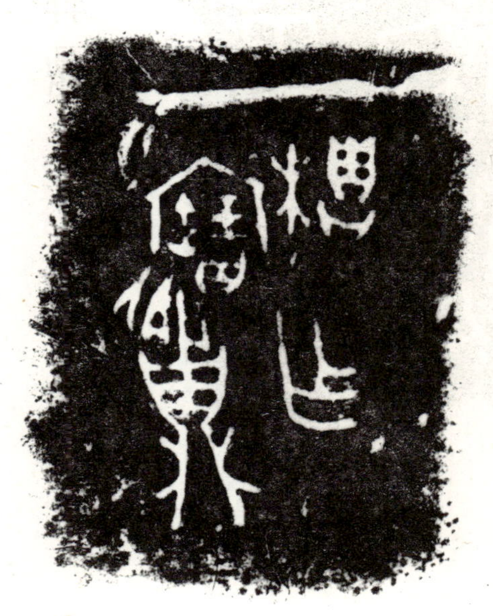

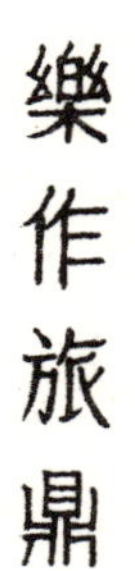

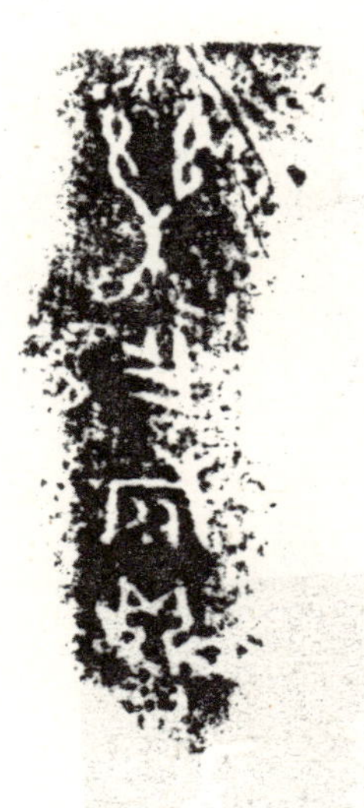

1969

寡長方鼎

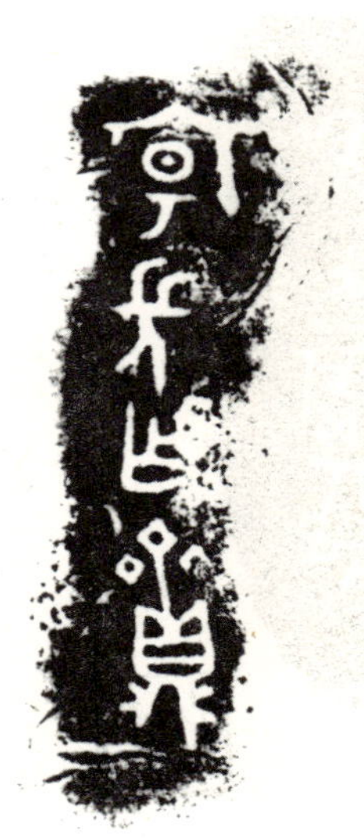

1968

樂作旅鼎

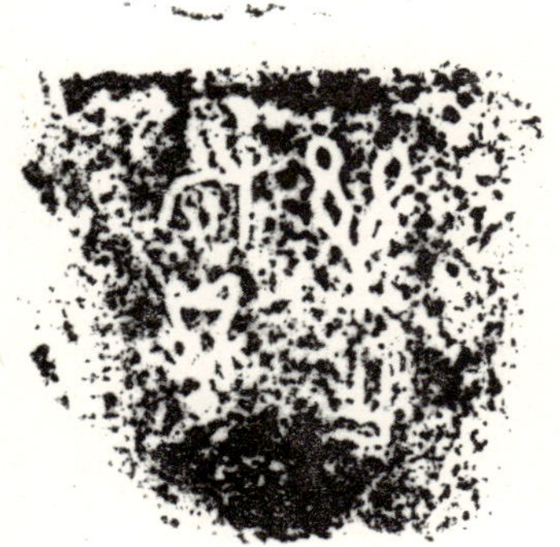

1970

攸作旅鼎

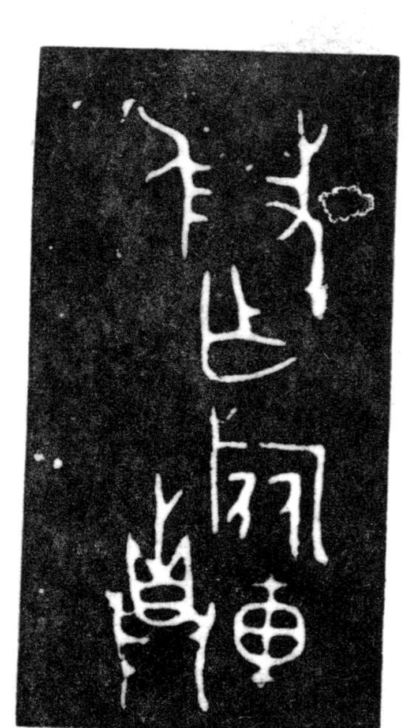

1971

1972

1973

龏作寶器鼎

1974

雁臾作旅鼎

1975

䚄禾作旅鼎

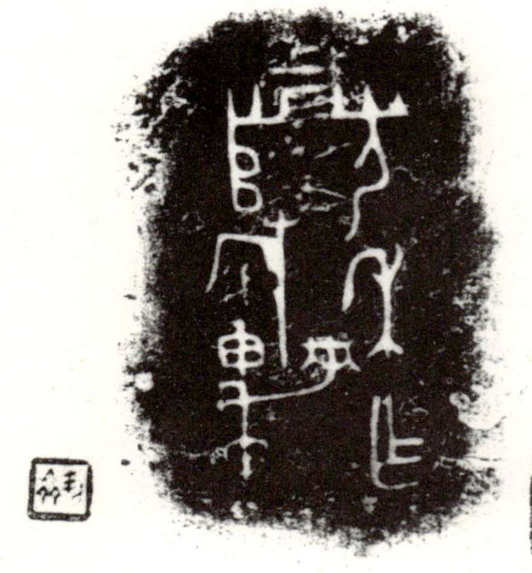

1976

考作寶鼎

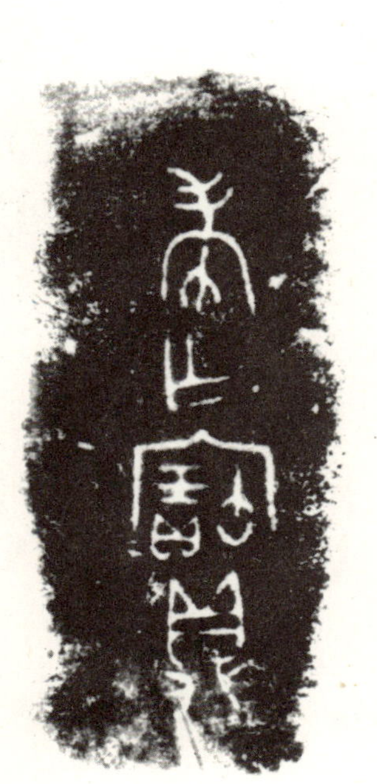

1977

山作旅鼎

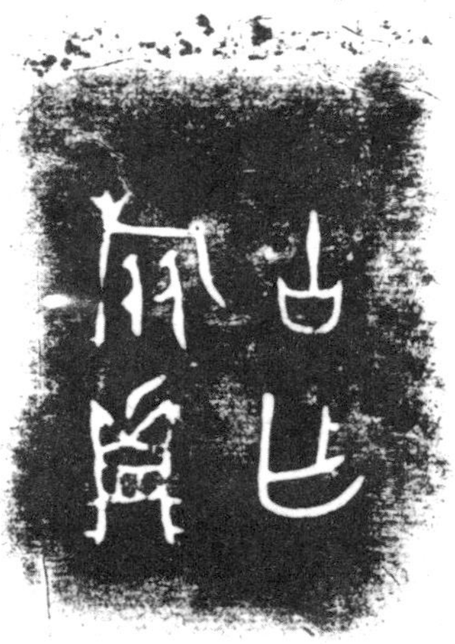

1978

𢦔作旅鼎

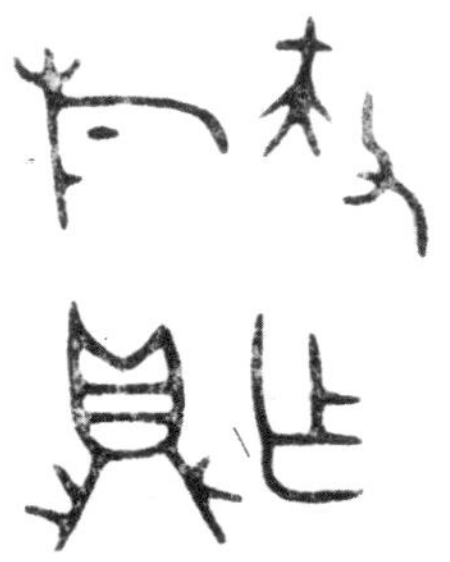

1979

卲之飤鼎

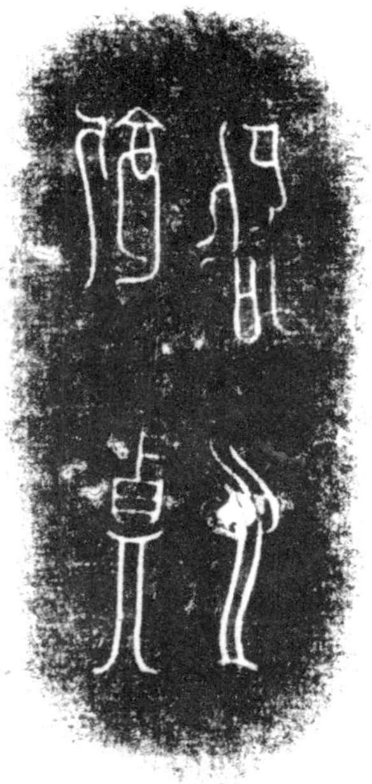

1980

作執從彝方鼎

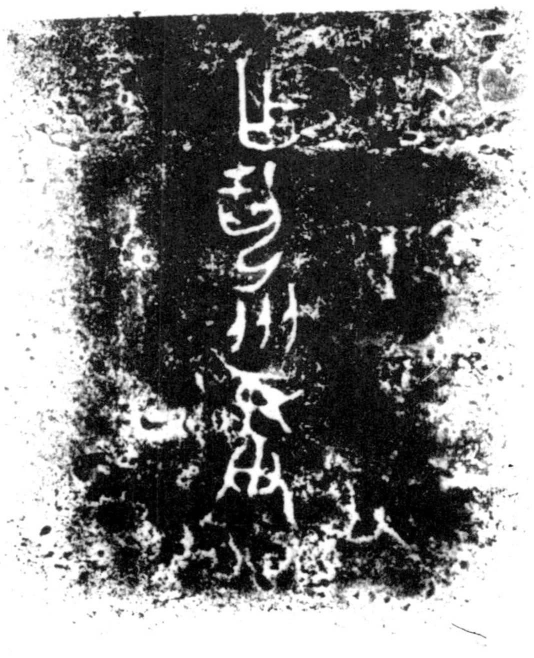

1981

作丮从彝鼎

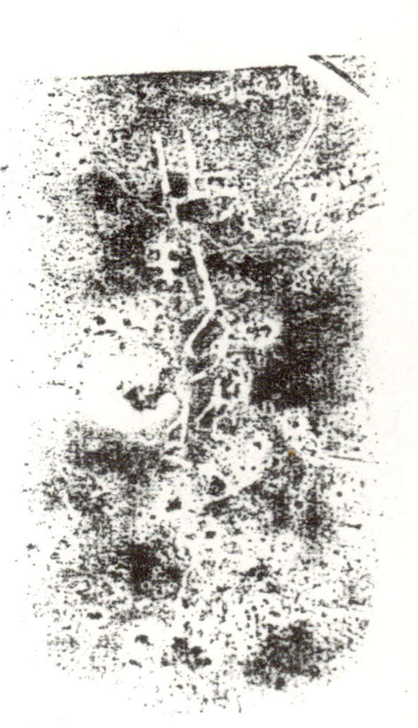

1982

作寶障彝鼎

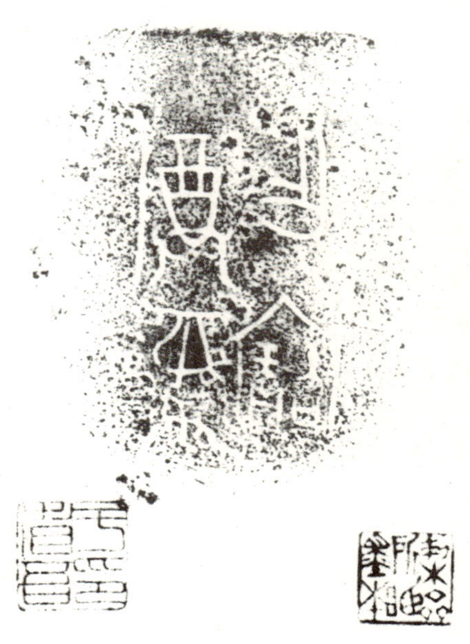

1983

作寶障彝鼎

1984

作寶尊彝方鼎

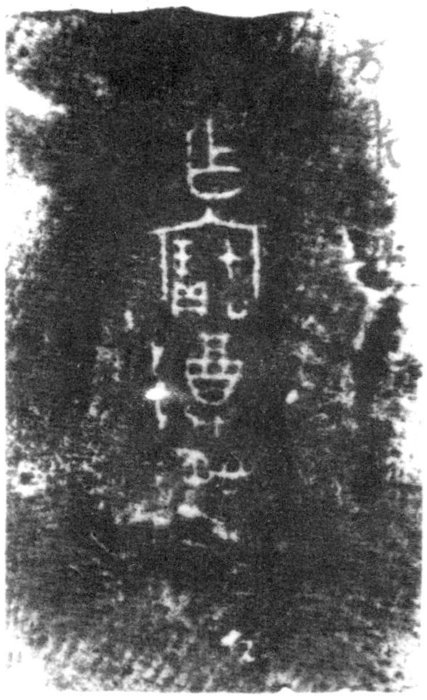

1985·1

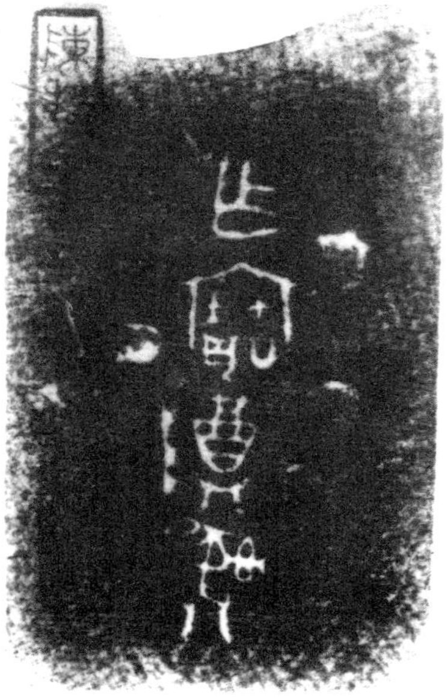

1985·2

作寶尊彝鼎

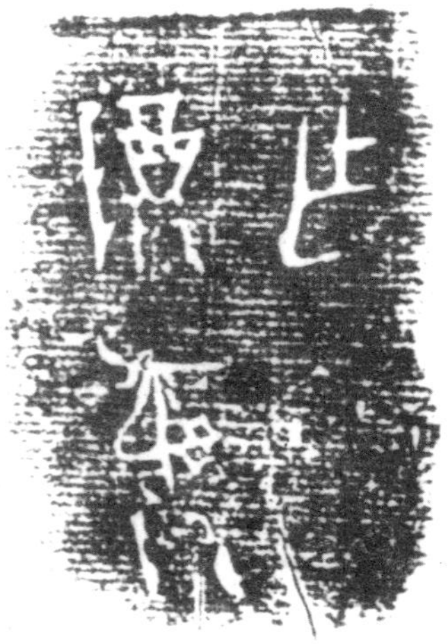

1986

辛作寶彝鼎

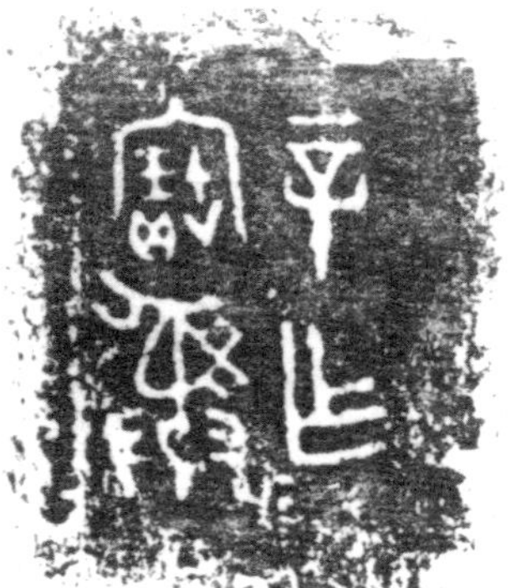

1987

明我作鼎

1988

敚之行鼎

1990·1

眉壽作彝鼎

1989

1990·2

易兒鼎

1991

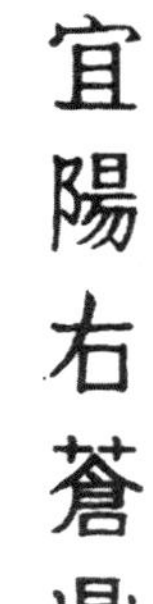

宜陽右蒼鼎

1992

今永里鼎

1993

巨萓十九鼎

1994

安氏私官鼎

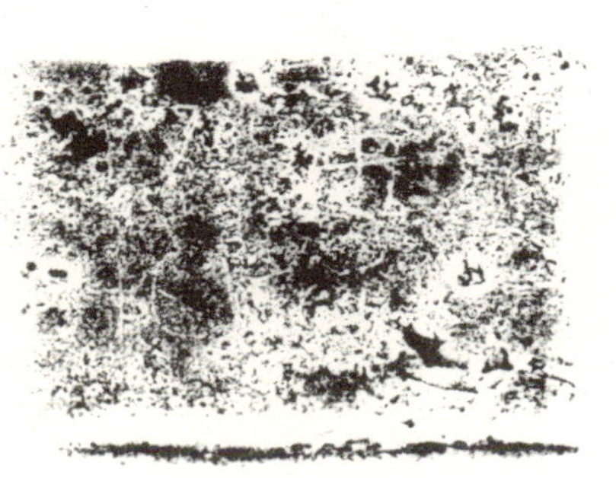

1995

盜且庚父辛鼎

1996

1998

木且辛父丙鼎

1997

作父甲鼎

1999

馬羊[illegible]父乙鼎

2000

西單光父乙鼎

2001

辰行奚父乙鼎

2002

臣辰父乙鼎

2003

臣辰父乙鼎

2004

臣辰父乙鼎

2005

父乙臣辰鼎

2006

作父乙鼎

2007

旁父乙鼎

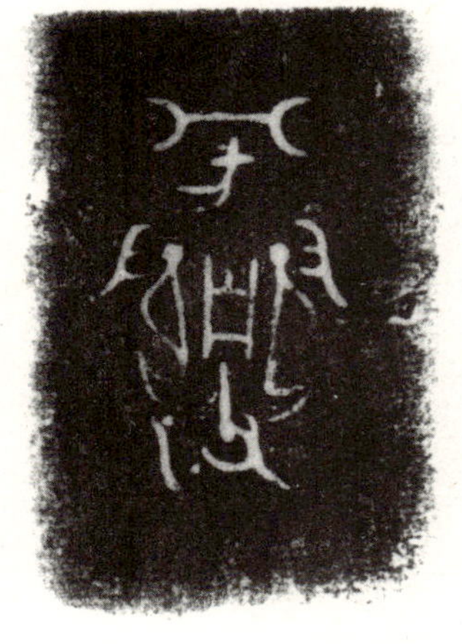

2009

作父乙䵼鼎

2008

宰[彳農]室父丁鼎

2010

[illegible]作父戊鼎

2011

[illegible]作父戊鼎

2012

黿作父戊方鼎

2013

父己亞𠫑史鼎

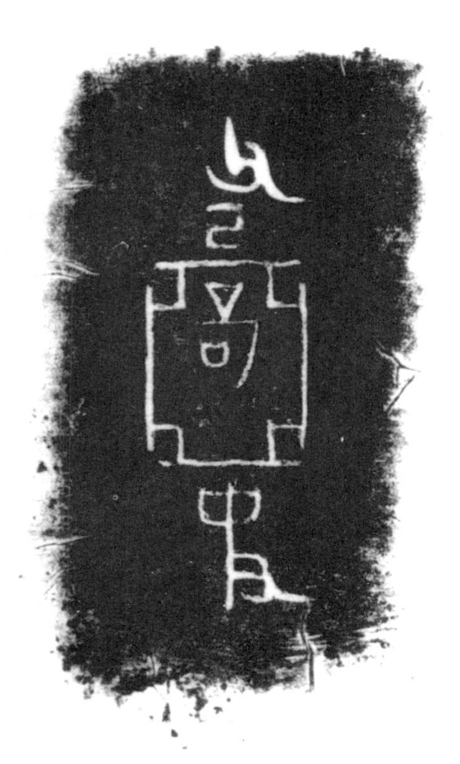

2014

小子作父己鼎

2015

子册父辛鼎

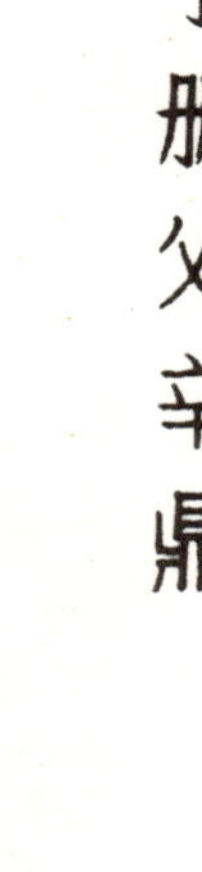

2017

小子作父己方鼎

2016

子作鼎盥彝鼎

2018

冀兄戊父癸鼎

2019

冀母𠂤父癸鼎

2020

孔作父癸鼎

2021

𠬝父鼎

2022

嬰父方鼎

2023

己方鼎

2025

考㠯鼎

2024

[illegible]母鼎

2026

嬴氏鼎

2027

亶姜鼎

2028

散姬方鼎

2029

王伯鼎

2030

王季作鼎彝鼎

2031

亞𡪞鼎

2033

小臣鼎

2032

亞伯禾鼎

2034

亞具吴鼎

2035

史咉鼎

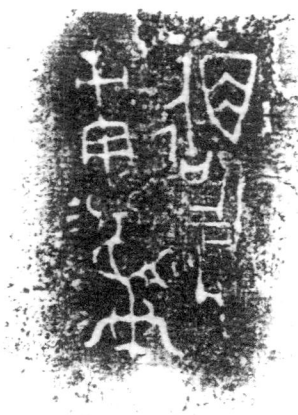

2036

[illegible]鼎

2037

伯員鼎

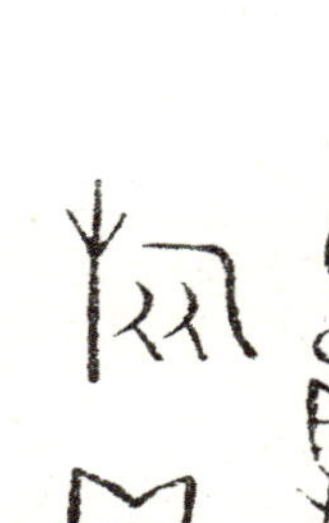

2038

伯旂鼎

2040

伯申鼎

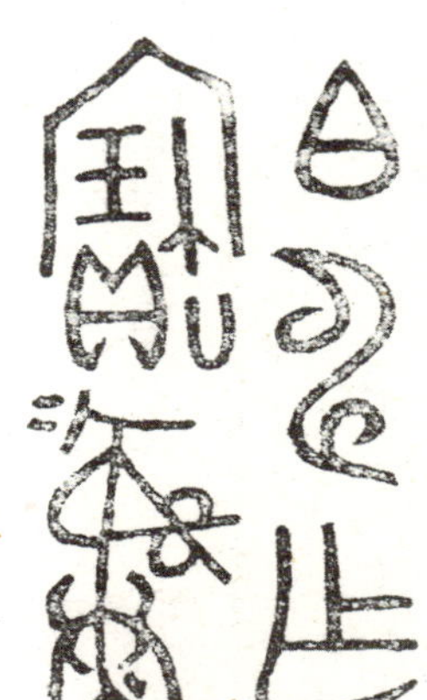

2039

⿰阝复伯鼎

2041

閔伯鼎

2042

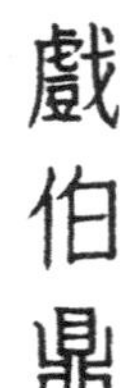

戲伯鼎

2043

𢼸伯鼎

2044

橋仲鼎

2045

仲白父鼎

2046

仲作寶鼎

2047

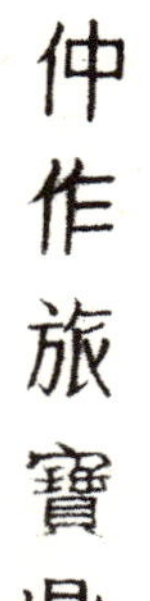

仲作旅寶鼎

2048

叔攸作旅鼎

2049

叔伐父作鼎

2050

叔作懿宗方鼎

2051

叔鼎

2052·1

2052·2

叔作寶障彝鼎

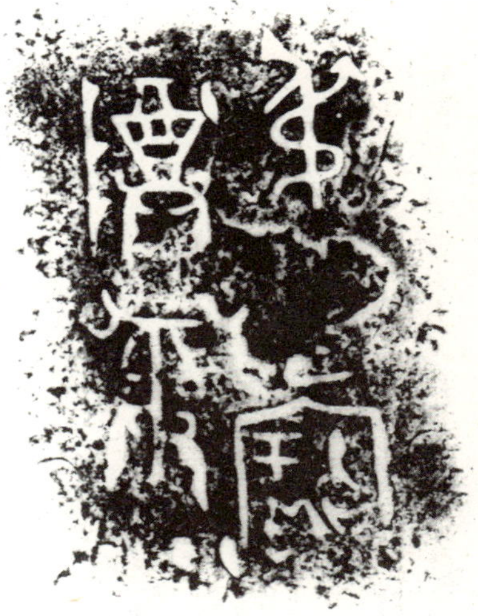

2053

叔作寶障彝鼎

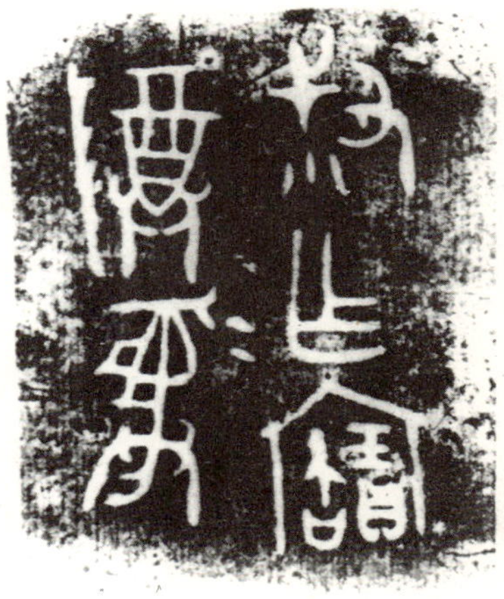

2054

單光方鼎

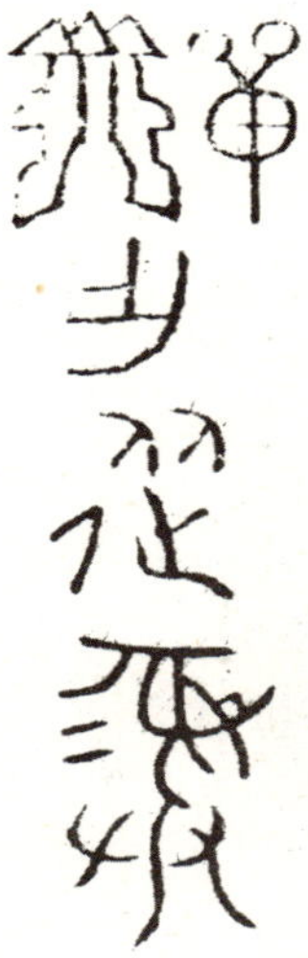

2055

單光方鼎

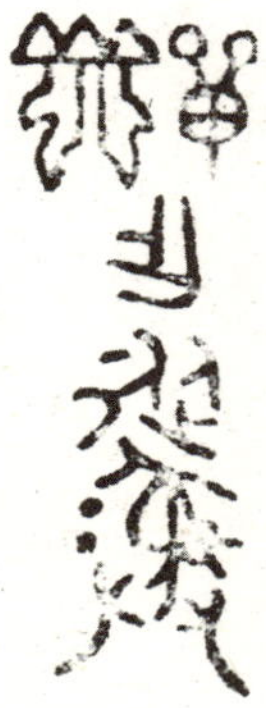

2056

良季鼎

2057

竟鼎

2058

丂隻鼎

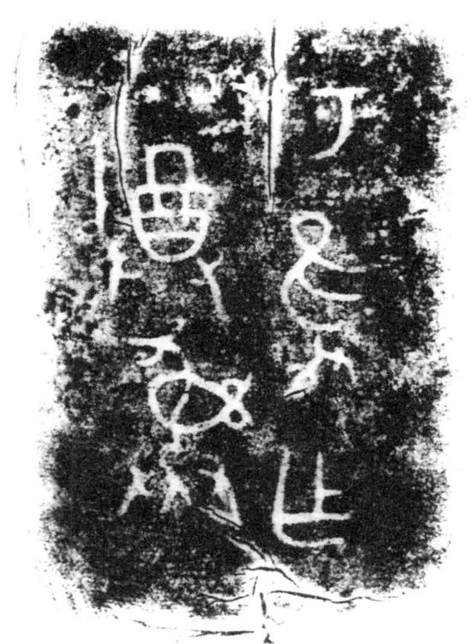

2059

⿰臣曾鼎

2060

腹鼎

2061

㝬鼎

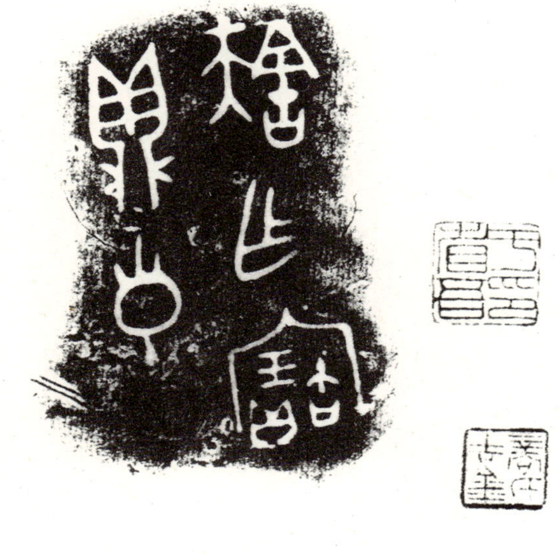

2063

作寶障彝方鼎

2062

[illegible]鼎

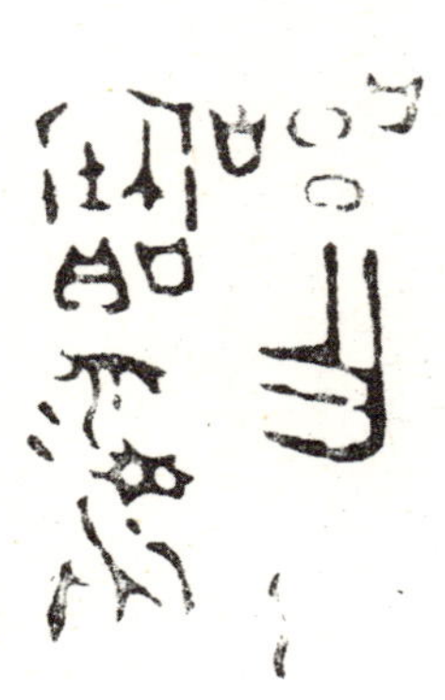

2064

莽鼎

2065

訢啓鼎

2066

釐鼎

2067·1

2067· 2

姚鼎

2068

遣鼎

2070

立鼎

2069

旁肇鼎

2071

𠟭鼎

2072

[illegible]建鼎

2073

戜鼎

2074

[illegible]鼎

2075

觀肇鼎

2076

龏鼎

2077

事作小旅鼎

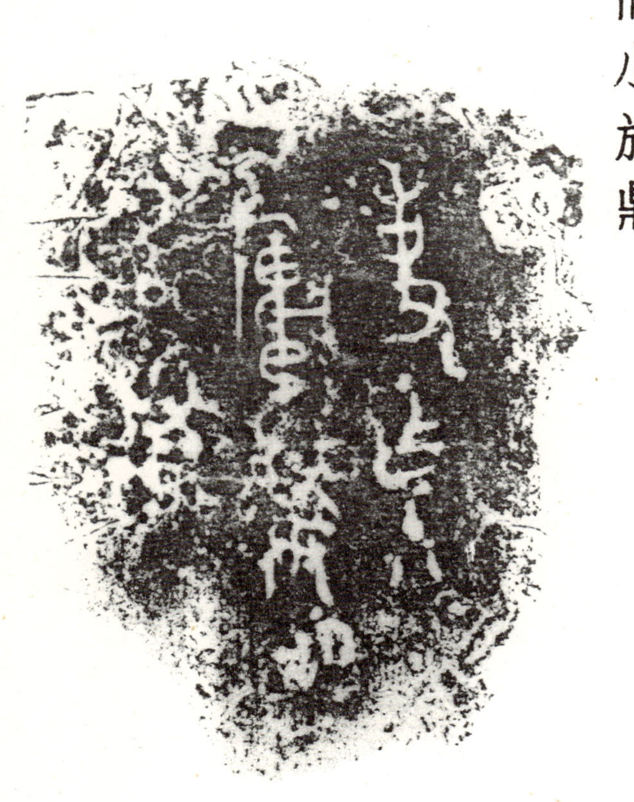

2078

[illegible]鼎

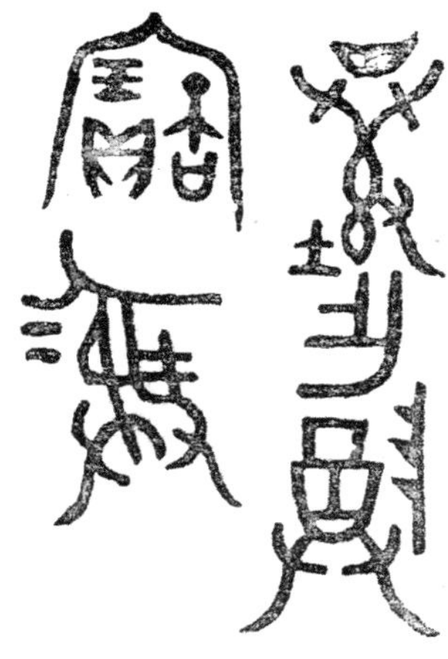

2079

本鼎

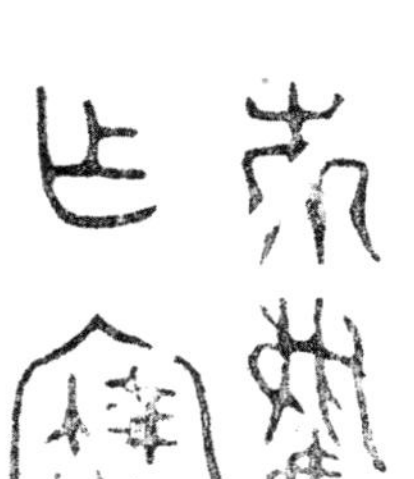

2081

□作氒鼎

2080

虖北鼎

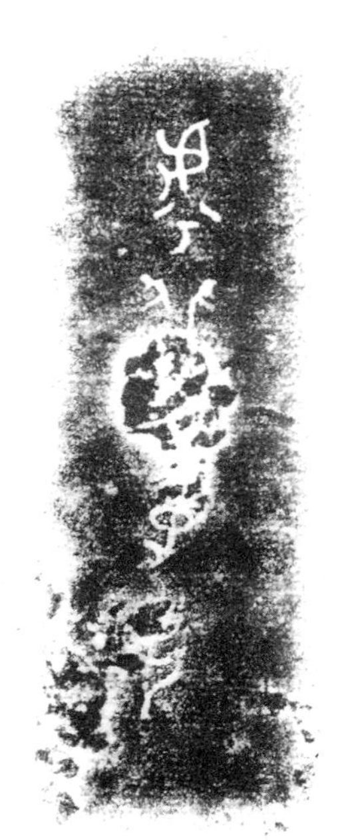

2082

連迁鼎

2083

連迁鼎

2084·1

2084·2

𤼈鼎

2085·1

2085·2

君子之弄鼎

2086

㵄子鼎

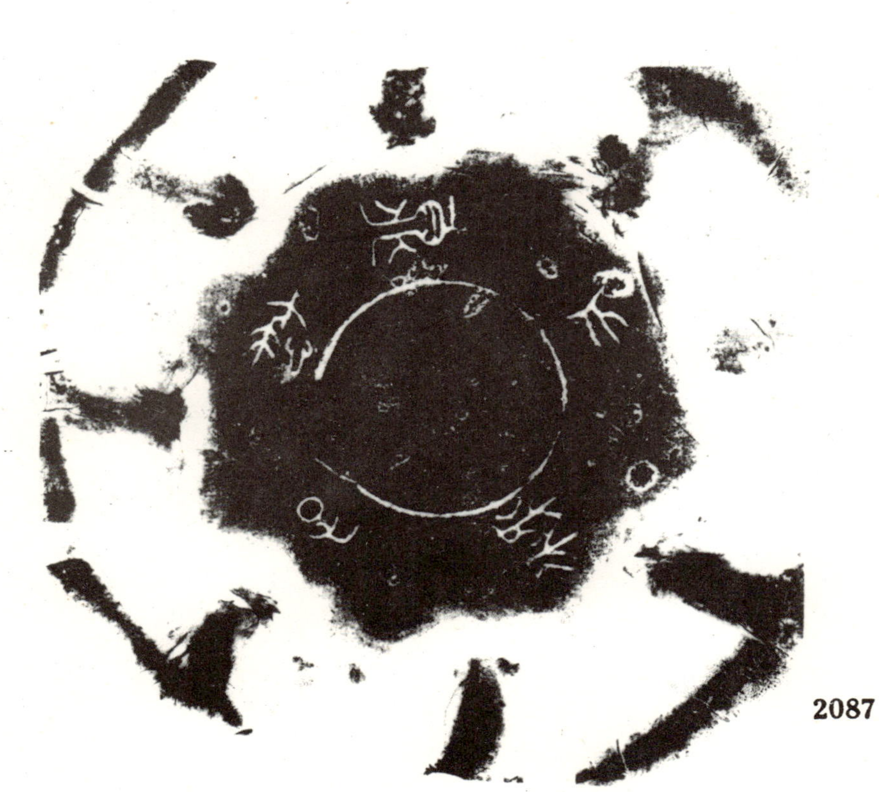

2087

左使車工[illegible]鼎

2088

左使車工[illegible]鼎

2089

左使車工[illegible]鼎

2090

左使車工[illegible]鼎

2091

左使車工北鼎

2092

左使車工蔡鼎

2093

左使車工蔡鼎

2094

集脰大子鼎

2095

集脰大子鼎

2096

王后鼎

2097

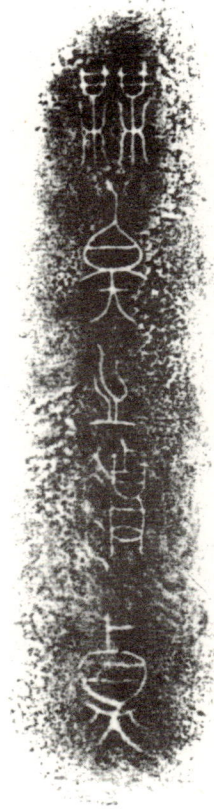

無臭鼎

2098 · 1

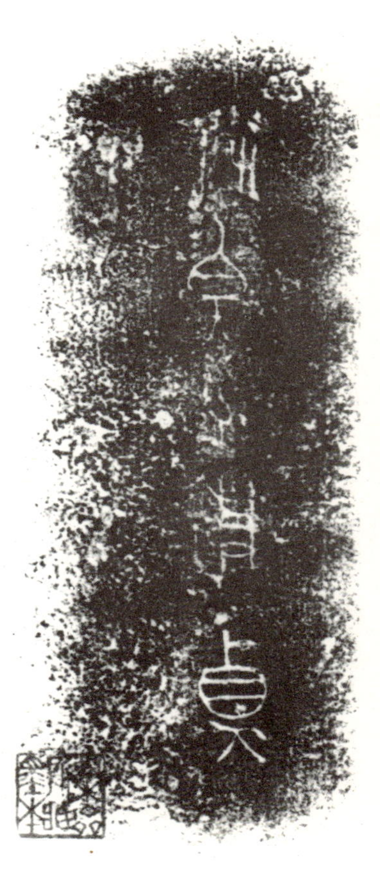

2098 · 2

無臭鼎

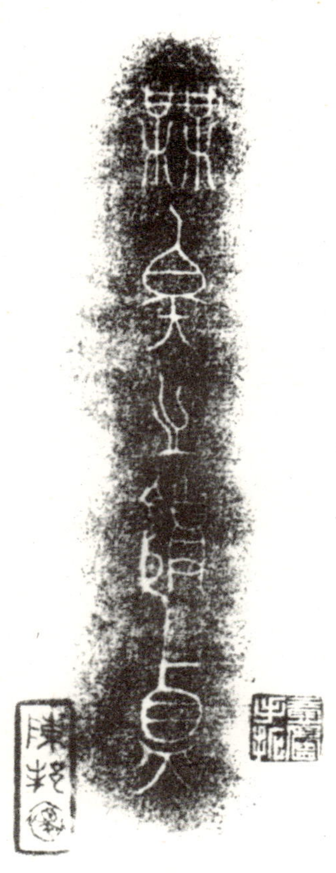

2099 · 1

2099 · 2

半斗鼎

2100·1

2100·2

三斗鼎

2101

中厶官鼎

2102·1

2102·2

眉（月朱）鼎

2103

上（屮又）床鼎

2104

上樂床鼎

2105

君夫人鼎

2106·2

2106·1

寧女方鼎

2107

[illegible]伯鼎

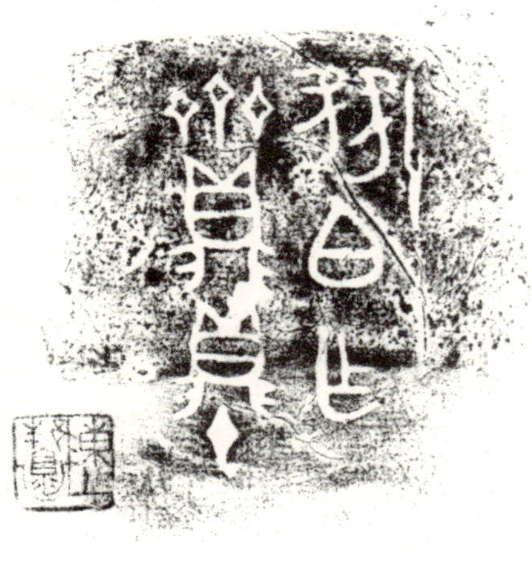

2109

[illegible]問鼎

2108

[illegible]作且丁鼎

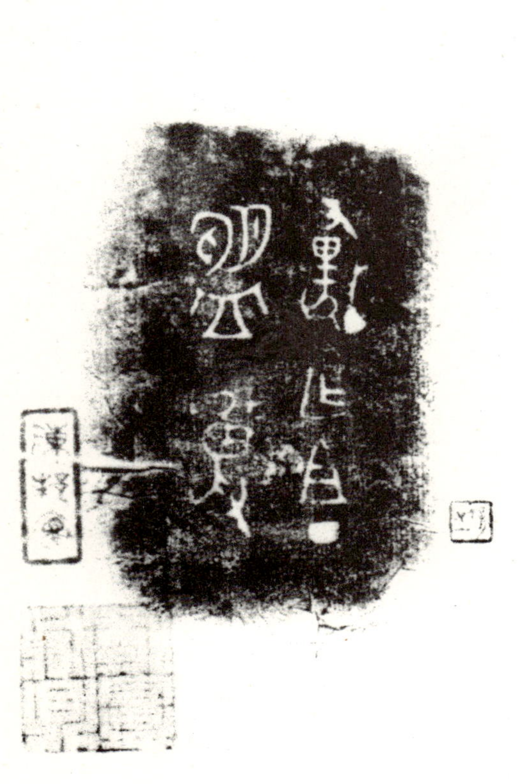

2110

且辛禹方鼎

2111

且辛禹方鼎

2112

犬且辛且癸鼎

2113

臣辰册父乙鼎

2115

般作父乙方鼎

2114

臣辰册父乙鼎

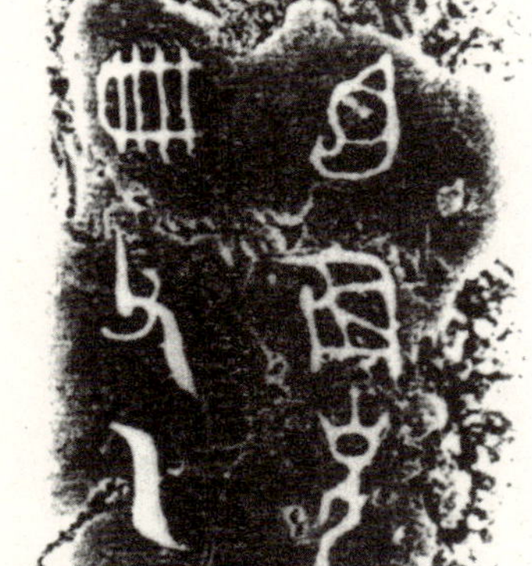

2116

亼犬犬魚父乙鼎

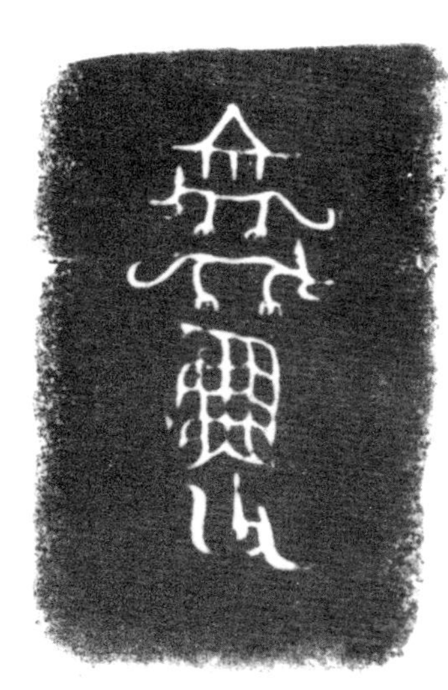

2117

疋作父丙鼎

2118

作父丙殘鼎

2119

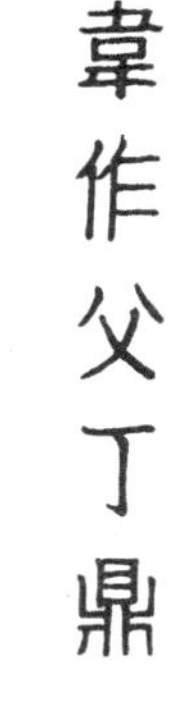

韋作父丁鼎

2120

歸作父丁鼎

2121

2123

𢓊作父丁尊鼎

2122

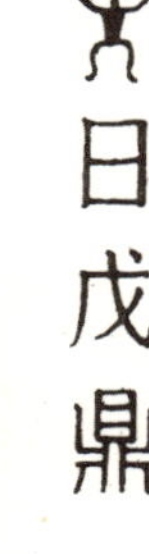

2124

束册作父己鼎

2125

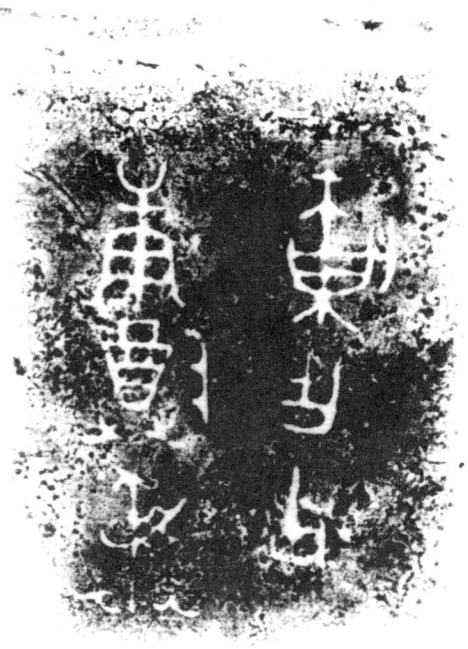

[illegible]作父庚鼎

2127

[illegible]作父己鼎

2126

具作父庚鼎

2128

作父辛方鼎

2129

作父辛方鼎

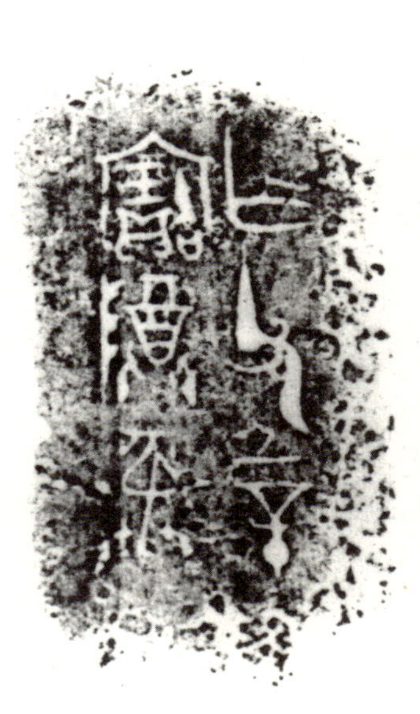

2130

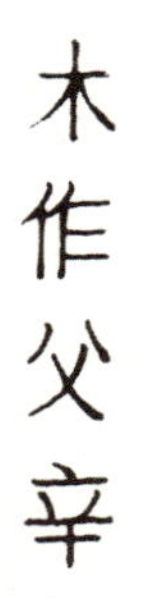

木作父辛鼎

2131

匚賓父癸鼎

2132

或作父癸方鼎

2133

或作父癸方鼎

2134

臣辰父癸鼎

2135

子父癸鼎

2136

⿱大黽婦姑鼎

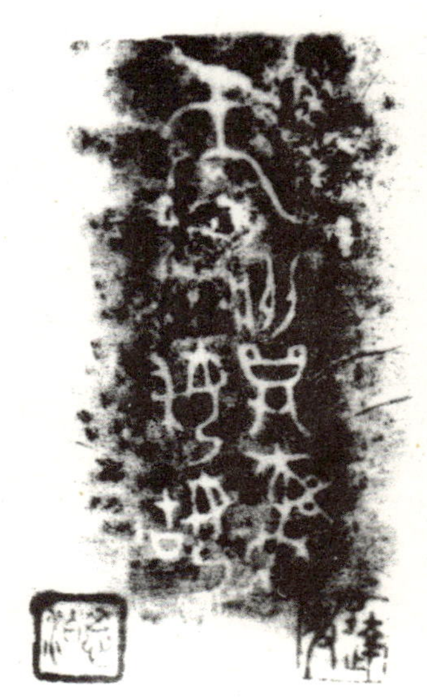

2137

⿱大黽婦姑方鼎

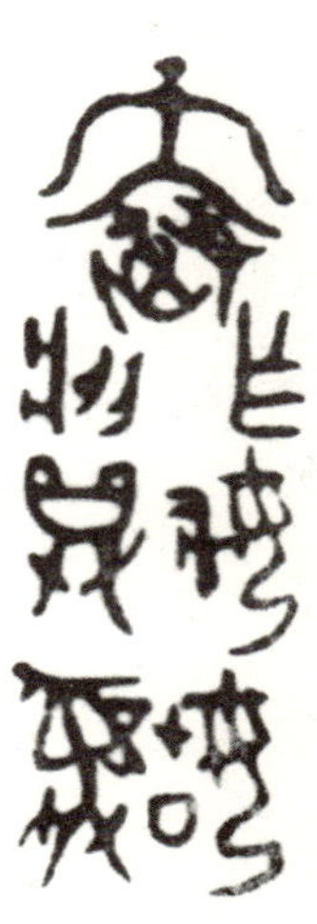

2138

文癸婦鼎

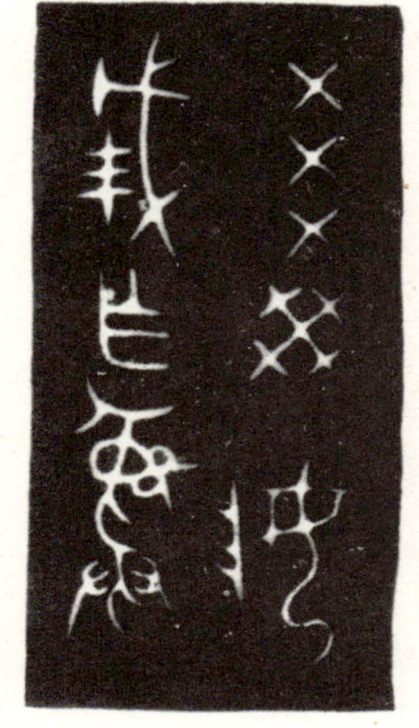

2139

⿷匚心婦方鼎

2140

⿰土犬父鼎

2141

安父鼎

2142

鮮父鼎

2143

旂父鼎

2144

田告母辛方鼎

2145·1

2145·2

㠱母鼎

2146

王作仲姬方鼎

2147

齊姜鼎

2148

雁公方鼎

2150

矢王方鼎蓋

2149

雁公方鼎

2151

豐公鼎

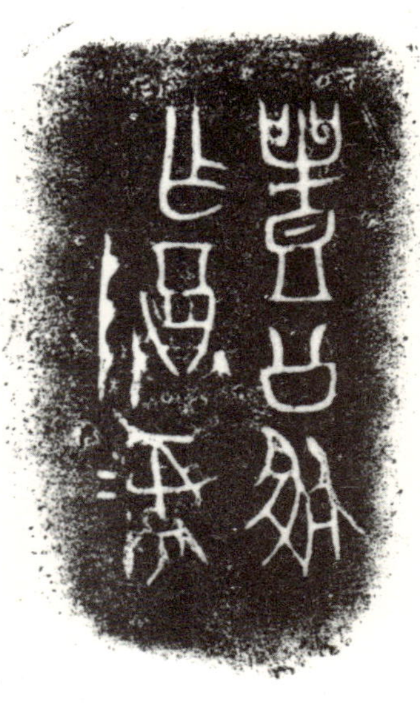

2152

康侯丰鼎

2153

滕侯方鼎

2154·1

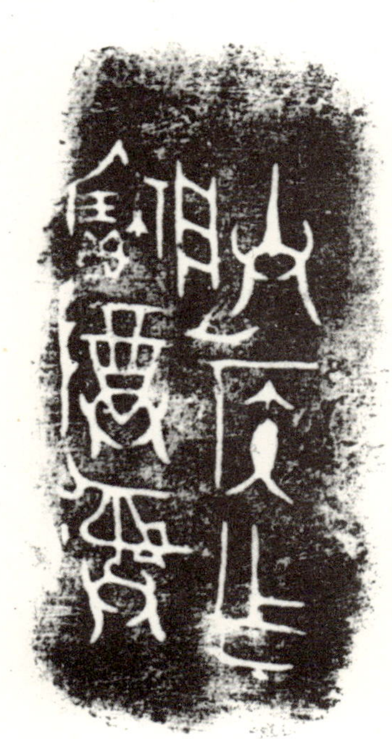

2154·2

堇伯鼎

2155

2156

大保方鼎

2157

大保方鼎

2158

大保方鼎

2159

陖伯方鼎

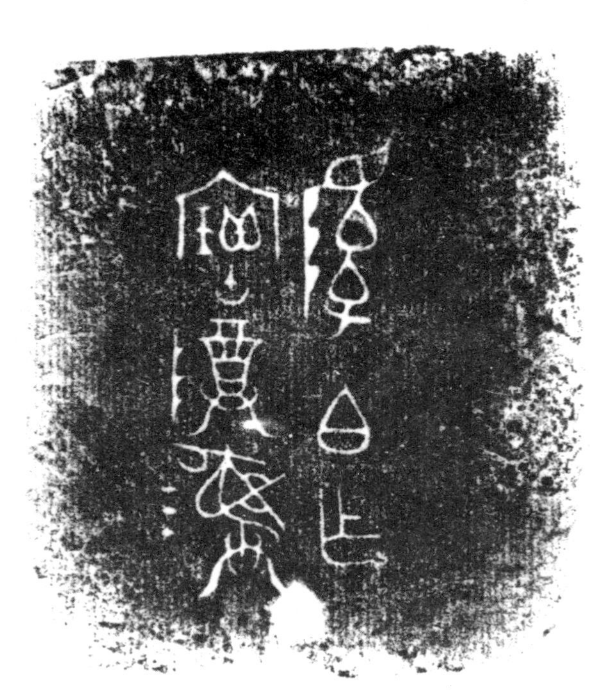

2160

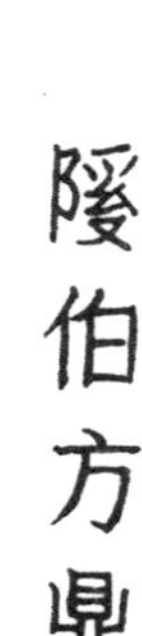

陖伯方鼎

2161

大丏方鼎

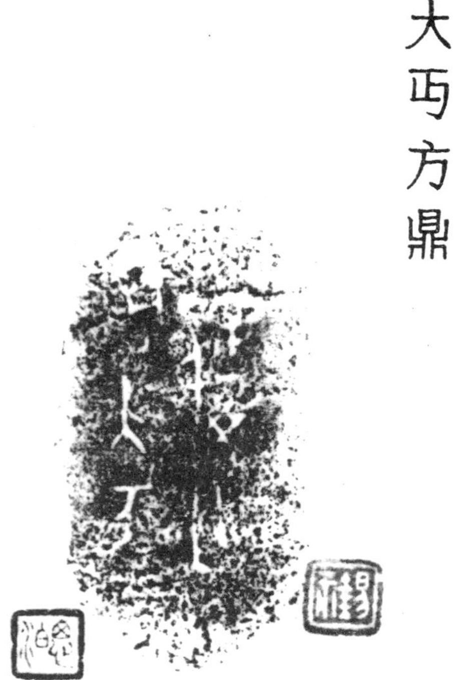

2162

大丏方鼎

2163

史逨方鼎

2164

𢿫史鼎

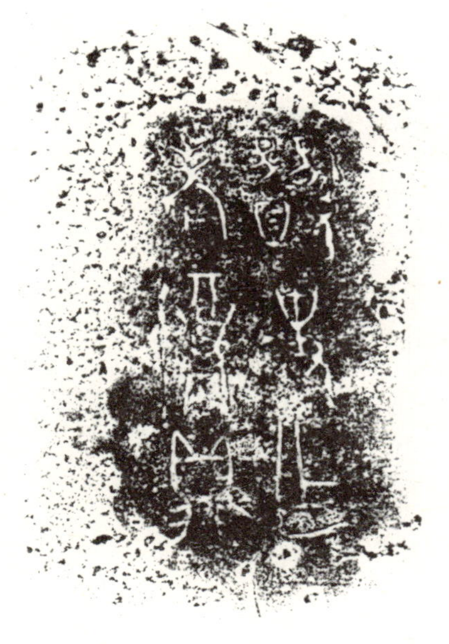

2166 · *A*

史逨方鼎

2165

2166 · *B*

伯卿鼎

2167

史戎鼎

2169

伯魚鼎

2168

伯矩鼎

2170

嬴霝德鼎

2171

北單從鼎

2173

雁叔鼎

2172

田農鼎

2174

晉作旅鼎

2175

鳥壬侜鼎

2176

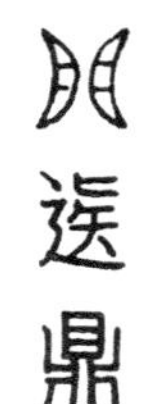逘鼎

2177

逘鼎

2178

吹作楕妊鼎

2179

作公隮彝鼎

2181

向方鼎

2180

作□寶隮彝鼎

2182

才僎父鼎

2183

伯𥏻方鼎

2185

霸姞鼎

2184·1

2184·2

外叔鼎

2186

叔旗鼎

2187

考作吝父鼎

2188

史昔鼎

2189

伯趫方鼎

2190

王作仲姜鼎

2191

𢐗作井姬鼎

2192

[illegible]父鼎

2194

驫鈳鼎

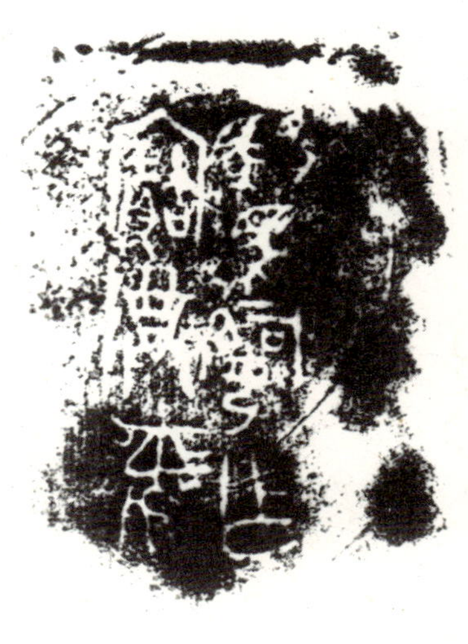

2193 · *A*

伯遟父鼎

2195

2193 · *B*

史盂父鼎

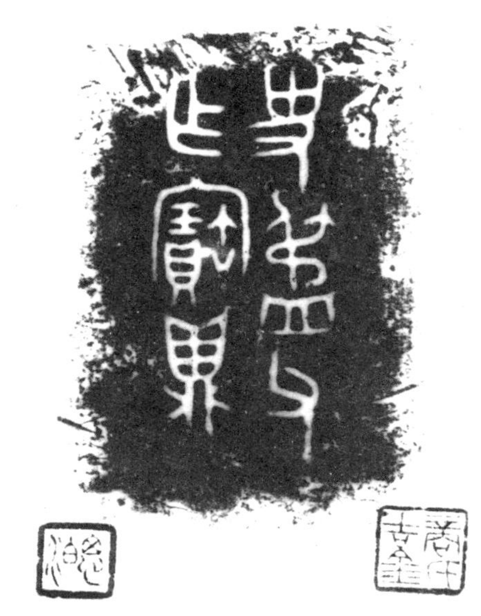

2196

伯咸父鼎

2197

陵叔鼎

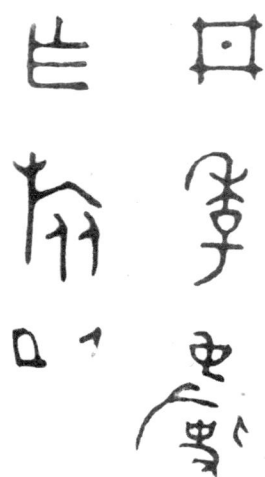

2198

井季㚸鼎

2199

緐還鼎

2200 · *A*

非攸鼎

2201

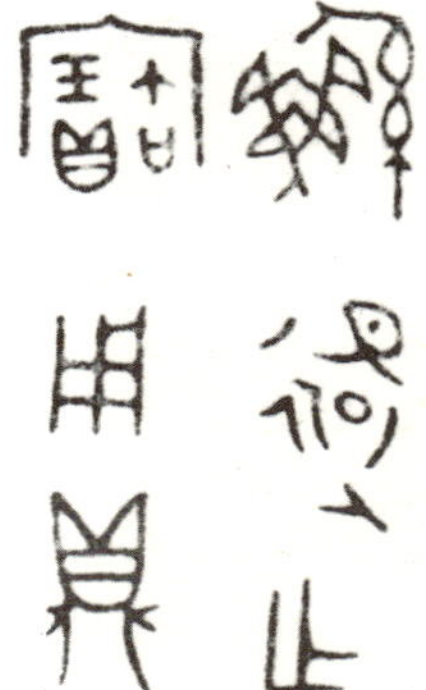

2200 · *B*

孟[illegible]鼎

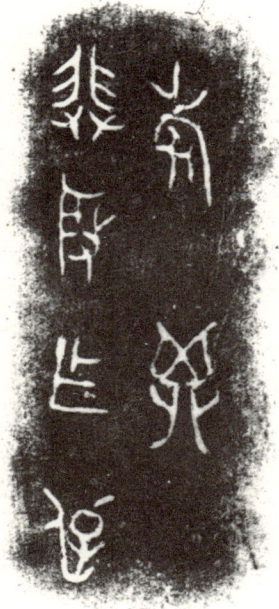

2202

史宋鼎

2203

羌鼎

2204

鶾叜父鼎

2205

𤔲子鼎

2206

仲義父鼎

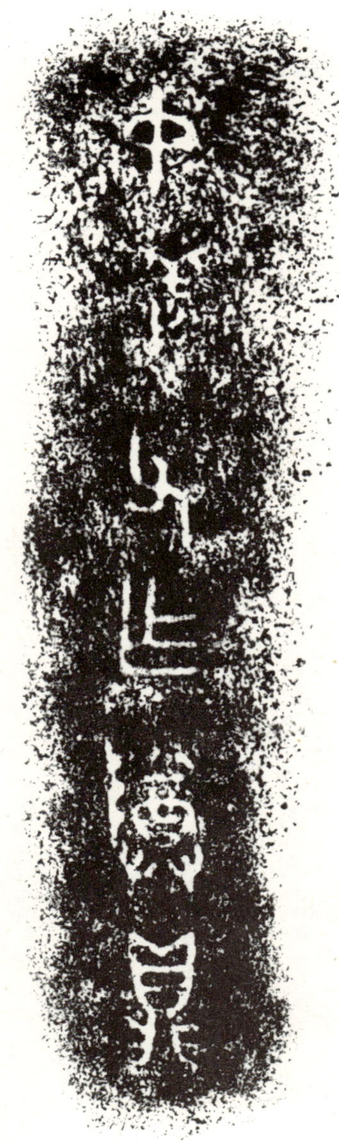

2207

2208

仲義父鼎

2209

仲義父鼎

2210

仲義父鼎

2211

遣叔鼎

2212

孟湙父鼎

2213

尹小叔鼎

2214

蔡侯鼎

2215

蔡侯鼎

2216

蔡侯鼎

2217·1

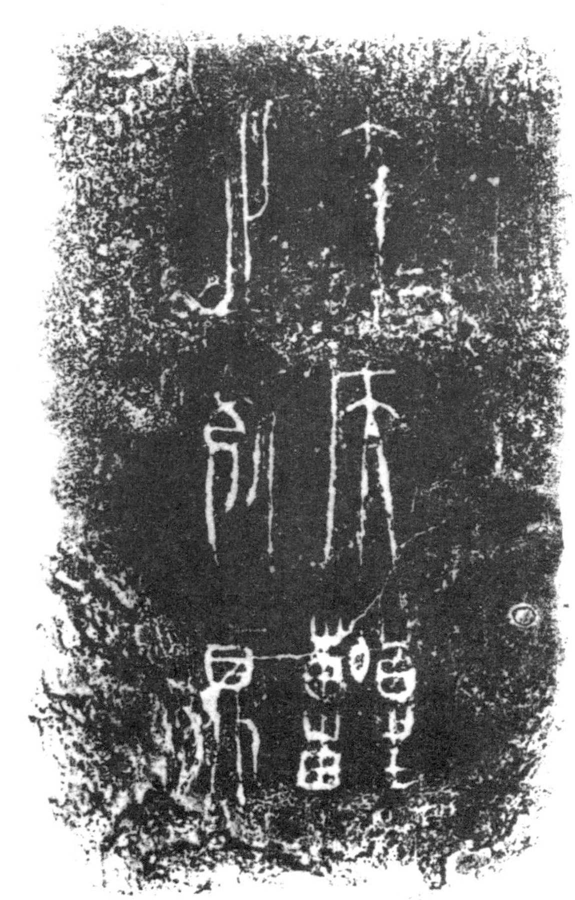

2217·2

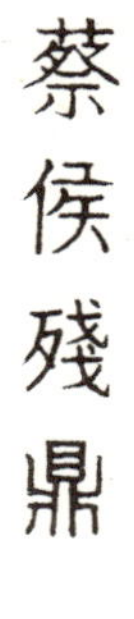
蔡侯殘鼎

2218

蔡侯殘鼎

2219

蔡侯殘鼎

2220

蔡侯殘鼎蓋

2221

蔡侯殘鼎蓋

2222

蔡侯殘鼎蓋

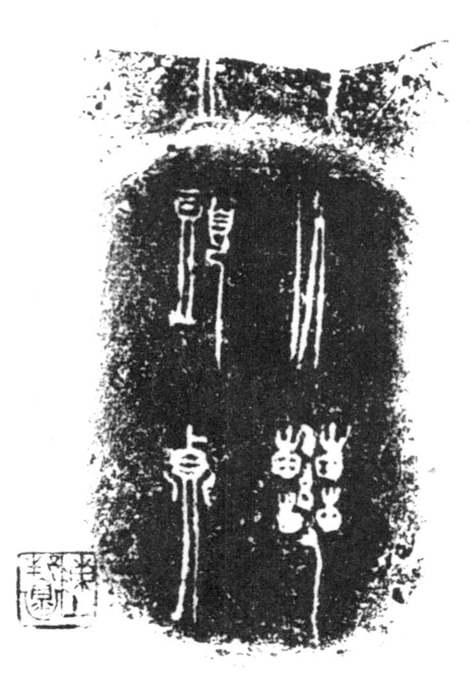

2223

蔡侯殘鼎蓋

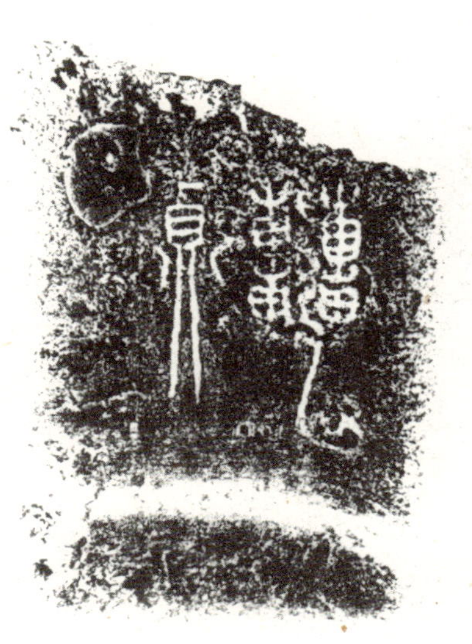

2224

蔡侯殘鼎

2225

蔡侯殘鼎

2226

取它人鼎

2227

中畋鼎

2228

沖子鼎

2229

□子鼎

2230 · *A*

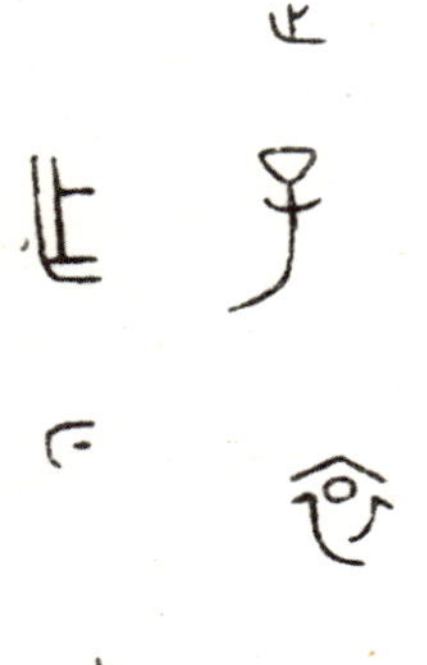

2230 · *B*

楚子趆鼎

2231

右卜朕鼎

2232

宋公䜌鼎蓋

2233

鄧尹疾鼎

2234·1

2234·2

鄧子午鼎

2235

王氏官鼎蓋

2236

王蔑鼎

2237·1

2237·2

須盂生鼎蓋

2238

汖子䢼鼎

2239

十年弗官容𩱽鼎

2240·A

2240·B

東陲鼎蓋

2241

垣上官鼎

2242

⿲亻木疋屖鼎

2243

䲡作且乙鼎

2244

亞𦨶曆作且己鼎

2245

木工册作匕戊鼎

2246

□冉作父乙鼎

2247

亞□作父乙鼎

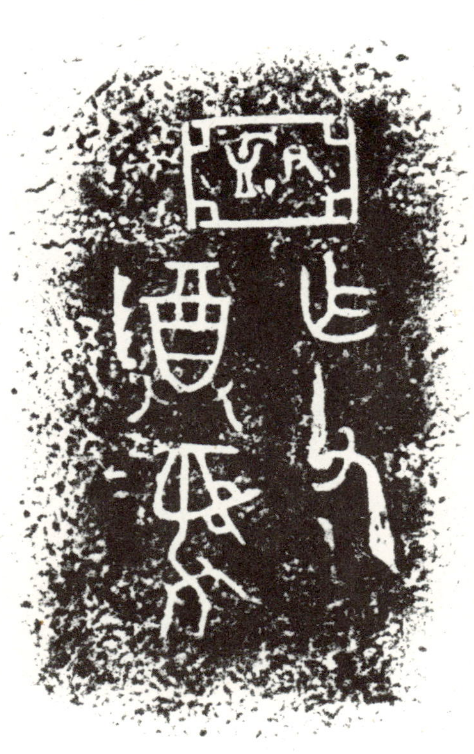

2248

或作父丁鼎

2249

□作父丁鼎

2250

穆作父丁鼎

2251

作父己鼎

2252

[illegible]中父辛鼎

2253

奄[illegible]作父辛鼎

2254

圬作父辛鼎

2255

昜作父辛鼎

2256

2257

⿰冊己父癸鼎

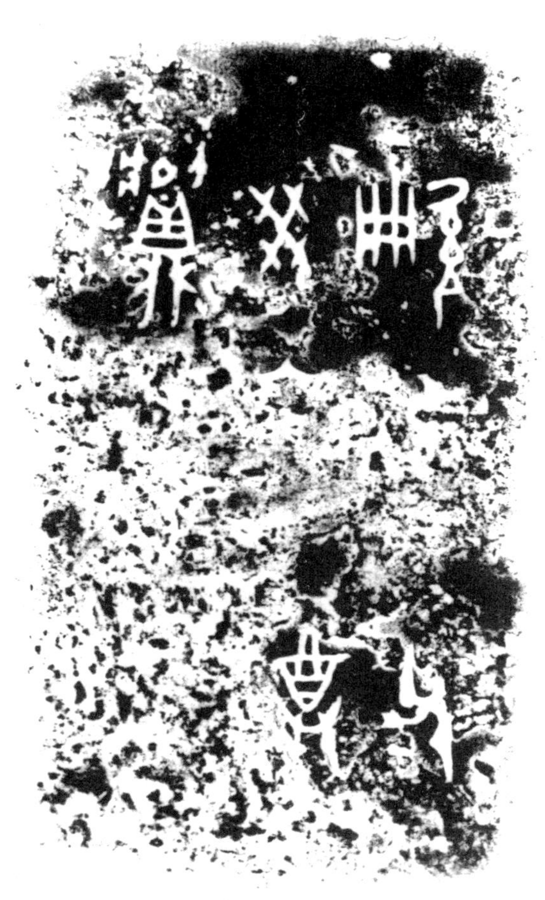

2258

亞⿱乂⿴口口作母丙鼎

2260

冊作父癸鼎

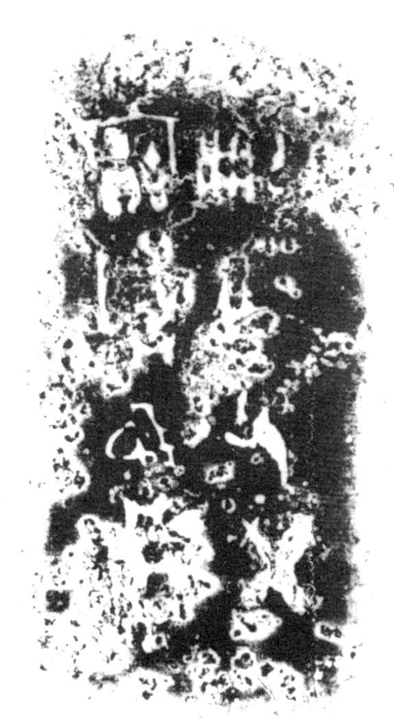

2259

王作康季鼎

2261

亞㠱矦毫作母癸鼎

2262

曰[illegible]𡆥姑鼎

2263

𠂤作⿰阝曼仲方鼎

2264

𠂤作⿰阝曼仲方鼎

2265

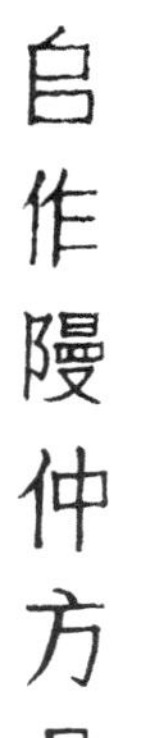

2266

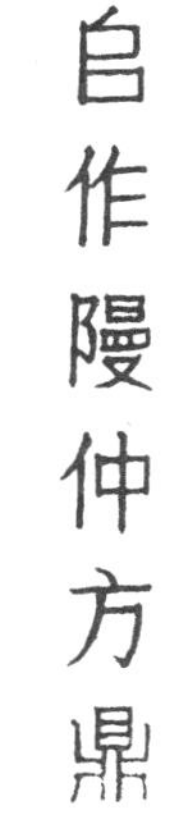

2267

周公作文王方鼎

2268

叔作單公方鼎

2270

匽侯旨作父辛鼎

2269

子咸鼎

2271

㠯小子鼎

2272

侯作父丁鼎

2274

王作𣎆姬鼎

2273

豐方鼎

2275

𢐗伯鼎

2276

𢐗伯作井姬方鼎

2277

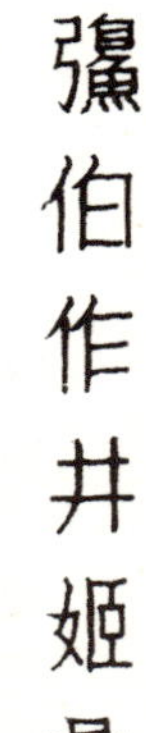

𢐗伯作井姬鼎

2278

仲義昌鼎

2279

[illegible]鼎

2280

師閔鼎

2281

尹叔作[illegible]姞鼎

2282

卑[illegible]君光鼎

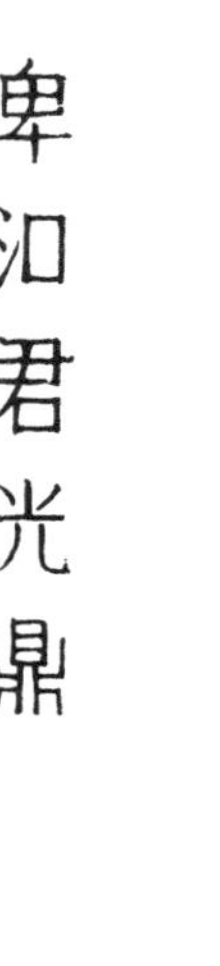

2283

喬夫人鼎

2284

子陝□之孫鼎

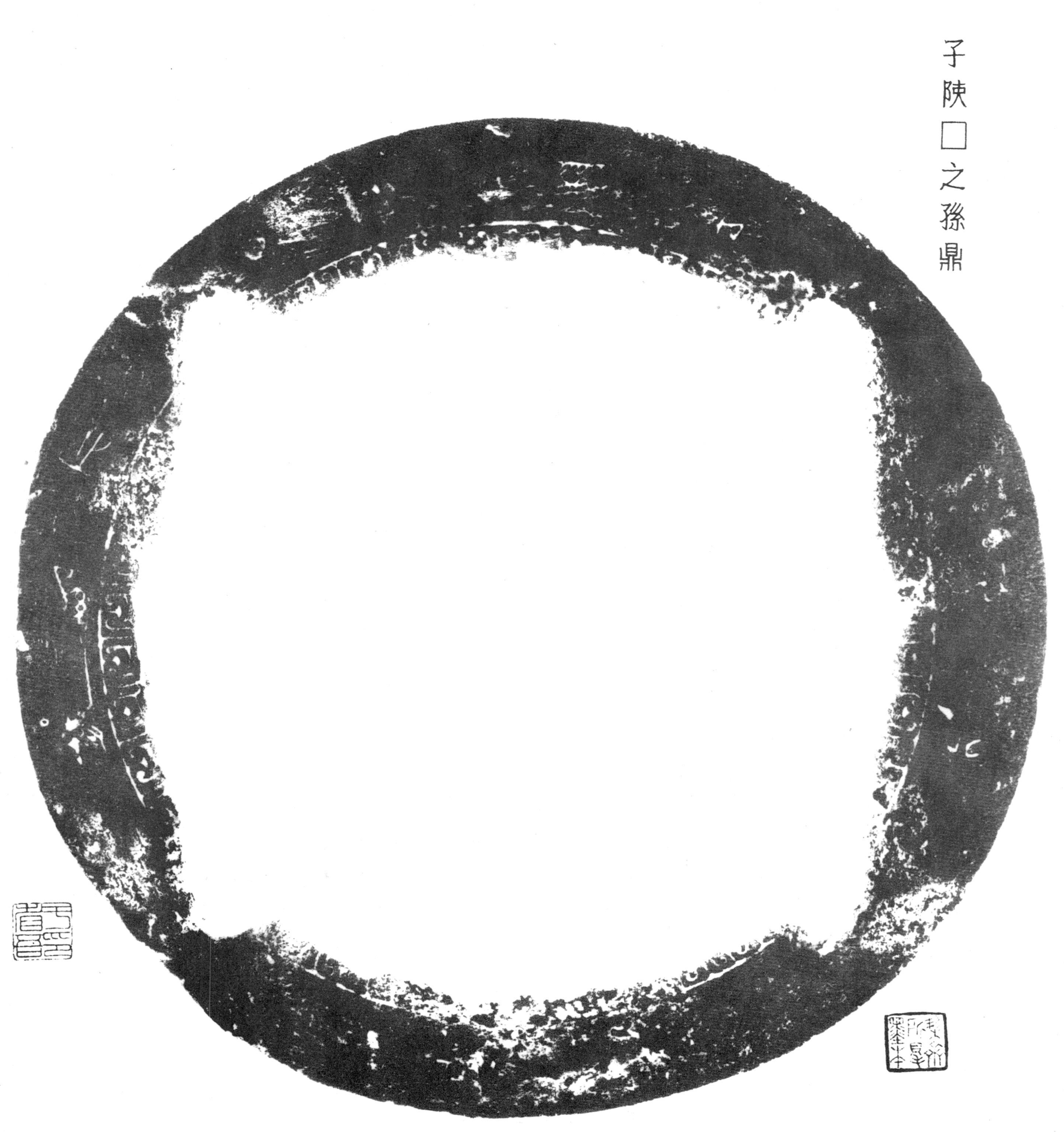

2285

盅子𢦚鼎蓋

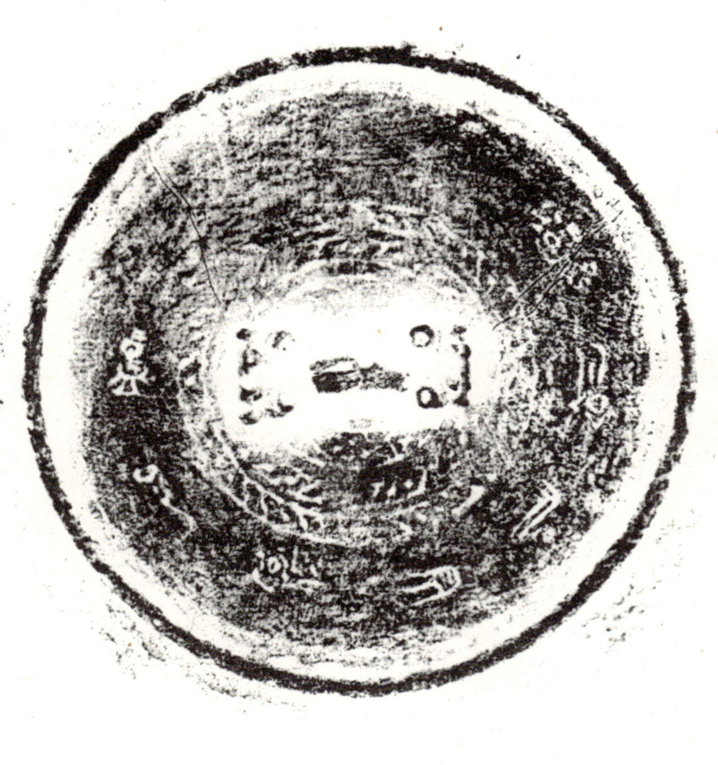

2286

𦋊侯之孫陸鼎

2287

卲王之諻鼎

2288

王子𡔣鼎

2289·2

2289·1

曾侯乙鼎

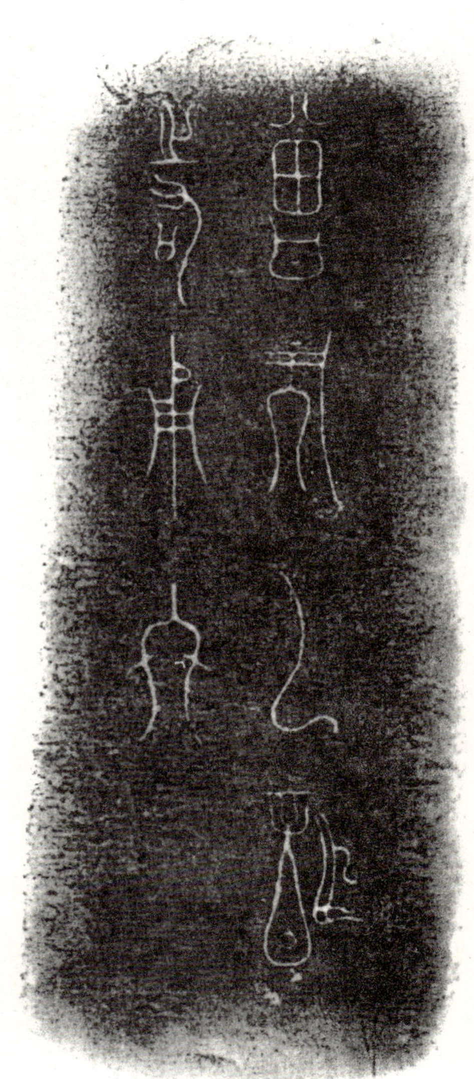

2290

曾侯乙鼎

2291

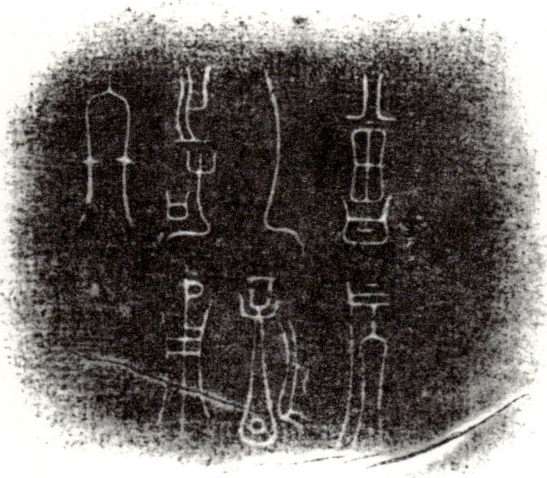

曾侯乙鼎

2292·1

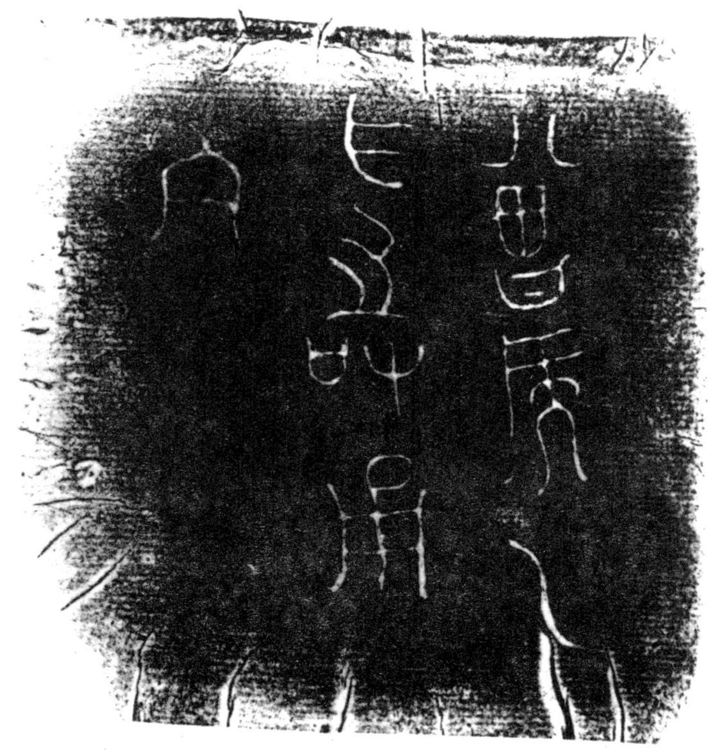

2292·2

曾侯乙鼎

2293·1

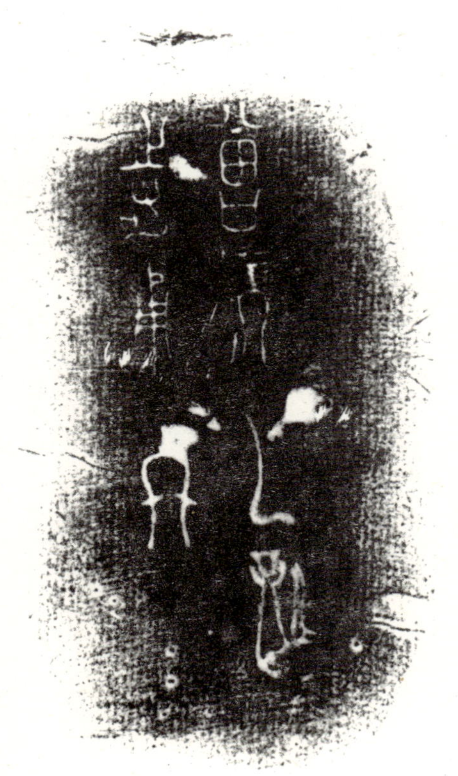

2293·2

曾侯乙鼎

2294·1

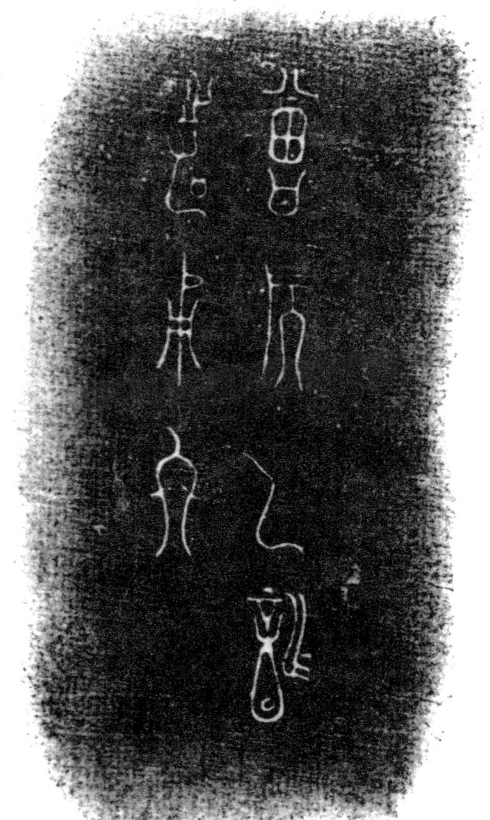

2294·2

曾侯乙鼎

2295·1

2295·2

鑄客鼎

2296

鑄客為集脰鼎

2297

鑄客為集脰鼎

2298

鑄客為集糌鼎

2299

鑄客為集□鼎

2300 · *A*

2300 · *B*

巨萓王鼎

2301

⿰月蚤所偖鼎

2302

敓公上坴鼎

2303

⿰立長⿰言身侯鼎

己

2304

墉夜君成鼎

2305

荼鼎

2306

右宮公鼎

2307

半齋鼎

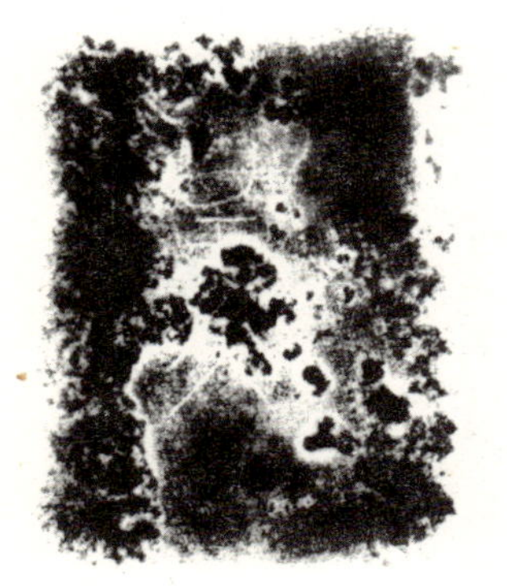

2308

□廙鼎

2309

徙作且丁鼎

2310

咸妹子作且丁鼎

2311

堇臨作父乙方鼎

2312

作父乙鼎

2313

士作父乙方鼎

2314

亞豚作父乙鼎

2315

亳作父乙方鼎

2316

亞㠱作父丁鼎

2317

引作文父丁鼎

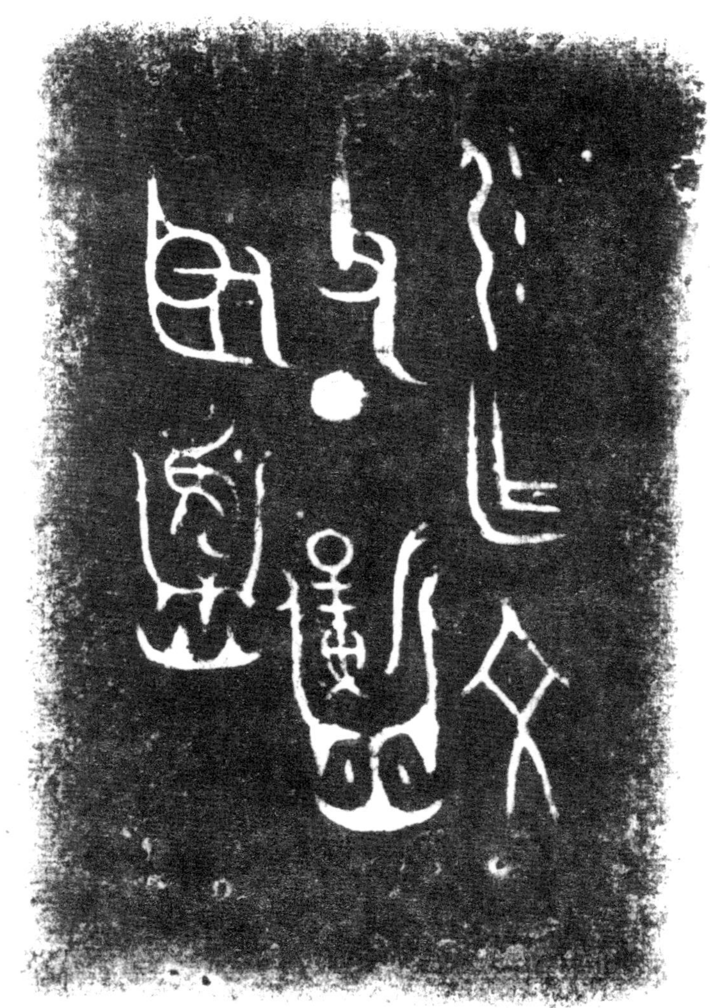

2318

車作父丁鼎

2319

[illegible]子旅作父戊鼎

2320

[illegible]作父辛鼎

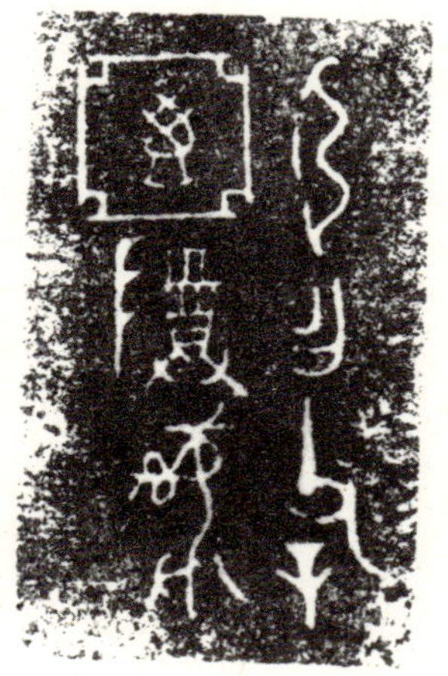

2321

作父辛方鼎

2322

梓作父癸鼎

2323

圮作父癸鼎

2324

[illegible]季作父癸方鼎

2325

史造作父癸鼎

2326

易貝作母辛鼎

2327

冊木工作母辛鼎

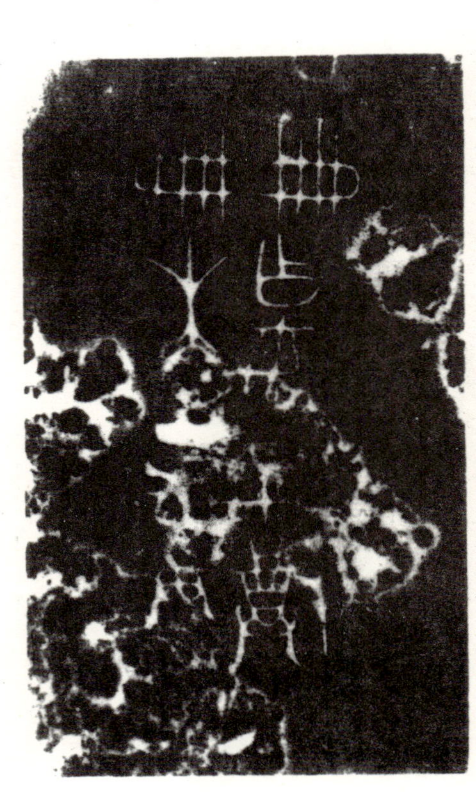

2328

北子作母癸方鼎

2329

姞曶母方鼎

2330

穆父作姜懿母鼎

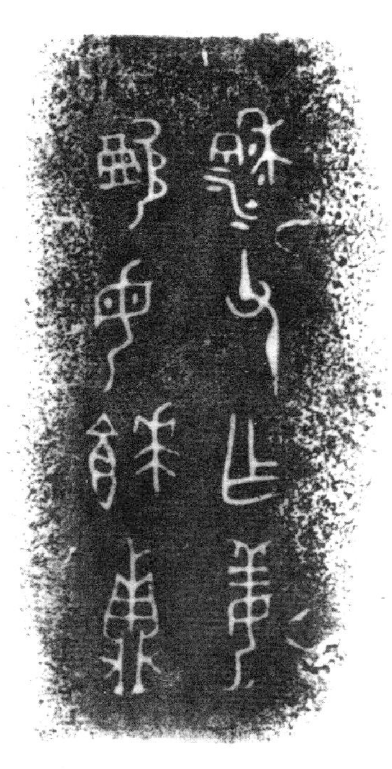

2331

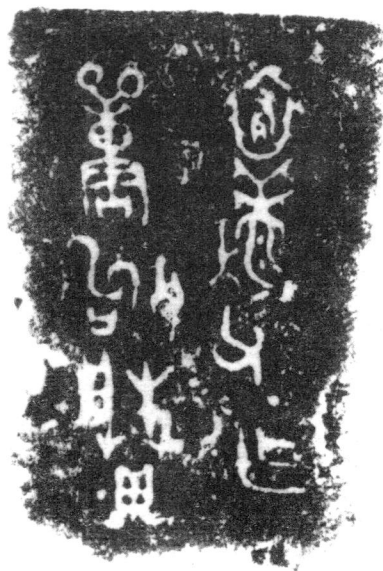

穆父作姜懿母鼎

2332

姬作氒姑日辛鼎

2333

袁[illegible]父作嘼姛鼎

2334

亞䰙季作兄己鼎

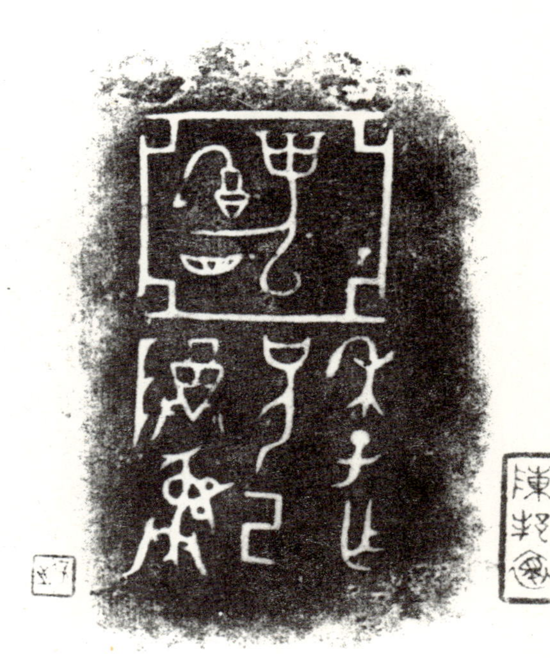

2335

伯六訒方鼎

2337

伯戚方鼎

2336

義仲方鼎

2338

公大史作姬埜方鼎

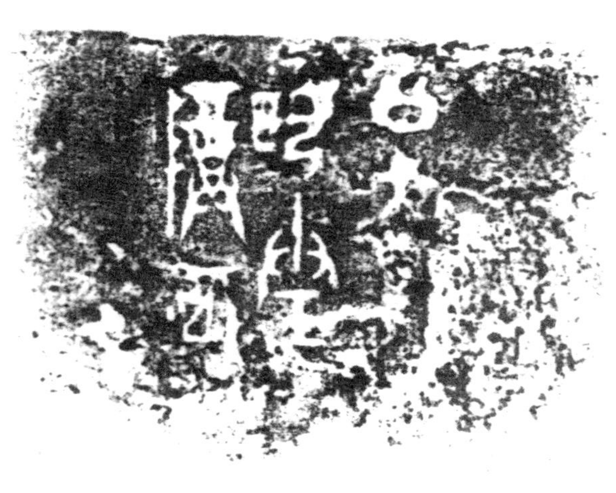

2339

叔具鼎

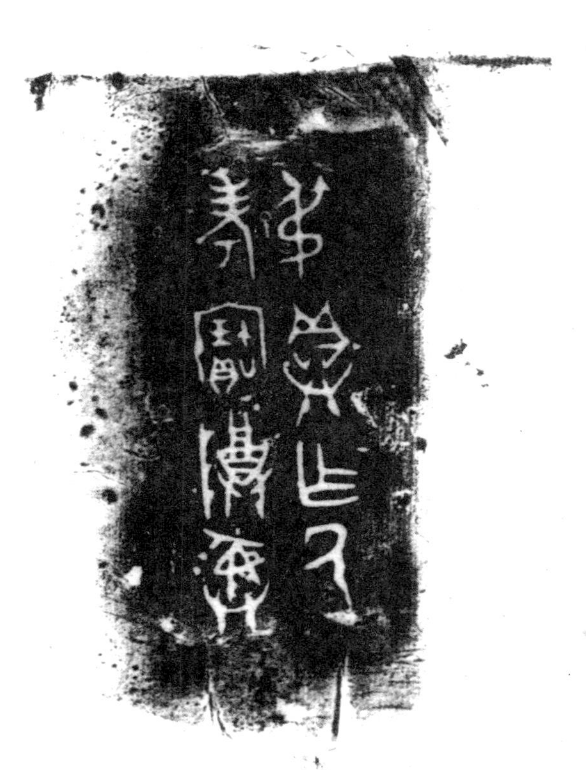

2341

季無作宮伯方鼎

2340

叔□作南宫鼎

2342

□渚伯逘鼎

2344

叔虎父作叔姬鼎

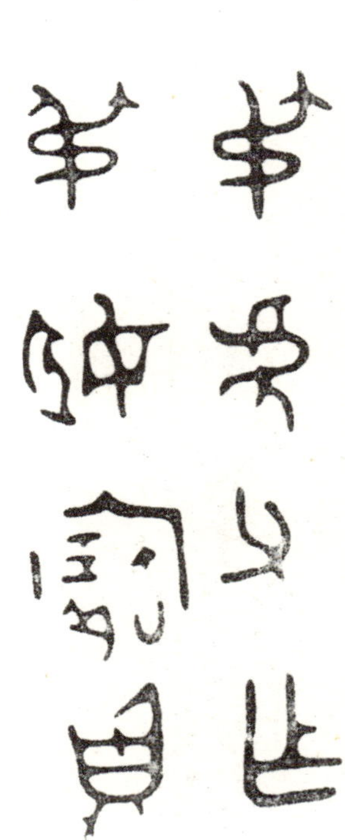

2343

觳子作寛團宫鼎

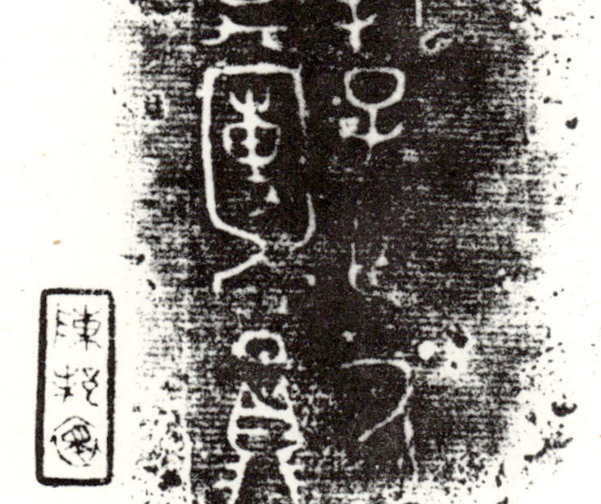

2345

勅𨼆作丁侯鼎

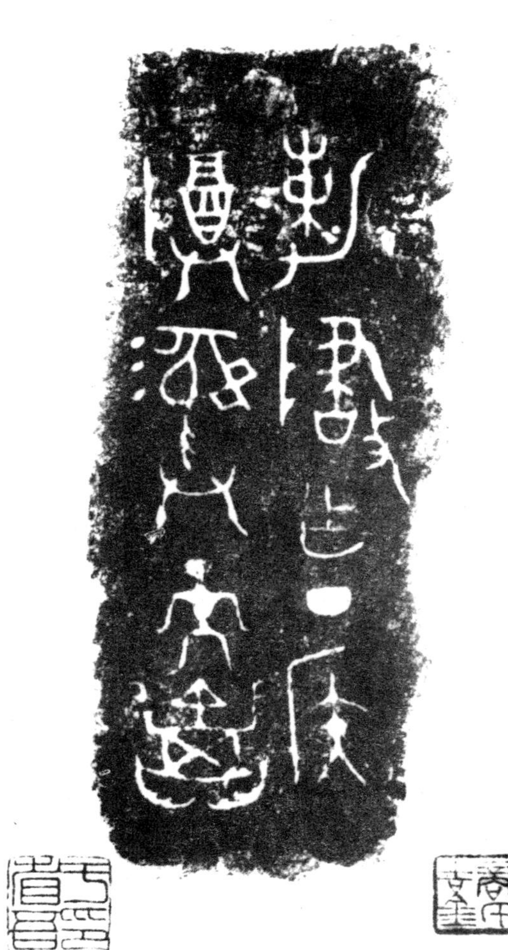

2346

旅鼎

2347

作長鼎

2348

㦰鼎

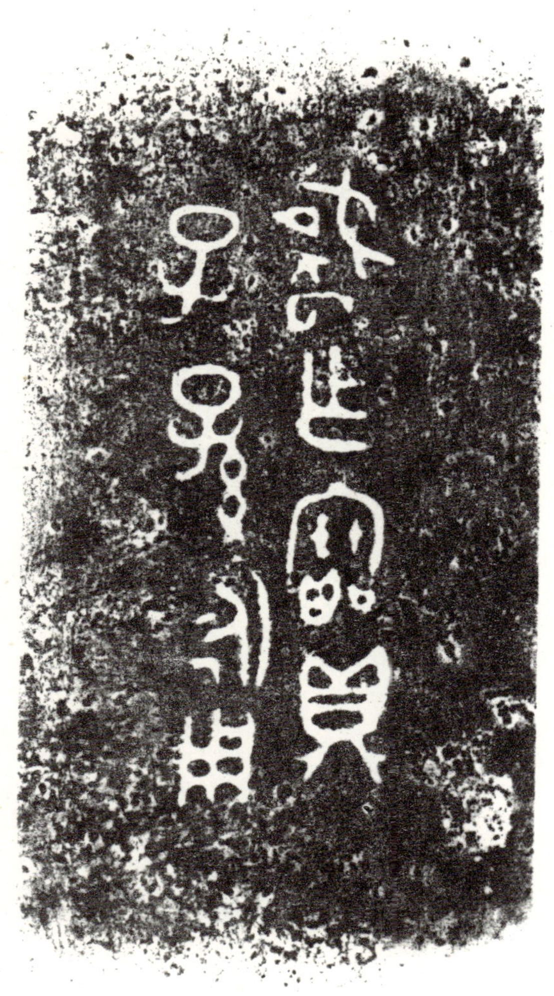

2349

作寶鼎

2350

小臣氏䉱尹鼎

2351

汚作鼎

2352

師宾父作季姑鼎

2353

魯内小臣床生鼎

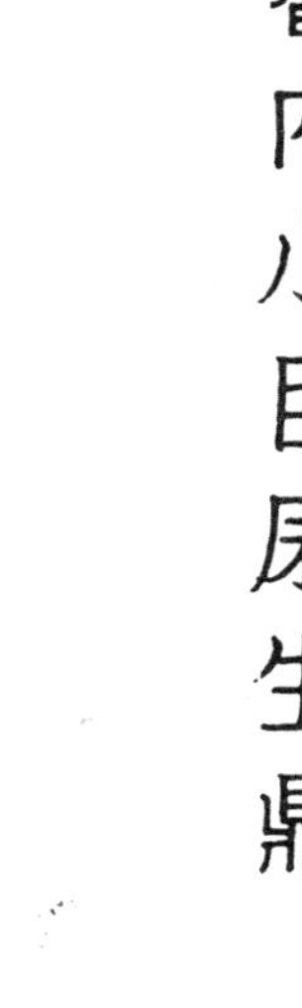

2354

洛叔之行鼎

2355

盅之嚵鼎

2356

楚叔之孫倗鼎

2357

宋君夫人鼎蓋

2358

吳王孫無土鼎

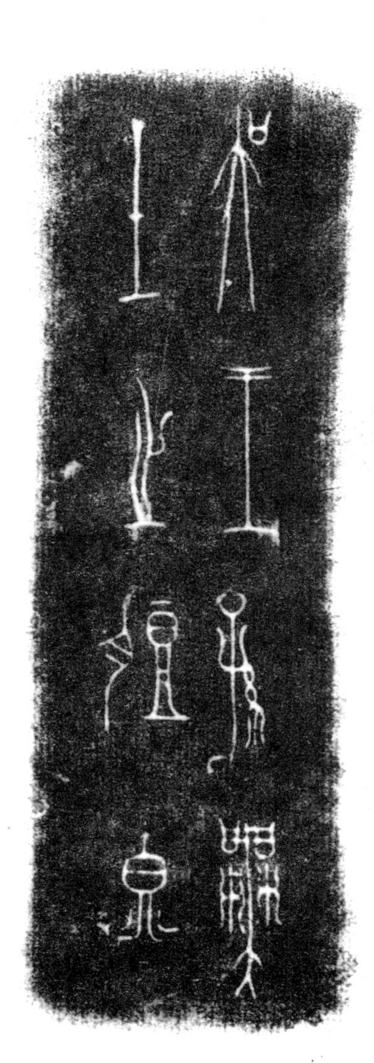

2359·1

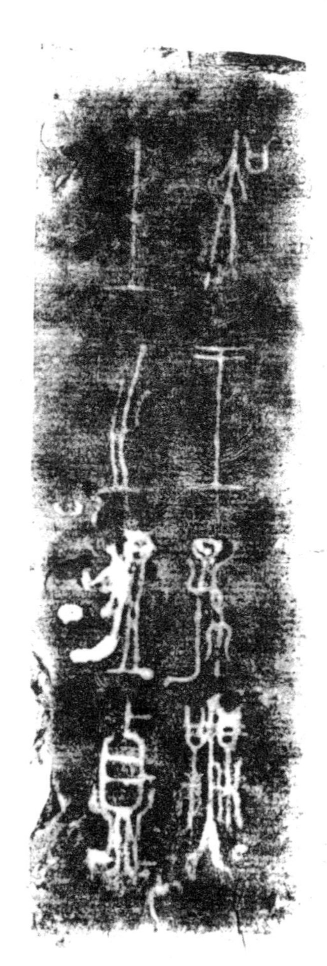

2359·2

王后左相室鼎

2360·2

2360·1

公朕右𠂤鼎

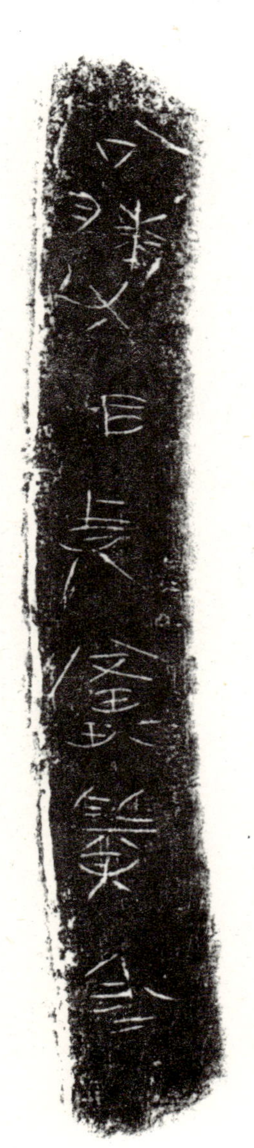

2361·2

2361·1

亞寠鄉宁鼎

亞父庚且辛鼎

2363

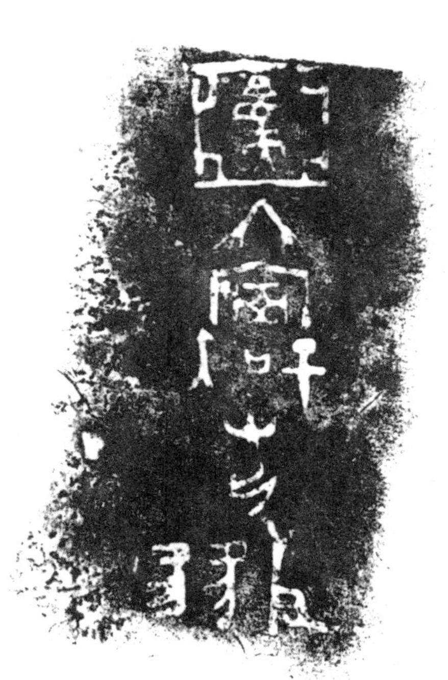

2362

亞父庚且辛鼎

2364

歸作且壬鼎

2365

嚢作父丁鼎

2366

⿱𠂤闌監父己鼎

2367

⿱旅皿婦方鼎

2368

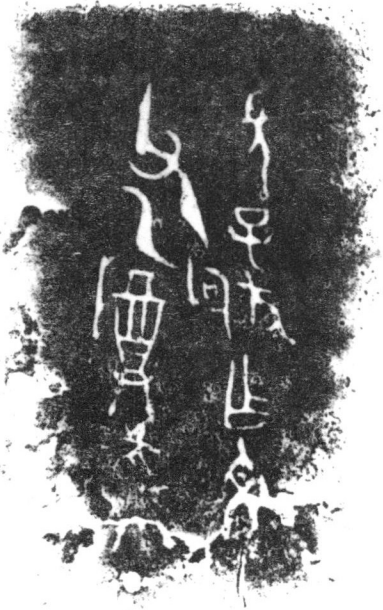

長子狗鼎

2369

公大史作姬娄方鼎

2370

公大史作姬娄方鼎

2371

大保𠭯作宗室方鼎

2372

中斿父鼎

2373

遂攺諆鼎

2375

⿱口幸鼎

2374

乙公鼎

2376

薛侯鼎

2377

季悆作旅鼎

2378

雔姞鼎

2379

亘鼎

2380

穌衛妃鼎

2381

穌衛妃鼎

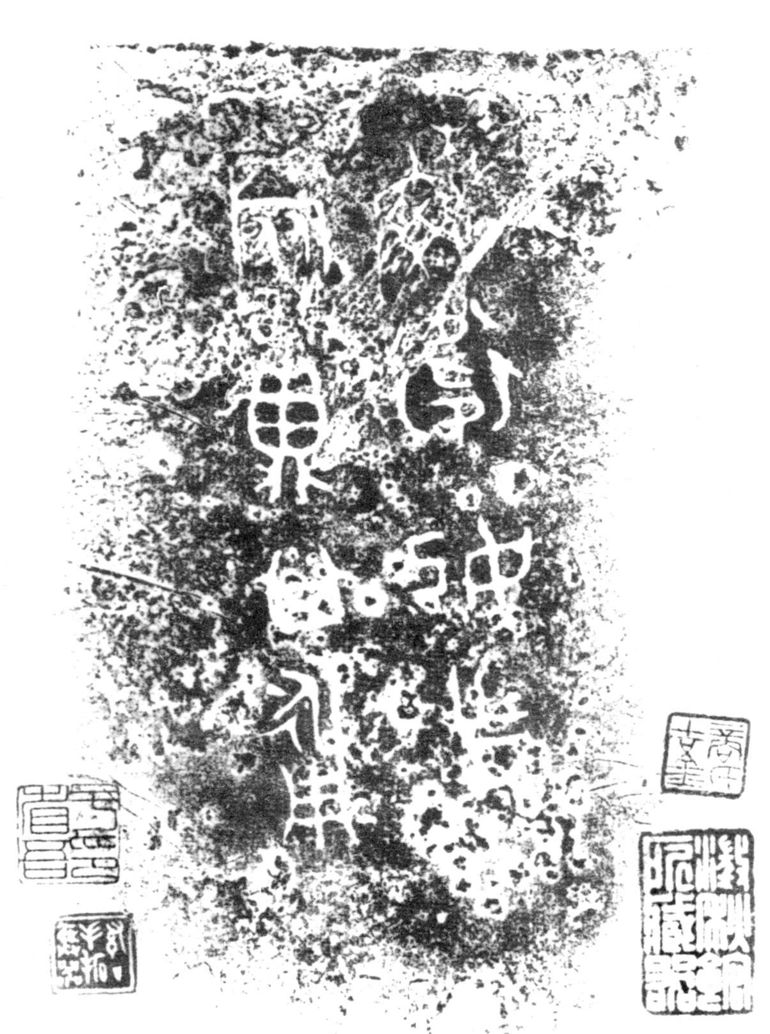

2382

穌衛妃鼎

2383

穌衛妃鼎

2384

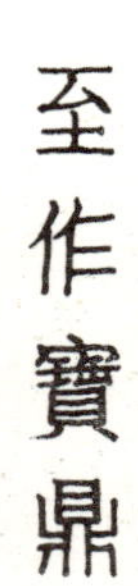
至作寶鼎

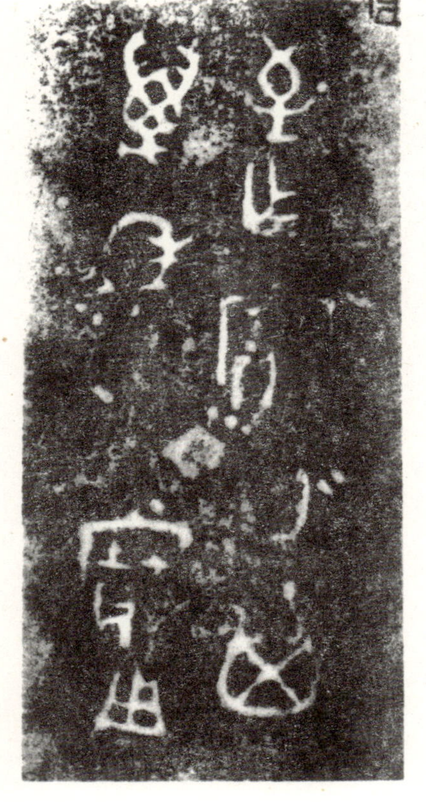

2385

絲⿰白馬父鼎

2386

内公鼎

2387

内公鼎

2388

2389

𨚕子汆鼎

2390

江小仲母生鼎

2391

叔姬作陽伯鼎

2392

鑄客為王句小簠鼎

2393

鑄客為王句小簠鼎

2394

鑄客為大句脰官鼎

2395

公朱右自鼎

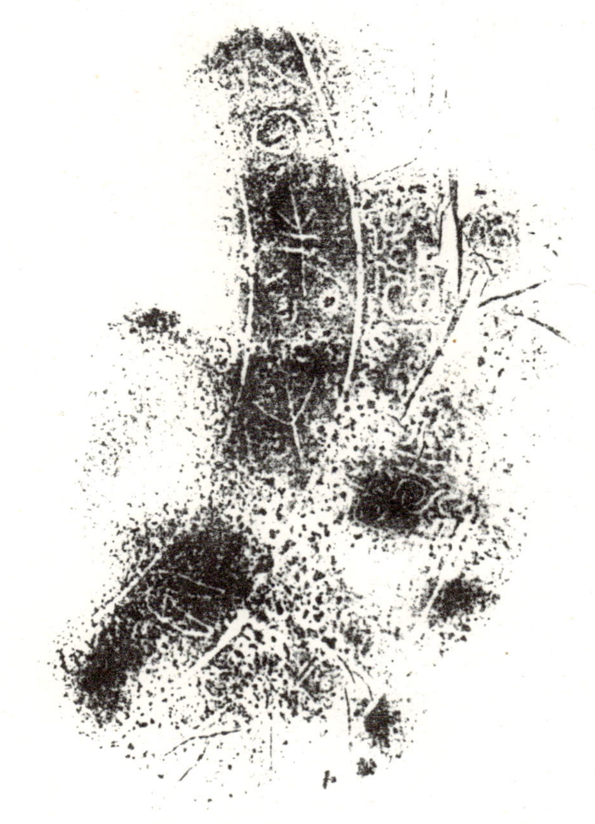

2396·1

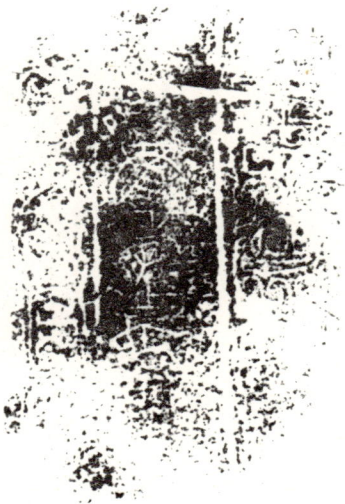

2396·2

2396·3

壽春鼎

2397·2

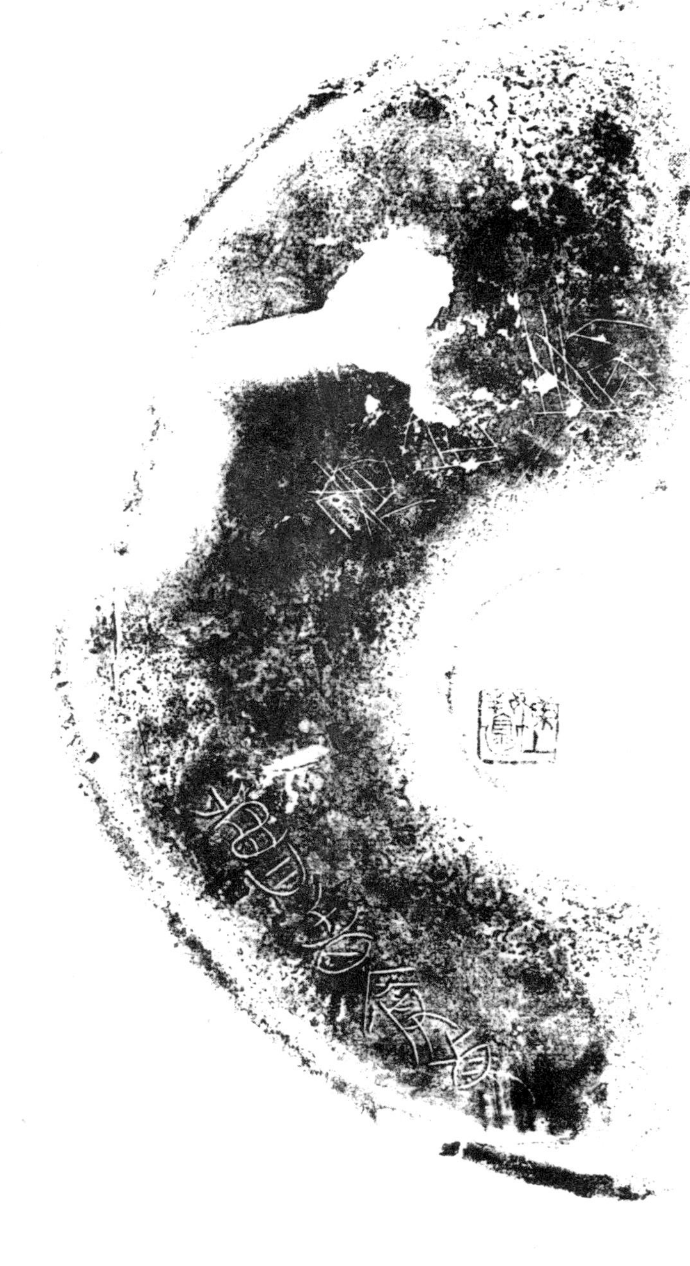

2397·1

言鼎

2399

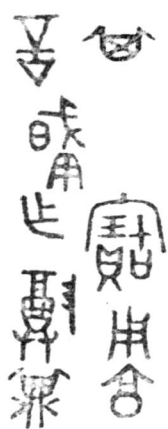

酓鼎

2398

亞若癸鼎

2400

亞若癸鼎

2401

亞若癸鼎

2402

婦闟鼎

2403

伯㝬方鼎

2404

德鼎

2405

戈父辛鼎

2406

禽鼎

2408

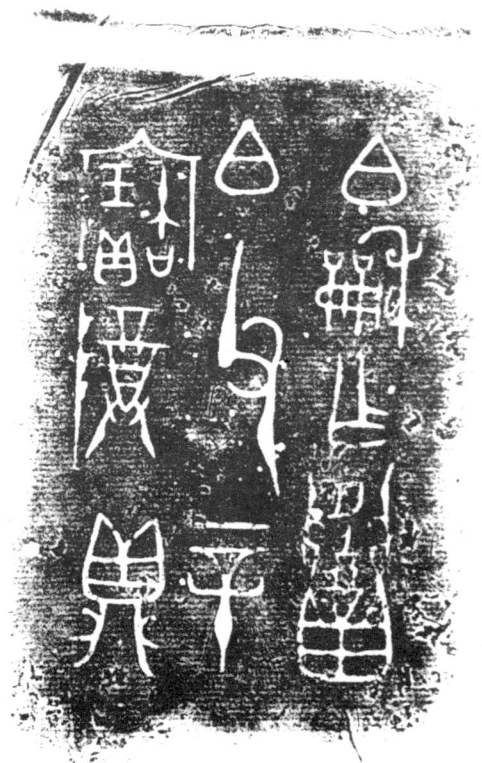

伯[illegible]鼎

2407

大師作叔姜鼎

2409

甚諆臧鼎

2410

叔盂父鼎

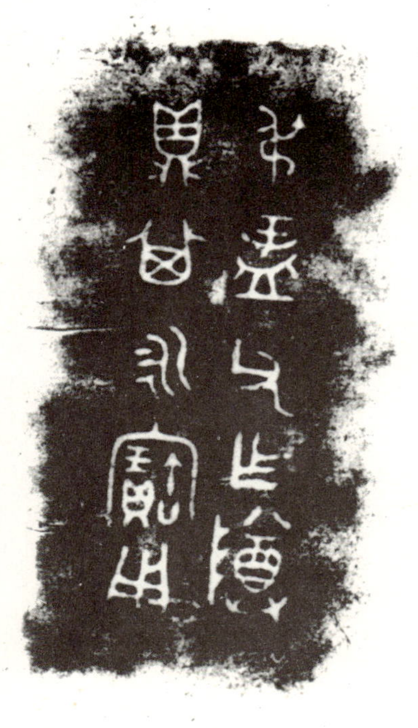

2412

叔師父鼎

2411

靃鼎

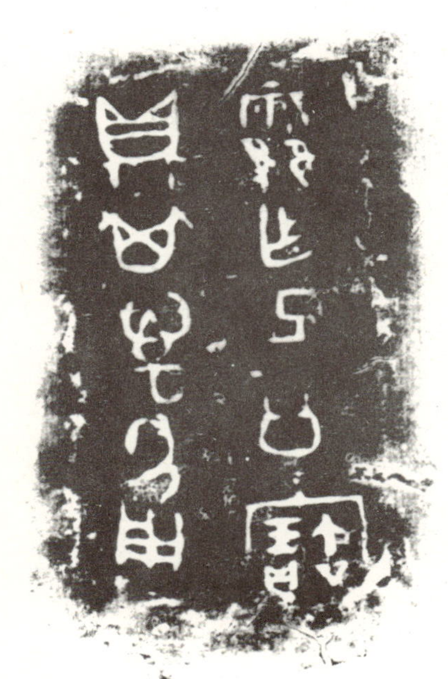

2413

伯旬鼎

2414

子遹鼎

2416

鄭同媿鼎

2415

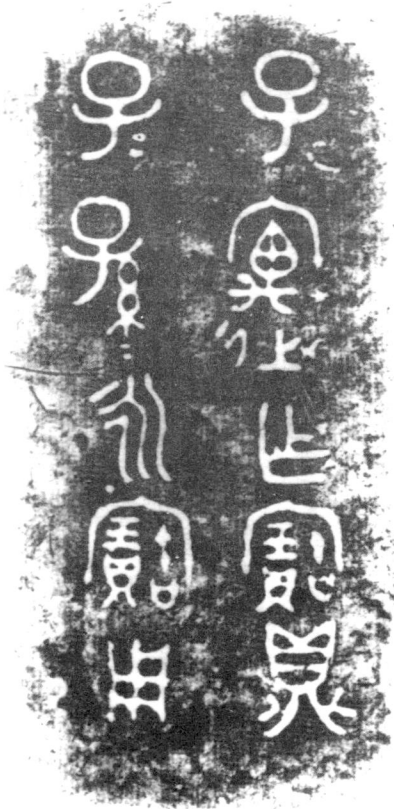

廟孱鼎

2417

己華父鼎

2418

樂鼎

2419

陽鼎

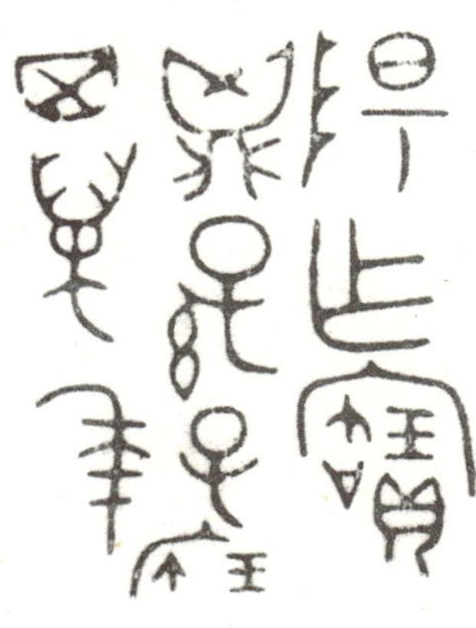

2420

鄭子石鼎

2421

郙𩪘鼎

2422

曾侯仲子游父鼎

2423

曾侯仲子游父鼎

2424

乙未鼎

2425

鼄絬鼎

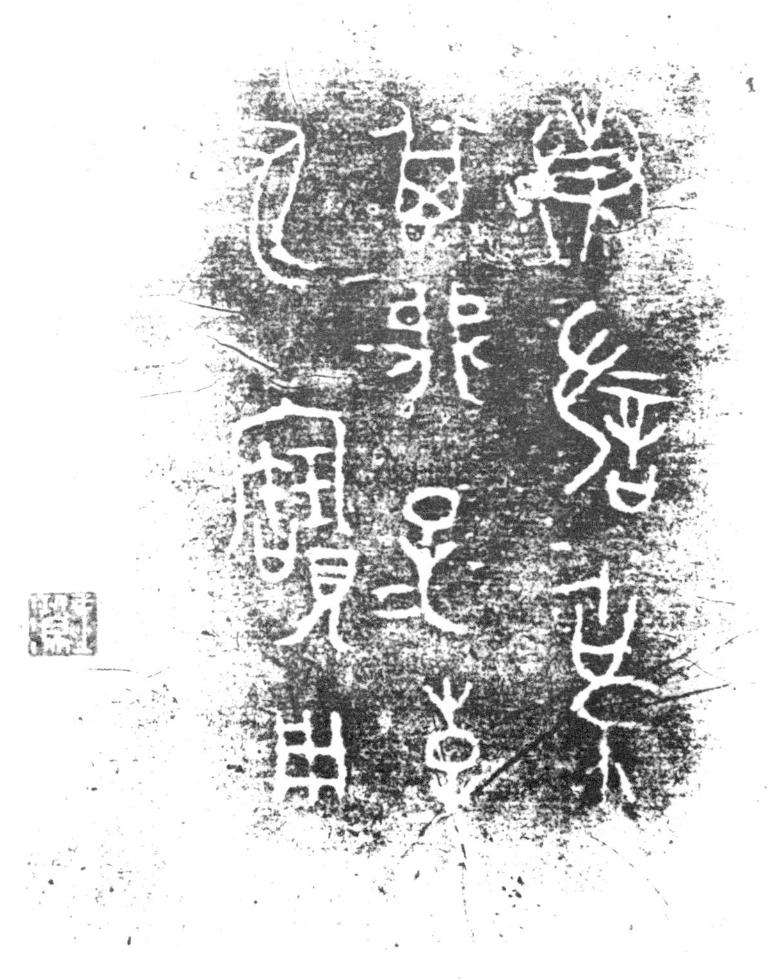

2426

亞寒鼎

2427

□子每夕鼎

2428

殘隣鼎

2430

䱷仲鼎

2429

乃孫作且己鼎

2431

無敄鼎

2432

龏妸方鼎

2433

龏妸方鼎

2434

從鼎

2435

剌攺宁鼎

2436

[illegible]虎鼎

2437

伯□作障鼎

2438

庚𢆶鼎

2439

蔡侯鼎

2441

叔□父鼎

2440

仲宦父鼎

2442

伯乙鼎

2443

伯乙鼎

2444

2445

伯乙鼎

2446

伯勹鼎

2447

内大子鼎

2449

内大子鼎

2448

曾子伯誩鼎

2450

梁上官鼎

2451

吴買鼎

2452

埶父鼎

2453

埶父鼎

2455

埶父鼎

2454

伯矩鼎

2456

⿰彖厶侯鼎

2457

中作且癸鼎

2458

交鼎

2459

□伯鼎

2460

从鼎

2461

倗仲鼎

2462

仲殷父鼎

2463

仲殷父鼎

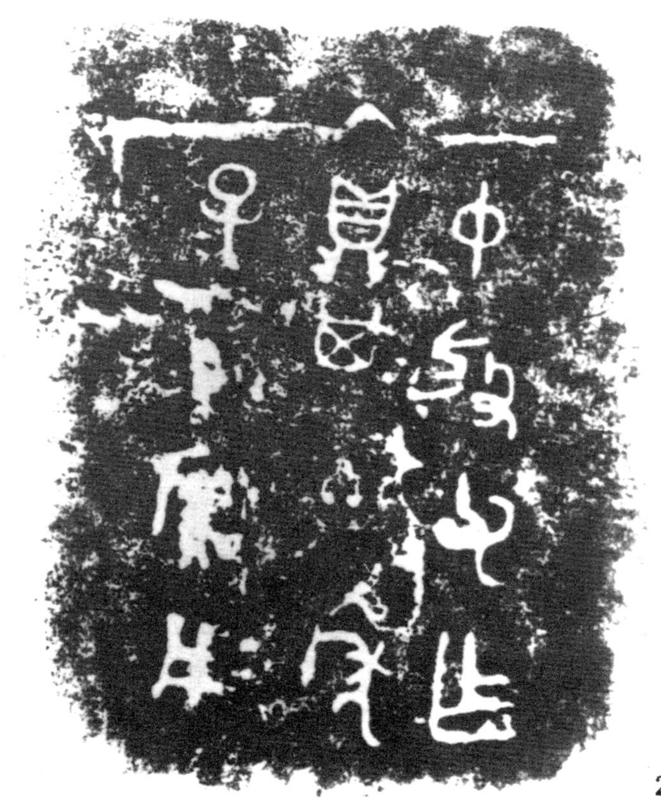

2464

伯䣄父鼎

2465

溓俗父鼎

2466

鄭姜伯鼎

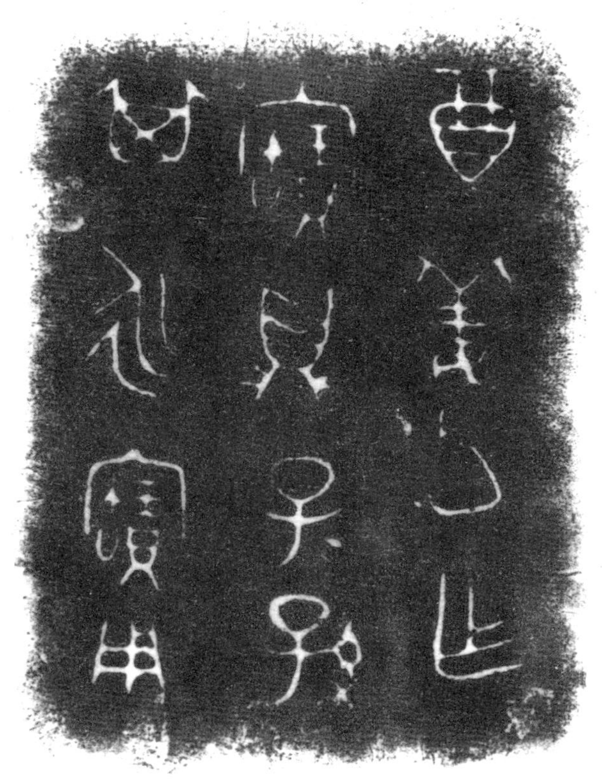

2467

𨻮生隺鼎

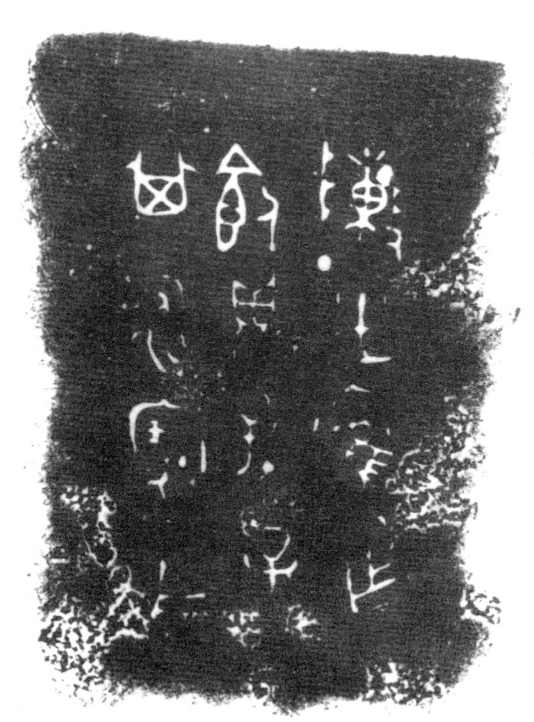

2468

大師人鼎

2469

烎有嗣爯鼎

2470

麥□鼎

2471

虢姜鼎

2472·*B*

2472·*A*

史喜鼎

2473

[illegible]𤔲寇鼎

2474

内公鼎

2475

專車季鼎

2476

鑄客鼎

二年寍鼎

2481

四年昌國鼎

2482

壴生鼎

2483

舟鼎

2484

禽鼎

2486

剌觀鼎

2485

伯𡨦父鼎

2487

右伯鼎

2488

伯衛父鼎

2489

叀鼎

2490

居[舟卩]騡鼎

2491

虢叔大父鼎

2492

鄭饔原父鼎

2493

杞伯每匕鼎

2494·1

2494·2

杞伯每匕鼎

2495

内大子白鼎

2496

黄君孟鼎

2497

鄬子蒷臺鼎

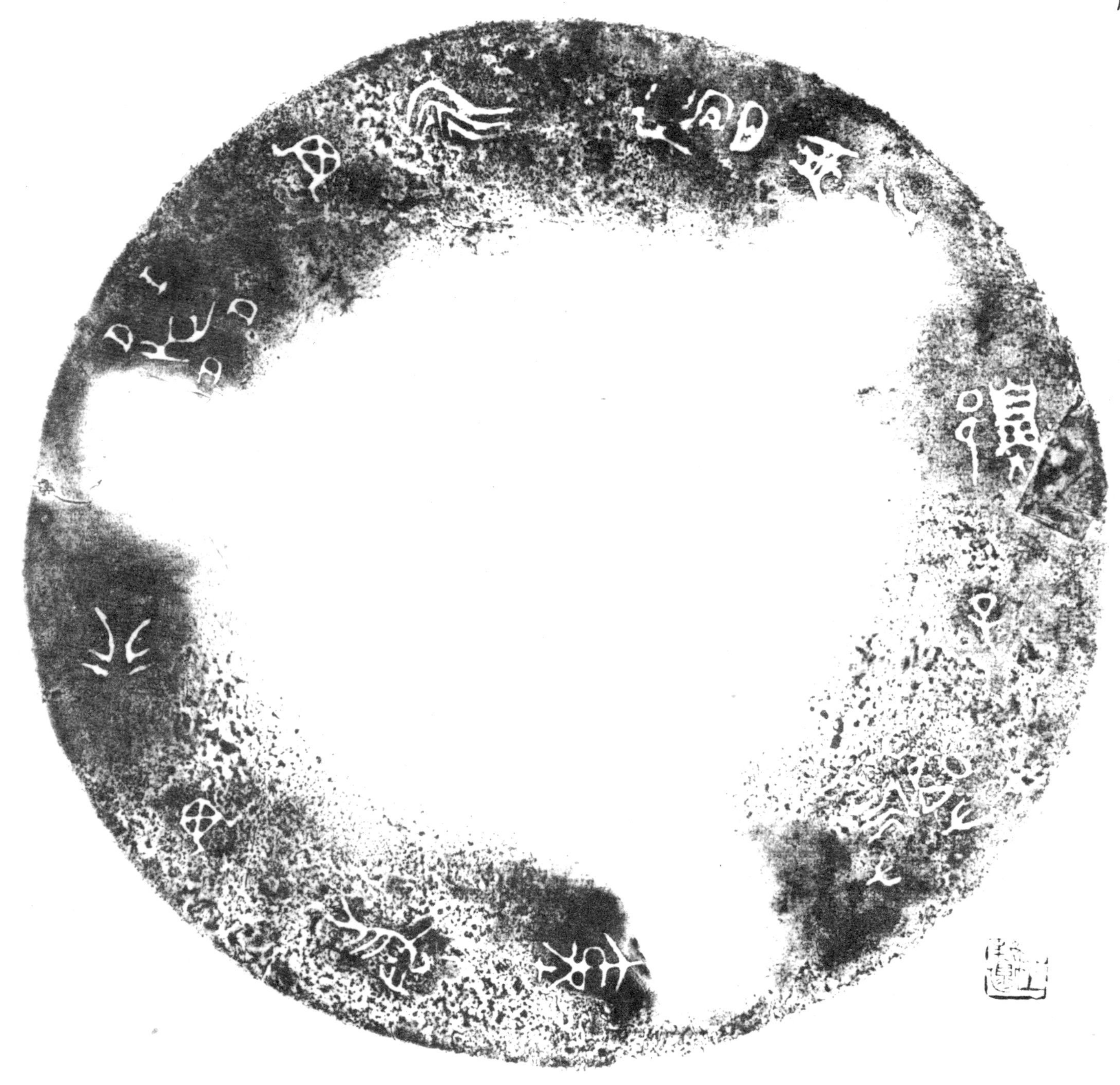

2498·1

2498・2

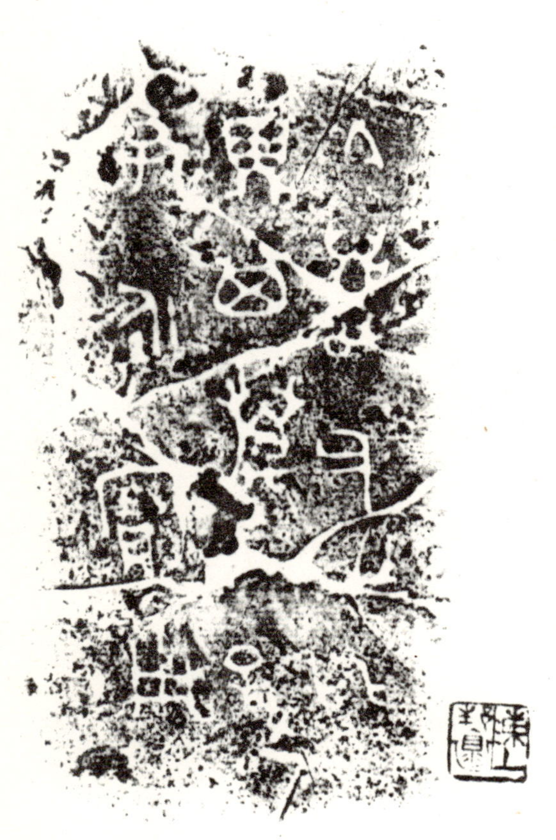

伯𢉅父鼎

2500

㝬父丁鼎

2499

2501

嗣工残鼎

2502

圓君鼎

㸚子旅鼎

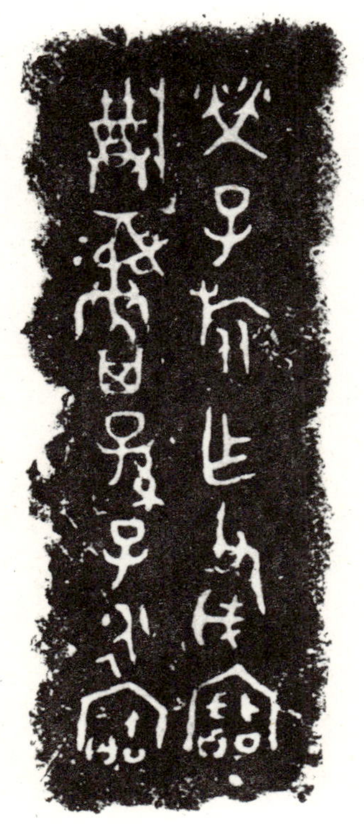

2503

作册𠙴鼎

2504

圉方鼎

2505·1

2505·2

黨作且乙鼎

2506

復鼎

2507

伯考父鼎

2508

屯鼎

2510

屯鼎

2509

叔䕑父鼎

2511

吉父鼎

2512

伯筍父鼎

2513

伯筍父鼎

2514

史宜父鼎

2515

粭娼鼎

2516

内子仲□鼎

2517

蔡生鼎

2518

君季鼎

2519

鄭戚句父鼎

2520

雍作母乙鼎

2521

武生鼎

2522

武生鼎

2523

𢊁[illegible]生鼎

2524

邾伯御戎鼎

2525

鮇冶妊鼎

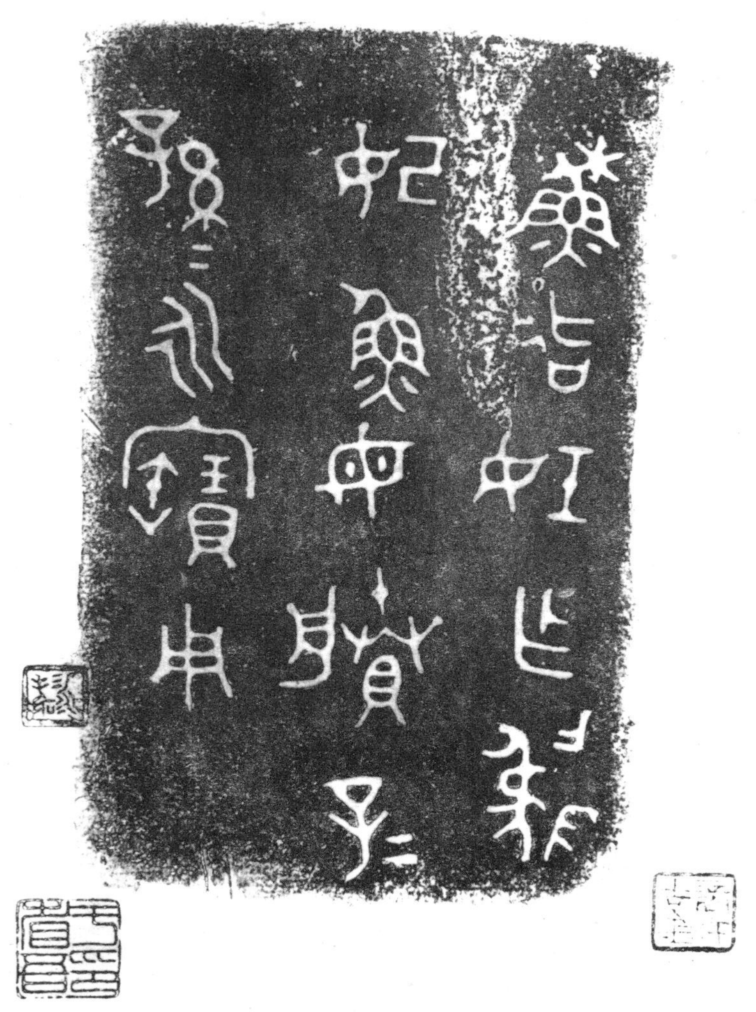

2526

卅年鼎

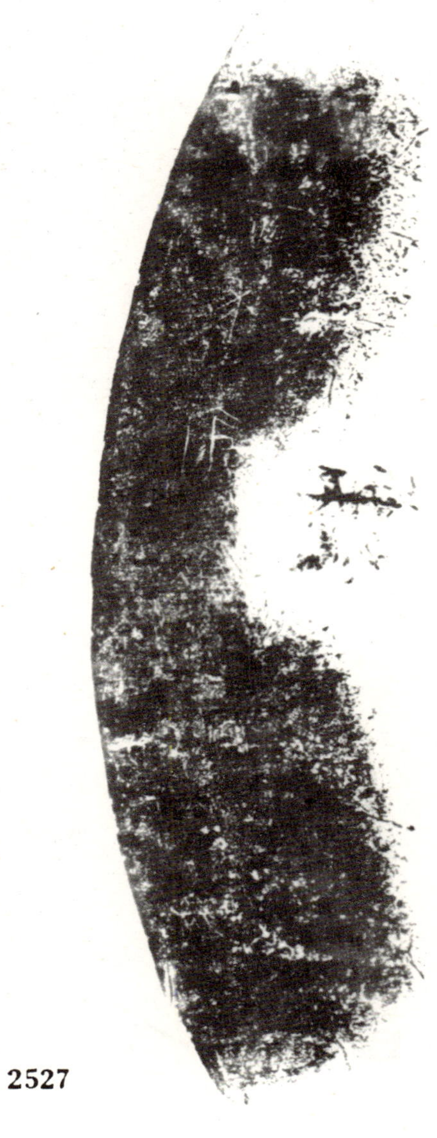

2527

2528

龏□仲方鼎

2529

仲爯父鼎

王子中賔鼎

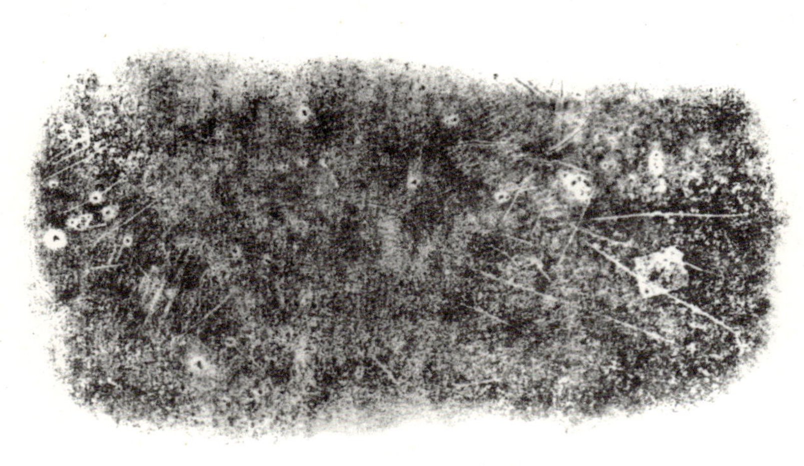
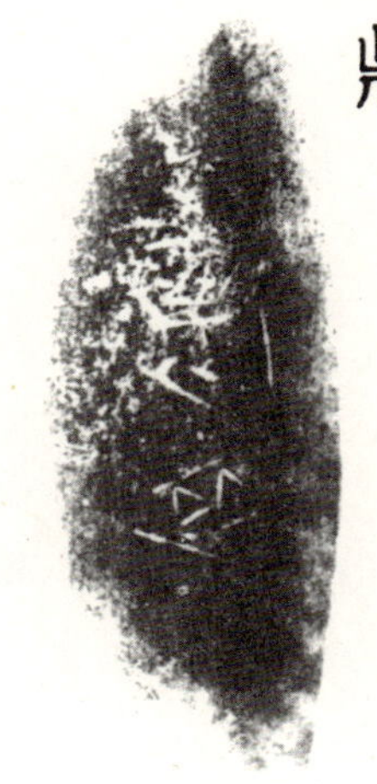

2530·1

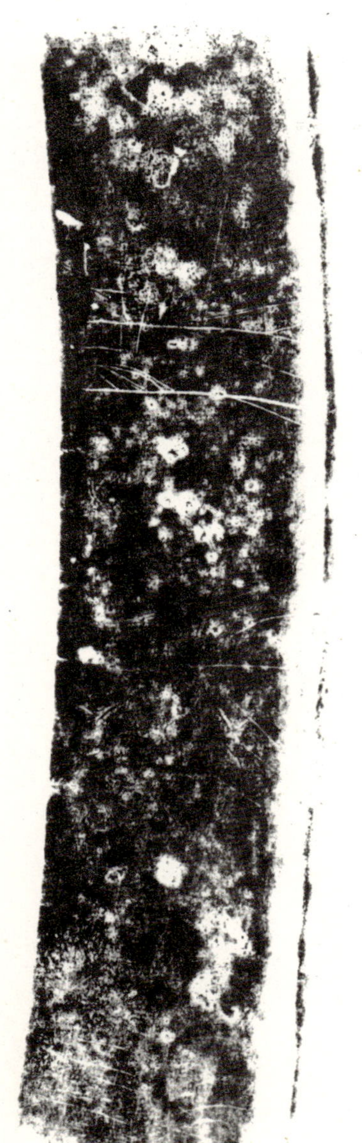

2530·3

2530·2

殷周金文集成

第四册

中國社會科學院考古研究所編
中華書局印行
上海市印刷七廠印刷

1986年7月第一版第一次印刷
書號：9018·182

鼎類銘文説明（二）

1510——2530

1510 𣄰且丁鼎

字數 3

時代 殷或西周早期

著録 三代 2.17.3

續殷上 11.10 故宫 28 期 故圖下上 16

流傳 清宫養心殿舊藏(故宫)

現藏 臺灣省"故宫博物院"

拓片 考古研究所藏

1511 戈且辛鼎

字數 3

時代 殷

著録 三代 2.17.5

西清 1.13 綴遺 5.6.1 貞松 2.10.3

續殷上 12.3

流傳 清宫舊藏,後歸丁筱農(羅表)

拓片 陳邦懷先生藏

1512 象且辛鼎

字數 3

時代 殷

著録 三代 2.17.4

憲齋 3.3.1 續殷上 12.2 小校 2.12.6

流傳 許延暄、盛昱舊藏(羅表)

拓片 考古研究所藏

備注 此器銘文與《小校》5.7.6 象且辛尊同銘,銘文字體相近,今作兩器處理

1513 戈且癸鼎

字數 3

時代 殷

著録 三代 2.18.1

西清 1.19 綴遺 5.5.2 貞松 2.10.4 續殷上 12.4 小校 2.12.7

流傳 清宫舊藏

拓片 陳邦懷先生藏

1514 戈且癸鼎

字數 3

時代 西周早期

著録 三代 2.18.2

拓片 三代

1515 戈匕辛鼎

字數 3

時代 殷

著録 三代 2.31.1

陶續補 4 續殷上 17.8

拓片 三代

1516 𠨘匕癸方鼎

字數 3

時代 西周早期

著録 出光(十五周年)394 頁 1

彙編 8.1158 銅玉圖 70 中銅(1966)80

現藏 日本東京出光美術館

拓片　出光美術館提供

備注　《出光》(十五周年)名作饕餮文方鼎，《彙編》誤作父癸鼎

1517　戈父甲鼎

字數　3

時代　殷或西周早期

著録　博古　1.41　薛氏8　嘯堂6.1

拓片　嘯堂

1518　戈父甲方鼎

字數　3

時代　西周早期

著録　美集録R 48、R491（P）　彙編 9.1554

流傳　盧芹齋舊藏

現藏　美國哈佛大學福格美術博物館

拓片　考古研究所藏

1519　戈父甲方鼎

字數　3

時代　西周早期

著録　彙編 9.1553　三代補 719　沃森70頁圖 5:10（摹本）　塞利格曼(57)42 頁圖 1

現藏　英國倫敦不列顛博物館

拓片　不列顛博物館提供

備注　此器銘文與上器酷似

1520　咸父甲鼎

字數　3

時代　西周早期

著録　三代 2.18.4
懷米上 1　攈古 1.2.50　綴遺 5.9.1　小校 2.12.8

流傳　曹秋舫舊藏

拓片　考古研究所藏

1521　䢅父甲鼎

字數　3

時代　殷

著録　三代 2.18.5
甲骨學 12 號圖一、4 C、4 D

現藏　日本東京湯島孔廟斯文會

拓片　三代

備注　父甲倒稱爲甲父

1522　[illegible]父甲鼎

字數　3

時代　殷

著録　録遺 46

現藏　故宫博物院

拓片　考古研究所拓

1523　䢅父乙方鼎

字數　3

時代　殷

著録　西甲 1.4

流傳　清宫舊藏

拓片　西甲

1524　䢅父乙方鼎

字數　3

時代　殷

著録　三代 2.20.6
十二式 1—3　續殷上 13.3　小校 2.15.1

流傳　孫秋帆舊藏

現藏　故宫博物館

拓片　考古研究所拓

1525　䢅父乙鼎

字數　3

時代　殷

著録　三代 2.20.4

續殷上 13. 4
拓片　陳邦懷先生藏

1526　冀父乙鼎
字數　3
時代　殷
著録　三代 2.20. 3
貞松 2.11. 4　武英 18　續殷上13・5　小校 2.15. 2　故圖下下32　彙編 8.1146
流傳　承德避暑山莊舊藏
現藏　臺灣省“中央博物院”
拓片　考古研究所藏

1527　冀父乙鼎
字數　3
時代　殷
著録　未見
流傳　頤和園舊藏
現藏　故宫博物院
拓片　考古研究所拓

1528　[illegible]父乙鼎
字數　3
時代　西周早期
著録　未見
現藏　故宫博物院
拓片　考古研究所拓

1529　[illegible]父乙方鼎
字數　3
時代　西周早期
著録　綜覽一圖版方鼎 43
現藏　英國倫敦不列顛博物館
拓片　不列顛博物館提供

1530　光父乙方鼎
字數　3
時代　西周早期
著録　中銅(1966)84　出光(十五周年)394 頁 7
彙編 8.1253
現藏　日本東京出光美術館
拓片　出光美術館提供

1531　父乙[illegible]鼎
字數　3
時代　西周早期
著録　三代 2.19. 8
貞補上 4
出土　1929 年洛陽馬坡出土
流傳　萍鄉文氏寅齋舊藏(貞補)
拓片　三代

1532　父乙欠鼎
字數　3
時代　西周早期
著録　善齋 2.17　續殷上13. 6　小校 2.13. 5
善彝29　故圖下下29
流傳　劉體智舊藏
現藏　臺灣省“中央博物院”
拓片　考古研究所藏

1533　[illegible]父乙鼎
字數　3
時代　殷
著録　學報 1979 年 1 期 81 頁　圖 58. 4
出土　殷墟西區 284 號墓葬(M284: 1)
現藏　考古研究所安陽工作站
拓片　考古研究所拓

1534　子父乙鼎
字數　3
時代　西周早期

著録　西清 1.2

流傳　清宮舊藏

拓片　西清

1535　息父乙鼎

字數　3

時代　殷

著録　考古 1981 年 2 期 117 頁圖 8.1

出土　1979 年河南羅山縣蟒張 6 號墓

現藏　河南省信陽地區文物管理委員會

拓片　考古編輯部檔案

1536　𡨦父乙鼎

字數　3

時代　殷

著録　三代 2.19.5

綴遺 5.10.1　貞松 2.11.3　續殷上 12.6

現藏　故宮博物院

拓片　考古研究所拓

1537　𢀛父乙鼎(權衡形父乙鼎、成父乙鼎)

字數　3

時代　殷

著録　綴遺 5.22.2　小校 2.14.1

現藏　上海博物館

拓片　上海博物館提供

1538　紟父乙鼎

字數　3

時代　西周早期

著録　文參 1955 年 4 期 50 頁圖 5

出土　1954 年山西洪趙縣坊堆

現藏　山西省博物館

拓片　考古研究所藏

1539　箙父乙鼎

字數　3

時代　殷

著録　美集録 R53　蘇黎世(75)31 頁　彙編 9.1578

流傳　盧芹齋舊藏

現藏　瑞士蘇黎世瑞列堡博物館(彙編)

拓片　考古研究所藏

1540　㚔父乙鼎

字數　3

時代　西周早期

著録　未見

流傳　頤和園舊藏

現藏　故宮博物院

拓片　考古研究所拓

備注　㚔下似有筆劃，可能是旅字，全銘或許有四字，今暫作三字處理

1541　𠕀父乙鼎

字數　3

時代　殷

著録　三代 2.19.1

貞續上 13.1　續殷上 13.1　小校 2.13.1

現藏　上海博物館

拓片　陳邦懷先生藏

1542　[illegible]父乙鼎

字數　3

時代　西周早期

著録　三代 2.19.2

憲齋 3.10.2　續殷上 13.2

拓片　三代

1543　冂父乙方鼎(冋父乙鼎、炳父乙鼎)

字數　3

時代　西周早期

著録　三代 2.18.8

55.9） 小校2.13.2

流傳　器見京師(綴遺)

現藏　故宫博物院

拓片　考古研究所拓

1544　冄父乙鼎

字數　3

時代　西周早期

著録　三代2.19.3

續殷上12.5.5

故圖下上33

現藏　臺灣省“故宫博物院”

拓片　考古研究所藏

1545　父乙冉鼎

字數　3

時代　殷

著録　三代2.19.4

拓片　三代

1546　父乙[illegible]方鼎

字數　3

時代　殷

著録　録遺48

拓片　考古研究所藏

1547　父乙[illegible]鼎

字數　3

時代　殷

著録　録遺49　彙編8.1386

現藏　香港趙不波氏(彙編)

拓片　録遺

備注　此器與上器同銘，形制未詳

1548　[illegible]父乙鼎

字數　3

著録　未見

拓片　陳邦懷先生藏

1549　具父乙鼎

字數　3

時代　西周早期

著録　未見

現藏　故宫博物院

拓片　考古研究所拓

1550　析父乙鼎(枚父乙鼎)

字數　3

時代　西周早期

著録　善齋2.18　續殷上12.10　小校2.14.2

頌續2

出土　洛陽出土(頌續)

流傳　劉體智、容庚舊藏

現藏　廣州市博物館

拓片　考古研究所藏

備注　在花紋及文字内皆填黑漆

1551　魚父乙鼎

字數　3

時代　西周早期

著録　三代2.18.6

貞松2.11.2

續殷上12.8

流傳　徐乃昌、馮恕舊藏

現藏　故宫博物院

拓片　考古研究所藏

1552　魚父乙鼎

字數　3

時代　殷

著録　雙古上4

流傳　于省吾舊藏

拓片　雙古

1553　魚父乙鼎

字數　3

時代　西周早期

著録　三代 2.18.7

貞松 2.11.1　續殷上 12.9　小校 2.14.3

流傳　徐乃昌舊藏(小校)

拓片　陳邦懷先生藏

1554　黿父乙鼎

字數　3

時代　西周早期

著録　三代 2.37.4

貞續上 18.2

現藏　浙江省博物館

拓片　考古研究所拓

1555　黿父乙鼎

字數　3

時代　殷或西周早期

著録　三代 2.37.5

憲齋 3.9.4　殷存上 5.5　小校 2.14.5

彙編 8.1170

拓片　三代

1556　黿父乙鼎

字數　3

時代　殷

著録　未見

現藏　天津市藝術博物館

拓片　陳邦懷先生藏

1557　黿父乙鼎

字數　3

時代　殷

著録　三代 2.37.6

續殷上 18.8　貞續上 18.1　小校 2.14.4

流傳　劉體智舊藏(羅表)

拓片　考古研究所藏

1558　黿父乙鼎

字數　3

時代　殷

著録　三代 2.37.7

殷存上 5.4　綴遺 3.3.1

流傳　吴大澂舊藏(綴遺)

拓片　考古研究所藏

1559　黿父乙方鼎

字數　3

時代　西周早期

著録　綜覽一圖版方鼎 30

現藏　日本東京國立博物館

拓片　A、考古研究所藏，B、東京國立博物館提供

1560　爻父乙方鼎

字數　3

時代　殷

著録　考古與文物 1980 年 4 期 13 頁圖 8.6

陝青 3.65

出土　1950 年扶風縣雲塘村出土(陝青)

現藏　陝西省扶風縣博物館

拓片　扶風縣博物館提供

1561　山父乙鼎

字數　3

時代　西周早期

著録　未見

現藏　故宫博物院

拓片　考古研究所拓

1562　未父乙鼎

字數　3

時代　西周中期

著録　未見

流傳　德人楊寧史舊藏

現藏　故宫博物院

拓片　考古研究所拓

1563　祺父乙鼎(綦鼎)

字數　3

時代　西周早期

著録　博古1.44　薛氏9.1　嘯堂6.3

拓片　嘯堂

1564　作父乙鼎

字數　3

時代　西周

著録　未見

現藏　上海博物館

拓片　上海博物館提供

1565　犬父丙鼎

字數　3

時代　殷

著録　三代2.21.1

冠斝上7

流傳　榮厚舊藏

拓片　冠斝

1566　㠯父丙鼎(舉父丙鼎)

字數　3

時代　殷

著録　三代2.20.7

恒軒上7　愙齋3.6.3　續殷上13.8　小校2.15.4　歐精華2.91　彙編9.1470

流傳　蒲城楊氏舊藏(恒軒)

現藏　美國波士頓美術博物館

拓片　陳邦懷先生藏

備注　《歐精華》以爲銘文後刻

1567　父丙𠷎鼎

字數　3

時代　殷或西周早期

著録　續殷上13.9

拓片　考古研究所藏

1568　䢵父丙鼎

字數　3

時代　西周早期

著録　三代2.20.8

續殷上13.7

現藏　遼寧省博物館

拓片　考古研究所藏

1569　龜父丙鼎

字數　3

時代　殷

著録　三代2.21.2

攈古1.2.4　綴遺5.15.2　敬吾上36.7

殷存上3.4　小校2.15.5

流傳　吴式芬舊藏

拓片　陳邦懷先生藏

1570　㠱父丁鼎

字數　3

時代　殷或西周早期

著録　薛氏10.2

拓片　薛氏

1571　㠱父丁鼎

字數　3

時代　殷或西周早期

著録　薛氏 10.3

拓片　薛氏

1572　冀父丁鼎

字數　3

時代　殷

著録　三代 2.23.4

殷存上 5.6

拓片　陳邦懷先生藏

1573　冀父丁方鼎

字數　3

時代　殷

著録　貞松 2.12.4　故圖下下 35

流傳　承德避暑山莊舊藏

現藏　臺灣省“中央博物院”

拓片　貞松

1574　[illegible]父丁鼎(舉父丁鼎)

字數　3

時代　西周早期

著録　三代 2.21.8

貞松 2.12.2　武英 21　續殷上 13.10

小校 2.15.8　故圖下下34

流傳　承德避暑山莊舊藏

現藏　臺灣省“中央博物院”

拓片　考古研究所藏

1575　[illegible]父丁鼎(舉父丁鼎)

字數　3

時代　殷

著録　陶齋 1.22　小校 2.15.7

流傳　端方舊藏

拓片　小校

1576　父丁[illegible]鼎

字數　3

時代　殷或西周早期

著録　未見

現藏　上海博物館

拓片　上海博物館提供

1577　[illegible]父丁鼎

字數　3

時代　西周早期

著録　三代 2.22.4

拓片　三代

1578　[illegible]父丁方鼎

字數　3

時代　殷

著録　三代 2.22.5

攈古 1.2.5　綴遺 5.23.1　敬吾上 35.6

雙王 6　小校 2.15.6　山東存附 17.4

流傳　劉喜海、周鴻孫舊藏(攈古録、羅表)

拓片　陳邦懷先生藏

1579　[illegible]父丁方鼎

字數　3

時代　殷

著録　三代 2.22.6

西清 1.9　殷存上 3.6　貞續上 13.3　續殷上 14.2　故宫 14 期　故圖下上 21　山東存附 17.5

流傳　清宫舊藏

現藏　臺灣省“故宫博物院”

拓片　考古研究所藏

1580　[illegible]父丁鼎

字數　3

時代　殷

著録　未見

現藏　中國歷史博物館

拓片　考古研究所拓

1581　𠃢父丁方鼎

字數　3

時代　殷

著録　三代 2.23.3

綜覽一圖版方鼎 42

現藏　日本京都黑川古文化研究所

拓片　三代

1582　㕛父丁鼎

字數　3

時代　殷

著録　三代 2.21.4

寧壽 1.2　貞續上 14.1　故宫 16 期　續殷上 19.5　故圖下上 20

流傳　清宫舊藏

現藏　臺灣省"故宫博物院"

拓片　唐蘭先生藏

1583　𪓐父丁鼎(詹諸父丁鼎)

字數　3

時代　西周早期

著録　三代 2.21.6

恒軒 1.8　綴遺 5.16.1　殷存上 3.9　小校 2.16.1

流傳　吴大澂舊藏

拓片　考古研究所藏

1584　黽父丁鼎

字數　3

時代　殷

著録　三代 2.21.7

貞松 2.12.3　續殷上 14.5

拓片　考古研究所藏

1585　魚父丁鼎

字數　3

時代　西周早期

著録　三代 2.21.5

殷存上 3.10

流傳　丁筱農舊藏(羅表)

拓片　陳邦懷先生藏

1586　𩰫父丁鼎

字數　3

時代　殷或西周早期

著録　中國歷史博物館館刊 1982 年 4 期 92 頁

出土　傳河南安陽出土

現藏　中國歷史博物館

拓片　考古研究所拓

1587　弜父丁鼎(叔父丁鼎)

字數　3

時代　西周中期

著録　澳銅選 61 頁圖 2　彙編 9.1649

現藏　澳大利亞墨爾本國立維多利亞博物館

拓片　彙編

1588　弜父丁鼎(叔父丁鼎)

字數　3

時代　西周中期

著録　澳銅選 61 頁圖 3　彙編 9.1648

現藏　澳大利亞墨爾本國立維多利亞博物館

拓片　彙編

備注　形制同上器,未見著録,通高 36.5 厘米,口徑 31.5 厘米

1589　弜父丁鼎

字數　3

時代　西周中期

著録　綜覽一圖版鼎 244

拓片　日本林巳奈夫教授提供

1590　大父丁鼎

字數　3

時代　殷或西周早期

著録　薛氏 9.2

拓片　薛氏

1591　何父丁方鼎

字數　3

時代　殷

著録　未見

現藏　故宫博物院

拓片　考古研究所拓

1592　□父丁鼎(荷貝父丁鼎)

字數　3

時代　西周早期

著録　三代 2.21.3

積古 1.8　攈古 1.2.5　殷存上 3.5

流傳　王錫棨舊藏(選青閣藏器目)

拓片　陳邦懷先生藏

1593　□父丁方鼎

字數　3

時代　西周早期

著録　三代 2.22.1

續殷上14.6　弗里爾(67)199頁　彙編9.1511

現藏　美國華盛頓弗里爾美術陳列館

拓片　陳邦懷先生藏

備注　«弗里爾»與«三代»拓本字口略異

1594　□父丁鼎

字數　3

時代　殷

著録　三代 2.22.3

西乙 1.43　寶蘊 4　貞松 2.12.1　續殷上 13.12　故圖下下 33

流傳　瀋陽故宫舊藏

現藏　臺灣省"中央博物院"

拓片　陳邦懷先生藏

1595　□父丁鼎(延父丁鼎)

字數　3

時代　殷或西周早期

著録　三代 2.22.2

貞松 2.13.1　續殷上 13.11

流傳　往歲見之都肆(貞松)

拓片　考古研究所藏

1596　子父丁鼎

字數　3

時代　殷

著録　未見

現藏　上海博物館

拓片　上海博物館提供

1597　□父丁鼎

字數　3

時代　殷或西周早期

著録　三代 2.23.2

寧壽 1.3　貞續上 13.4　續殷上 14.1　故宫 31 期

流傳　清宫永壽宫舊藏(故宫)

拓片　考古研究所藏

1598　息父丁鼎

字數　3

時代　西周早期

著録　未見

出土　1980年陝西岐山縣京當公社王家嘴西周墓葬(M1　)

現藏　陝西周原岐山文物管理所
拓片　周原岐山文物管理所提供

1599　戈父丁鼎
字數　3
時代　殷
著録　三代 2.22.7
　　　續殷上 14.4　彙編 9.1556
現藏　美國賓夕法尼亞李察布氏(彙編)
拓片　唐蘭先生藏

1600　瞾父丁鼎
字數　3
時代　殷
著録　上海 4　銅器選 9　彙編 9.1422
流傳　吴清漪舊藏(上海)
現藏　上海博物館
拓片　上海博物館提供

1601　宀父戊鼎
字數　3
時代　西周中期
著録　三代 2.23.7
　　　貞補上 5.1　賸稿 4
出土　河南洛陽出土(賸稿)
流傳　河南博物館舊藏
現藏　河南省博物館？
拓片　三代

1602　大父己鼎
字數　3
時代　殷
著録　故圖下下 37
現藏　臺灣省“中央博物院”
拓片　故圖

1603　㔶父己鼎
字數　3
時代　殷或西周早期
著録　三代 2.25.5
　　　懷米上 2　綴遺 3.5　攈古 1.3.7　續殷上 15.4
流傳　曹秋舫舊藏
拓片　三代

1604　𦥑父己鼎
字數　3
時代　殷
著録　彙編 8.1144　綜覽一圖版鬲鼎 70
現藏　美國紐約薩克勒氏
拓片　綜覽

1605　㚇父巳鼎
字數　3
時代　殷
著録　三代 2.25.1
　　　貞松 2.14.1　善齋 2.22　續殷上 14.12
　　　小校 2.17.4
流傳　劉體智舊藏
拓片　陳邦懷先生藏

1606　戈父己鼎
字數　3
時代　西周早期
著録　三代 2.24.2
　　　貞續上 14.3　續殷上 15.2　小校 2.17.3
拓片　考古研究所藏

1607　𠙵父己鼎
字數　3
時代　殷
著録　考古圖 2.5　薛氏 46.2
出土　得於郏城(考古圖)

拓片　薛氏

1608　[illegible]父己鼎

字數　3

時代　殷或西周早期

著録　三代 2.24.6

貞續上 14.4　續殷上 15.1　藝展 7　故宫35期　故圖上下 22　倫敦圖版 2.23

流傳　清宫舊藏

現藏　臺灣省“故宫博物院”

拓片　考古研究所藏

1609　[illegible]父己鼎（炳父己鼎）

字數　3

時代　殷

著録　小校 2.16.8（又 4.19.8）　奇觚 6.3.2

拓片　小校

備注　«奇觚»6.3.2 與«小校»4.19.8 稱卣，«小校»2.16.8 稱鼎

1610　[illegible]父己方鼎

字數　3

時代　殷

著録　西拾 1

流傳　頤和園舊藏

拓片　西拾

1611　[illegible]父己鼎

字數　3

時代　殷

著録　小校 2.17.1

現藏　上海博物館

拓片　上海博物館提供

備注　上博拓本與«小校»拓本筆劃略異

1612　[illegible]父己鼎（卿父己鼎）

字數　3

時代　殷

著録　三代 2.24.3

貞松 2.13.4　武英 11　續殷上 14.11　小校 2.17.6　故圖下下 38

流傳　承德避暑山莊舊藏

現藏　臺灣省“中央博物院”

拓片　考古研究所藏

1613　介父己鼎

字數　3

時代　殷

著録　西甲1.2

流傳　清宫舊藏，後歸丁彼農、李山農（羅表）

拓片　西甲

1614　[illegible]父己鼎

字數　3

時代　殷

著録　三代 2.24.7

拓片　三代

1615　[illegible]父己鼎

字數　3

時代　殷

著録　三代 2.24.8

殷存上 3.11　雙吉上 7

流傳　于省吾舊藏

拓片　考古研究所藏

1616　舌父己鼎

字數　3

時代　殷

著録　三代 2.25.4

拓片　三代

1617　冋父己鼎（周社鼎）

字數　3

時代　殷

著録　西清 2.41

流傳　清宫舊藏

現藏　故宫博物院

拓片　考古研究所藏

1618　耒父己鼎（聿父己鼎）

字數　3

時代　西周中期

著録　三代 2.24.4

奇觚 1.5.1　移林 4　殷存上 3.12　小校 2.17.5

流傳　丁麟年舊藏

拓片　三代

1619　[illegible]父己鼎（秝父己鼎）

字數　3

時代　西周早期

著録　博古 1.21　薛氏 9.4　嘯堂 3

拓片　嘯堂

1620　作父己鼎

字數　3

時代　西周中期

著録　三代 2.25.2

貞松 2.13.3　善齋 2.23　小校 2.17.7　頌續 5　續殷上 14.10

出土　陝西鳳翔出土（頌續）

流傳　溥倫、劉體智、容庚舊藏

拓片　考古研究所藏

1621　子父己鼎

字數　3

時代　殷或西周早期

著録　三代 2.24.5

拓片　三代

1622　父己車鼎

字數　3

時代　殷

著録　美集録 R163、R487（P）

現藏　美國布拉馬氏

拓片　考古研究所藏

1623　史父庚鼎

字數　3

時代　殷

著録　三代 2.26.1

愙齋 3.7　小校 2.18.4

拓片　唐蘭先生藏

1624　史父庚鼎

字數　3

時代　西周早期

著録　三代 2.25.8

移林 5　殷存上 4.1　小校 2.18.5

流傳　丁麟年舊藏

現藏　故宫博物院

拓片　陳邦懷先生藏

1625　箙父庚鼎

字數　3

時代　殷

著録　三代 2.26.5

西清 1.12　續殷上 15.5　澳銅選圖 1　彙編 9.1579

流傳　清宫舊藏，後流至英國（澳銅選）

現藏　澳大利亞墨爾本買亞氏（彙編）

拓片　三代

1626 㚔父庚鼎

字數 3

時代 殷或西周早期

著録 三代 2.26.6

陶續 1.14 善齋 2.25 續殷上 15.8 小校 2.18.6 雙古上 3

流傳 端方、劉體智、于省吾舊藏

拓片 考古研究所藏

1627 羊父庚鼎

字數 3

時代 殷或西周早期

著録 三代 2.26.2

西清 4.3 窓齋 3.10.4 殷存上 4.2 小校 2.18.2 盧氏(1924)圖版 14 美集録 R57 彙編 9.1724

流傳 清宫、溥倫、盧芹齋舊藏(美集録)

現藏 美國紐約某氏(彙編)

拓片 考古研究所藏

1628 父庚[illegible]鼎

字數 3

時代 殷

著録 寧壽 1.4

流傳 清宫舊藏

拓片 寧壽

備注 容庚《西清金文真僞存佚表》疑僞

1629 虎父庚鼎

字數 3

時代 西周

著録 小校 2.18.1

拓片 陳邦懷先生藏

1630 [illegible]父庚鼎(薛父庚鼎)

字數 3

時代 西周中期

著録 三代 2.26.3

貞松 2.14.3 善齋 2.24 續殷上 15.7 小校 2.18.3

流傳 劉體智舊藏

現藏 故宫博物院

拓片 考古研究所藏

1631 亞父辛鼎

字數 3

時代 殷

著録 考古與文物 1982 年 4 期 23 頁圖 14.2

出土 1980 年陜西鳳翔縣南指揮西村 112 號墓(M112: 1)

現藏 鳳翔縣雍城考古隊

拓片 鳳翔雍城考古隊提供

1632 旅父辛鼎

字數 3

時代 殷或西周早期

著録 小校 2.19.2

拓片 唐蘭先生藏

備注 旅字省一人，作此形的族氏名曾見于殷墟卜辭及其它銘文

1633 [illegible]父辛鼎(光父辛鼎)

字數 3

時代 西周早期

著録 三代 2.27.3

小校 2.20.3

出土 河南洛陽

現藏 故宫博物院

拓片 考古研究所拓

備注 銘文字内填漆

1634 美父辛鼎

字數　3

時代　殷

著録　中國歷史博物館館刊1982年4期92頁右上

現藏　中國歷史博物館

拓片　考古研究所拓

1635　[illegible]父辛鼎(子父辛鼎)

字數　3

時代　殷

著録　三代 2.27.2

　　綴遺 3.2.2　殷存上 4.8　小校 2.19.4

流傳　器見京師(綴遺)王錫棨舊藏(羅表)

拓片　三代

1636　[illegible]父辛鼎

字數　3

時代　殷

著録　殷存上4.9

流傳　潘祖蔭舊藏(羅表)

拓片　殷存

1637　穾父辛鼎

字數　3

時代　西周早期

著録　三代 2.28.5

　　貞松2.15.2

流傳　此器往歲見之津沽(貞松)

拓片　三代

1638　戈父辛鼎

字數　3

時代　西周早期

著録　三代2.27.5

　　貞補上 5　續殷上 15.12　十二式 3—4

流傳　孫秋帆舊藏

拓片　考古研究所藏

1639　戈父辛鼎

字數　3

時代　西周早期

著録　三代 2.27.4

　　貞松 2.14.4

流傳　此器往歲見之津沽(貞松)後歸方若

現藏　中國歷史博物館

拓片　考古研究所藏

1640　[illegible]父辛鼎

字數　3

時代　殷

著録　筠清 4.18　攈古 1.3.8

拓片　攈古

備注　第一字爲獸字繁體,字形與下器略異

1641　[illegible]父辛鼎(商父辛鼎、犴鼎)

字數　3

時代　殷或西周早期

著録　三代 2.48.2

　　西清4.8　寧壽1.7　奇觚1.5.2　貞松2.26.3

　　續殷上 16.5　小校 2.19.7　故宫13期

流傳　清宫玉粹軒舊藏(故宫)

拓片　考古研究所藏

1642　田父辛方鼎

字數　3

時代　殷

著録　三代 2.27.7

　　貞松 2.15　董盦 1　日精華 3.196　彙編 9.1702

出土　1918年山東長清縣出土(日精華)

現藏　日本大阪齋藤悦藏氏

拓片　三代

1643　魚父辛鼎

字數　3

時代　西周早期

著録　未見

現藏　故宫博物院

拓片　考古研究所拓

1644　犰父辛鼎(宰牲形文辛鼎)

字數　3

時代　殷

著録　三代 2.28.6

愙齋 3.14.2　殷存上4.4　小校 2.19.6

流傳　潘祖蔭舊藏(羅表)

現藏　上海博物館

拓片　陳邦懷先生藏

1645　父辛剢鼎

字數　3

時代　殷

著録　西清 4.9

流傳　清宫舊藏

拓片　西清

備注　剢字作豩，呈繁體構形，剢字曾見殷墟一期卜辭

1646　丙父辛鼎(父辛鬲、炳父辛鼎)

字數　3

時代　西周早期

著録　三代 2.28.3

積古 2.20.4　攈古 1.2.36　殷存上 22.6　善齋 2.27　小校 2.18.8

流傳　王錫棨、劉體智舊藏(選青閣藏器目、羅表)

拓片　考古研究所藏

備注　«殷存»誤作尊,«積古»、«攈古»誤作鬲

1647　丙父辛鼎

字數　3

時代　殷

著録　三代 14.46.6

續殷 下59.6

拓片　陳邦懷先生藏

備注　«三代»、«續殷»作觶,陳邦懷記録爲鼎，今從陳説

1648　穴父辛鼎

字數　3

時代　西周早期

著録　未見

現藏　中國歷史博物館

拓片　考古研究所拓

1649　穴父辛鼎

字數　3

時代　西周早期

著録　未見

流傳　頤和園舊藏

現藏　故宫博物院

拓片　考古研究所拓

1650　冄父辛鼎(舉父辛鼎)

字數　3

時代　西周早期

著録　三代 2.26.8

愙齋 3.7.1　續殷上 15.10　小校 2.19.1

拓片　考古研究所藏

1651　冄父辛鼎

字數　3

時代　殷

著録　考古 1974 年 6 期 366 頁圖 3.3

出土　1973 年遼寧喀左縣北洞村 2 號窖藏

現藏　遼寧省博物館

拓片　考古編輯部檔案

1652 冃父辛鼎

字數　3

時代　殷

著録　三代 2.26.7

西乙 1.45　寶蘊 21　貞松 2.15.3　續殷上 15.11　故圖下下 41

流傳　瀋陽故宫舊藏(寶蘊、貞松)

現藏　臺灣省"中央博物院"

拓片　考古研究所藏

1653 冃父辛鼎

字數　3

時代　西周早期或中期

著録　甲骨學12號圖一、9C、9D

現藏　日本東京湯島孔廟斯文會

拓片　考古研究所藏

1654 木父辛鼎

字數　3

時代　殷

著録　三代 2.27.6

殷存上 4.5　小校 2.20.2

流傳　劉鶚舊藏(羅表)

拓片　考古研究所藏

1655 𢾊父辛鼎

字數　3

時代　西周早期

著録　三代 2.27.8

殷存上 4.10

流傳　潘祖蔭舊藏(羅表)

拓片　三代

1656 㕣父辛鼎(壺形父辛鼎、豆父辛鼎)

字數　3

時代　殷

著録　三代 2.28.1

懷米上 4　筠清 2.3　攈古 1.2.3　綴遺 5.25

流傳　曹秋舫舊藏

拓片　三代

1657 眀父辛鼎

字數　3

時代　殷

著録　三代 2.28.4

續殷上 16.3　美集録R223　彙編 9.1427

現藏　美國柏弗羅科學博物館

拓片　考古研究所藏

1658 ㄅ父辛鼎(句鼎)

字數　3

時代　殷

著録　從古 11.4　綴遺 5.25.2

流傳　平湖孟乙清攜視器(從古)

拓片　綴遺

1659 束父辛鼎

字數　3

時代　西周早期

著録　濬縣 4　辛村　圖版 55.4

出土　1933 年河南濬縣辛村 60 號墓

現藏　臺灣省"歷史語言研究所"

拓片　考古研究所藏

1660 串父辛鼎

字數　3

時代　西周早期

著録　三代 2.28.2

西甲 1.21　貞續上 15.2　續殷上 16.1　故宫 39 期　故圖下上 23

流傳　清宫摛藻堂舊藏(故宫)

現藏　臺灣省"故宫博物院"

拓片　考古研究所藏

1661　子父辛鼎

字數　3

時代　殷

著録　三代 2.27.1

　　　殷存上 4.7　小校 2.19.3

流傳　劉鶚舊藏(羅表)

拓片　考古研究所藏

1662　父辛[illegible]鼎

字數　3

時代　殷

著録　吉志 3.26　續殷上 16.2

拓片　陳邦懷先生藏

備注　第三字即詩字古文,見殷墟卜辭

1663　作父辛鼎

字數　3

時代　殷

著録　巖窟上 11

出土　河南安陽三十二年春新出土(巖窟)1929年 寶鷄祀鷄台出土(右輔瓌寶留珍)

拓片　巖窟

1664　[illegible]父辛鼎

字數　3

時代　殷

著録　考古與文物1983年6期7頁圖 4.6

現藏　寶鷄市博物館

拓片　考古與文物

備注　第一字字形不清晰

1665　木父壬鼎

字數　3

時代　殷

著録　三代 2.29.2

　　　殷存上 4.11

流傳　許延暄舊藏(羅表)

拓片　考古研究所藏

1666　重父壬鼎

字數　3

時代　殷

著録　未見

出土　1982年河南安陽小屯西地墓葬出土(M1:11)

現藏　考古研究所安陽工作站

拓片　考古研究所拓

1667　大父癸鼎

字數　3

時代　殷

著録　未見

現藏　故宫博物院

拓片　考古研究所拓

1668　[illegible]父癸鼎

字數　3

時代　殷或西周早期

著録　綜覽一圖版鼎 150

現藏　丹麥哥本哈根國家博物館民族學研究部

拓片　日本林巳奈夫教授提供

1669　[illegible]父癸鼎

字數　3

時代　殷

著録　薛氏 10.5　嘯堂 6.2　續考 4.23

拓片　嘯堂

1670　[illegible]父癸方鼎

字數　3

時代　殷

著録　西甲 1.17

流傳　清宫舊藏

拓片　西甲

1671　八父癸方鼎

字數　3

時代　西周早期

著録　三代 2.29.8

續殷上 17.6　美集録R196　彙編 9.1694

現藏　美國哈佛大學福格美術博物館

拓片　考古研究所藏

1672　八父癸鼎

字數　3

時代　殷或西周早期

著録　賽爾諾什10頁　三代補733

現藏　法國巴黎賽爾諾什博物館

拓片　賽爾諾什

1673　[illegible]父癸鼎

字數　3

時代　殷

著録　彙編 9.1490　綜覽一圖版鼎 92

拓片　彙編

1674　冄父癸鼎

字數　3

時代　西周早期

著録　西清 3.4

流傳　清宫舊藏

拓片　西清

1675　冄父癸鼎

字數　3

時代　西周

著録　彙編 9.1472

現藏　日本奈良天理參考館

拓片　彙編

1676　戈父癸鼎

字數　3

時代　殷

著録　三代 2.30.6

積古 1.3　擴古 1.2.1　奇觚 16.1

拓片　三代

備注　«積古»等三書著録的字形與«三代»稍有區别，且«擴古»有器銘、蓋銘，它們與«三代»是否一器，尚無法判别，今暫以一器計。

1677　[illegible]父癸方鼎

字數　3

時代　殷

著録　三代 2.30.4

殷存上 5.1　小校 2.21.3

流傳　丁麟年舊藏(羅表)

拓片　考古研究所藏

1678　弓父癸鼎

字數　3

時代　西周早期

著録　三代 2.30.5

貞松 2.16.2　善齋 2.29　續殷上 17.4　小校 2.21.2

流傳　劉體智舊藏

拓片　考古研究所藏

1679　酉父癸鼎

字數　3

時代　殷

著録　三代 2.29.5

西乙 1.13　寶蘊 19　貞松 2.16.3　續殷上 16.8

流傳　瀋陽故宫舊藏

拓片　考古研究所藏

1680　[illegible]父癸方鼎(尊父癸鼎、酉父癸鼎)

字數　3

時代　殷

著録　三代 2.29.6

夢郼續 3　殷存上 4.12　小校 2.20.6　山東存附 17.7

流傳　李佐賢、丁樹楨、羅振玉舊藏(石泉書屋藏器目、羅表)

現藏　瑞典斯德哥爾摩遠東古物館

拓片　考古研究所藏

1681　皿父癸鼎(皿父癸鼎)

字數　3

時代　殷

著録　三代 2.30.1

貞續上 16.1　續殷上 17.3　善齋 2.28　小校 2.21.1　故圖下下 42　彙編 9.1619

流傳　劉體智舊藏

現藏　臺灣省“中央博物院”

拓片　三代

1682　黿父癸鼎

字數　3

時代　殷

著録　綴遺 3.3

拓片　綴遺

1683　黿父癸鼎

字數　3

時代　殷

著録　三代 2.39.7

西甲 1.3

流傳　頤和園舊藏

現藏　故宫博物院

拓片　考古研究所拓

1684　黿父癸方鼎

字數　3

時代　西周早期

著録　三代 2.39.8

西乙 1.2　寶蘊 16　貞松 2.21.4　續殷上 20.2　故圖下下 44

流傳　瀋陽故宫舊藏

現藏　臺灣省“中央博物院”

拓片　考古研究所藏

1685　鳥父癸鼎

字數　3

時代　殷

著録　三代 2.29.4

貞松 2.16.1　續殷上 16.7

流傳　蕭山陸氏慎齋舊藏(貞松)

現藏　故宫博物院

拓片　考古研究所拓

1686　魚父癸方鼎

字數　3

時代　西周早期

著録　三代 2.29.3

長安 1.2　攈古 1.2.1　綴遺 5.15

流傳　劉喜海、許閣舊藏(羅表)

拓片　三代

1687　[illegible]父癸鼎

字數　3

時代　殷

著録　西清 3.10

流傳　清宫舊藏

現藏　故宫博物院

拓片　考古研究所拓

1688　𦥑父癸鼎（周瞿鼎）

字數　3

時代　殷

著録　西甲 2.20

流傳　清宫舊藏

拓片　西甲

1689　𦥑父癸鼎（商瞿鼎）

字數　3

時代　殷

著録　三代 2.30.2
　　西甲 2.19　貞續上 15.3　續殷上 17.1　故圖下上 25

流傳　清宫舊藏

現藏　臺灣省"故宫博物院"

拓片　考古研究所藏

1690　𦥑父癸鼎

字數　3

時代　西周早期

著録　三代 2.30.3
　　貞續上 15.4　續殷上 17.2　故宫 22 期　故圖下上 26

流傳　清宫舊藏

現藏　臺灣省"故宫博物院"

拓片　考古研究所藏

備注　第一字爲𦥑字省寫

1691　目父癸鼎

字數　3

時代　西周早期

著録　未見

出土　陝西寶鷄市博物館墓葬（M7：2）

現藏　寶鷄市博物館

拓片　寶鷄市博物館提供

備注　目字異于通常寫法

1692　衔父癸鼎

字數　3

時代　殷或西周早期

著録　盧目（1940）15 圖版六　美集録 R197　彙編 9.1412

流傳　盧芹齋舊藏

現藏　美國紐約某氏（彙編）

拓片　陳邦懷先生藏

備注　《美集録》與《彙編》拓本字體肥瘦略異第一字爲徙字

1693　串父癸鼎

字數　3

時代　殷

著録　三代2.29.7
　　西乙 1.32　寶蘊 7　貞松 2.16.4　續殷上16.6

流傳　瀋陽故宫舊藏

拓片　考古研究所藏

1694　父癸巛鼎

字數　3

時代　殷

著録　未見

出土　湖北江陵縣五三農場出土

現藏　荆州地區博物館

拓片　考古研究所拓

備注　第三字似可隸定爲川或巛

1695　𢦏父癸鼎（成父癸鼎）

字數　3

時代　殷

著録　博古 1.26　薛氏 9.5　復齋 5　嘯堂 4.1
　　積古 1.5　攈古 1.2.1

拓片　嘯堂

備注　《積古》以後諸書皆據宋本摹翻

1696　宀父一鼎

字數　3

時代　西周中期

著録　三代 2.23.8

　　　貞補上 5.2　賸稿 3

出土　河南洛陽(賸稿)

現藏　河南省博物館

拓片　三代

備注　父下一字或釋戊，或釋甲，銘泐僅剩一形，不能確釋

1697　子父[illegible]鼎

字數　3

時代　殷或西周中期

著録　博古 3.33　薛氏 78.4　嘯堂 18.4

拓片　嘯堂

1698　[illegible]戈父鼎

字數　3

時代　殷

著録　湖南省博物館 12

流傳　1974 年從長沙市廢銅倉庫收集

現藏　湖南省博物館

拓片　湖南省博物館提供

備注　第一字疑爲責字

1699　鄉乙宁鼎

字數　3

時代　殷

著録　日精華 3.178　彙編 8.1298

現藏　日本箱根美術館(彙編)

拓片　彙編

1700　鄉宁癸方鼎

字數　3

時代　殷

著録　彙編 8.1300

現藏　美國紐約某氏

拓片　彙編

1701　鄉癸宁鼎

字數　3

時代　殷

著録　彙編 8.1301

現藏　澳大利亞墨爾本國立維多利亞博物館

拓片　彙編

1702　乙■車方鼎

字數　3

時代　殷

著録　美集録 R157

流傳　美國紐約Komor 氏舊藏

現藏　美國紐約梅益氏

拓片　考古研究所藏

1703　亞乙丁鼎

字數　3

時代　殷或西周早期

著録　貞松 2.10.2　小校 2.11.6

流傳　劉體智舊藏

拓片　小校

備注　«貞松»和«小校»的拓本方向相反

1704　甫母丁鼎

字數　3

時代　西周早期

著録　三代 2.31.4

　　　十二契 18　續殷上 17.9

流傳　商承祚舊藏

拓片　考古研究所藏

1705　作[illegible]鼎

字數　3

時代　殷或西周早期
著録　續殷上 18.3
拓片　考古研究所藏
備注　容庚《金文編》881 頁曾録用此器，或以爲僞，
因無器形可參考，無法判别，暫收於此

1706　司母戊方鼎
字數　3
時代　殷
著録　録遺 50　學報　第七册圖版 43
出土　1939年河南安陽武官村
流傳　南京博物院舊藏
現藏　中國歷史博物館
拓片　考古研究所藏

1707　司母辛方鼎
字數　3
時代　殷
著録　婦好墓 37 頁圖 25.1
出土　1976 年春安陽殷墟 5 號墓（M5：789）
現藏　考古研究所安陽工作站
拓片　考古研究所拓

1708　司母辛方鼎
字數　3
時代　殷
著録　學報 1977 年 2 期 63 頁圖 4.3　考古 1977 年
3 期153 頁圖 3.2　婦好墓 37 頁圖 25.2
出土　1976 年春安陽殷墟 5 號墓（M5：809）
現藏　考古研究所借陳中國歷史博物館
拓片　考古研究所拓

1709　[illegible]婦妊鼎
字數　3
時代　殷或西周早期
著録　西清 3.6
流傳　清宫舊藏
拓片　西清
備注　第二字從字形看，應爲妹，有可能是婦字摹誤

1710　婦姘告鼎
字數　3
時代　殷
著録　巖窟上 7
出土　1940 年河南安陽出土
流傳　梁上椿舊藏
拓片　巖窟
備注　出土兩器，同形同銘，著録者一器

1711　奄帚方鼎
字數　3
時代　殷
著録　録遺 57　美集録 R87　布倫戴奇（1977）圖 36
彙編8.1169
現藏　美國舊金山亞洲美術博物館布倫戴奇藏品
拓片　考古研究所藏

1712　宰女彝鼎
字數　3
時代　西周早期
著録　未見
拓片　考古研究所藏
備注　《西甲》2.4 爲與此同銘之鼎，但字劃欠佳

1713　舟册婦鼎
字數　3
時代　殷
著録　未見
拓片　陳邦懷先生藏
備注　殷墟卜辭有[illegible]字，[illegible]有可能是此字繁文，但
也可能是舟册二字繁文，今暫取舟册二字説，
全銘以三字計。

1714　中婦鼎

字數　3

時代　西周早期

著録　三代 2.31.7

攈古 2.14　窸齋 6.16　恒軒上 6　綴遺 3.8

續殷上 17.11　小校 2.22.5　美集録 R262

彙編 7.881

流傳　潘祖蔭、盧芹齋舊藏

現藏　美國紐約某處

拓片　考古研究所藏移林館金文拓本

1715　子[illegible]鼎

字數　3

時代　殷

著録　三代 2.32.6

拓片　三代

1716　子[illegible]鼎

字數　3

時代　殷

著録　三代 2.32.5

鄴二 1.5　美集録 R113　彙編 8.1207

現藏　美國紐約大都會美術博物館(彙編)

拓片　考古研究所藏

1717　子雨己鼎

字數　3

時代　殷

著録　三代 2.31.5

貞補上 6　小校 2.23.8　美集録 R116

流傳　劉體智舊藏(貞補)

現藏　美國紐約穆爾氏

拓片　三代

備注　«美集録»與«三代»拓本字體肥瘦略異

1718　屰子干鼎

字數　3

時代　殷

著録　未見

拓片　陳邦懷先生藏

備注　第三字從陳邦懷先生釋干。殷墟卜辭單字有作此形者

1719　北子鼎

字數　3

時代　西周中期

著録　文物 1963 年 2 期 54 頁　考古 1963 年 4 期 224 頁

出土　1961 年湖北江陵縣萬城西周墓葬(考古)

現藏　湖北省博物館

拓片　考古編輯部檔案

備注　«文物»以爲 1962 年出土

1720　伯作鼎

字數　3

時代　西周早期或中期

著録　文物1986年 1 期11 頁圖17

出土　1981 年陝西長安縣花園村 17 號墓

現藏　陝西省文物管理委員會

拓片　陝西省文物管理委員會提供

1721　伯作鼎

字數　3

時代　西周中期

著録　貞續上 16　希古 2.2　美集録 R384　弗里爾(67)188 頁　彙編 7.882

現藏　美國華盛頓弗里爾美術陳列館

拓片　考古研究所藏

1722　伯作鼎

字數　3

時代　西周早期

著録　考古與文物1980年1期15頁圖5.1

出土　1971年寶鷄市茹家莊橋樑廠西周墓葬

陝青4.33

現藏　寶鷄市博物館

拓片　寶鷄市博物館提供

1723　伯作鼎

字數　3

時代　西周早期

著録　未見

拓片　考古研究所藏

1724　伯作鼎

字數　3

時代　西周早期

著録　未見

現藏　故宫博物院

拓片　考古研究所拓

1725　伯作寶鼎

字數　3

時代　西周早期

著録　陝青3.48

出土　1972年陝西扶風縣劉家村豐姬墓

現藏　陝西省博物館

拓片　陳邦懷先生藏

1726　伯作鬻鼎

字數　3

時代　西周早期

著録　薛氏79.3

拓片　薛氏

備注　鬻字上部作般形，如系般字，則全銘應爲四字，然般鼎之稱未見，此字可能是鬻之摹誤

1727　伯作彝鼎

字數　3

時代　西周早期

著録　攈古1.2.2

流傳　吕堯仙舊藏(攈古録)

拓片　攈古

1728　伯作彝鼎(伯鼎)

字數　3

時代　西周早期

著録　三代2.33.5

攈古1.2.3　愙齋6.18.1　奇觚1.4.2　周金2.66.2　簠齋1鼎11　小校2.22.8

流傳　陳介祺舊藏

拓片　考古研究所藏

備注　吴大澂云:“疑刻文非鑄文，當亦晚周之器”(«愙賸»)。因原器未見,無由驗證吴説

1729　伯作彝鼎

字數　3

時代　西周早期

著録　未見

出土　陝西寶鷄市竹園溝墓葬(M4：10)

現藏　寶鷄市博物館

拓片　寶鷄市博物館提供

1730　伯旅鼎

字數　3

時代　西周早期

著録　三代2.33.6

貞松2.17　希古2.2

流傳　羅振玉舊藏

拓片　三代

1731　仲作齋鼎

字數　3

時代　西周早期

著録　三代 2.34.7
拓片　三代

1732　叔作寶鼎
字數　3
時代　西周早期
著録　美集録 R383　彙編 7.878
現藏　美國哈佛大學福格美術博物館
拓片　考古研究所藏

1733　亣叔鼎
字數　3
時代　西周早期
著録　考古 1976 年 1 期 42 頁圖 5.1
出土　1972年甘肅靈臺縣姚家河西周墓葬
現藏　甘肅省博物館
拓片　考古編輯部檔案

1734　成王方鼎
字數　3
時代　西周早期
著録　綴遺 4.1.2 小校 2.21.6 盧氏(1940)30 美集録 R370 周金 2 補 8 銅玉圖 71i 彙編 7.875
流傳　沈秉成、盧芹齋舊藏(美集録)
現藏　美國堪薩斯納爾遜美術陳列館
拓片　陳邦懷先生藏
備注　于省吾先生對此銘文曾致疑

1735　大保方鼎
字數　3
時代　西周早期
著録　三代 2.32.4
擄古 1.2.5　愙齋 7.6.1　綴遺 4.2.1　奇觚 1.14.1　敬吾下 51.3
5　小校 2.21.7　斷代(二)圖版拾弍(三)86
文物 1959 年 11 期 59頁
出土　山東壽張縣所出梁山七器之一
流傳　鍾養田、張筱農、李山農舊藏(擄古録、奇觚、綴遺)、鍾、李、丁彦臣、端方(斷代<二>)
現藏　天津市藝術博物館
拓片　考古研究所藏
備注　《愙齋》誤作敦,《敬吾》誤作鬲

1736　口史己鼎
字數　3
時代　殷
著録　未見
流傳　德人楊寧史舊藏
現藏　故宫博物院
拓片　考古研究所拓
備注　史上一字作梯形

1737　册[illegible]宅鼎
字數　3
時代　殷
著録　未見
拓片　唐蘭先生藏

1738　左癸敉鼎
字數　3
時代　殷
著録　巖窟上 5
出土　河南安陽
流傳　梁上椿舊藏
拓片　巖窟

1739　又癸敉鼎
字數　3
時代　殷
著録　出光(十五周年)394 頁 3
現藏　日本東京出光美術館
拓片　出光美術館提供

1740　亞受方鼎

字數　3

時代　殷

著録　三代 2.32.7

貞松 2.19.3　武英 1　續殷上 18.2　小校 2.25.1　故圖下下 20

流傳　承德避暑山莊舊藏

現藏　臺灣省“中央博物院”

拓片　考古研究所藏

1741　亞魚鼎

字數　3

時代　殷

著録　三代 2.13.8

續殷上 10.1

拓片　考古研究所藏

1742　亞憂鼎(亞形鹿鼎、亞夋鼎)

字數　3

時代　西周早期

著録　三代 2.15.5

綴遺 5.17.1　貞松 2.10.1　小校 2.6.8　續殷上 9.12

流傳　丁樹楨舊藏(貞松)

現藏　故宫博物院

拓片　考古研究所拓

備注　憂或當釋夓

1743　亞豈鼎

字數　3

時代　西周早期

著録　三代 2.15.2

十二契 7—8　續殷上 10.7

流傳　商承祚舊藏

拓片　陳邦懷先生藏

1744　亞豈鼎

字數　3

時代　西周早期

著録　三代 2.15.3

十二契 6—7　續殷上 10.6

流傳　商承祚舊藏

拓片　陳邦懷先生藏

1745　亞員矦鼎

字數　3

時代　西周早期

著録　未見

拓片　陳邦懷先生藏

1746　亞矦辛方鼎

字數　3

時代　西周早期

著録　三代 2.15.6

陶續 1.15　續殷上 10.8　彙編 8.1042

流傳　端方舊藏

現藏　美國堪薩斯納爾遜美術陳列館

拓片　三代

1747　北單戈鼎

字數　3

時代　殷

著録　日精華 3.179　彙編 8.1310

現藏　日本奈良寧樂美術館

拓片　彙編

1748　北單戈鼎

字數　3

時代　殷

著録　日精華 3.193　彙編 8.1312

現藏　日本京都藤井有鄰館

拓片　彙編

1749　北單戈鼎

字數　3

時代　殷

著録　布倫戴奇(1977年)圖 4

現藏　美國舊金山亞洲美術博物館布倫戴奇藏品

拓片　布倫戴奇

1750　北單戈鼎

字數　3

時代　殷

著録　未見

現藏　故宫博物院

拓片　考古研究所拓

1751　貞鼎(員鼎)

字數　3

時代　西周中期

著録　三代 2.33.1

貞松 2.19.1　善齋 2.30　小校 2.22.2

流傳　劉體智舊藏

拓片　考古研究所藏

1752　+𦖞鼎

字數　3

時代　殷

著録　三代 2.16.2—3

十二貯 3—4　續殷上 11.7

出土　安陽(通考)

流傳　王辰舊藏

拓片　考古研究所藏

1753　䜌鼎

字數　3(器蓋同銘)

時代　西周早期

著録　綜覽一圖版鼎 198

現藏　美國紐約薩克勒氏

拓片　陳邦懷先生藏

1754　䜌鼎

字數　3

時代　西周早期

著録　三代 2.33.3

貞松 2.19.2　貞續上 16.3

拓片　陳邦懷先生藏

1755　䜌鼎

字數　3

時代　西周早期

著録　三代 2.33.4

貞續上 16.2

拓片　三代

備注　《三代》2.33.3—4 分爲二器，然據《綜覽》之器看，器蓋同銘，故 1754、1755 有可能是一器之二拓，未見器形，暫分爲二器

1756　𢽜亍方鼎

字數　3

時代　西周早期

著録　三代 2.17.1

奇觚 6.4.1　小校 2.11.2　寶鼎 104 頁

彙編 9.1567

流傳　潘祖蔭舊藏(羅表)

現藏　荷蘭萬孝臣氏

拓片　陳邦懷先生藏

備注　《奇觚》誤作卣

1757　者◇鼎

字數　3

時代　西周早期

著録　未見

現藏　上海博物館

拓片　上海博物館提供

備注　以數字組成的重卦符號按一字計

1758　亞㐬丁鼎

字數　3

時代　殷

著録　録遺 53　美集録 R129　布倫戴奇(1977年)

　　圖 2　彙編 8.1050

流傳　盧芹齋舊藏

現藏　美國舊金山亞洲美術博物館布倫戴奇藏品

　　(彙編)

拓片　録遺

備注　第二字疑爲㐬字

1759　止亞方鼎

字數　3

時代　西周早期

著録　三代 2.16.10

　　憲齋 3.4.2　殷存上 3.2　小校 2.11.7

流傳　李山農舊藏(憲齋)

現藏　故宫博物院

拓片　考古研究所拓

備注　第一字似可釋爲𨑒字

1760　力鼎

字數　3

時代　殷

著録　鄴三上 11　録遺 51　綜覽一圖版鼎 70

出土　傳河南安陽出土

現藏　瑞典某氏

拓片　唐蘭先生藏

1761　册戈鼎

字數　3

時代　西周晚期

著録　考古 1983 年 3 期 218 頁圖 2.4

出土　1982 年陝西長安縣灃西新旺村窖藏

現藏　考古研究所西安研究室

拓片　考古研究所拓

1762　齒見册鼎

字數　3

時代　殷

著録　未見

現藏　故宫博物院

拓片　考古研究所拓

備注　此器銘或可釋爲視齒册,現暫據«録遺»213 隸

　　定爲齒見册三字。同銘者尚有尊、罍等

1763　耳秉冊鼎

字數　3

時代　殷

著録　博古 1.30　薛氏 11.2　復齋 25　嘯堂 4

　　積古 1.6　攈古 1.1.22

拓片　嘯堂

備注　«積古»、«攈古»據«復齋»摹入。第三字即川字

1764　秉中戊鼎(秉中戊形鼎)

字數　3

時代　殷

著録　綴遺 5.24.1

現藏　上海博物館

拓片　上海博物館提供

備注　第二字爲川,第三字似爲戊字

1765　凵冈鼎

字數　3

時代　殷或西周早期

著録　三代 2.32.2

拓片　考古研究所藏

1766　月魚鼎

字數　3

時代　西周早期或中期

著録　博古 1.37—38　薛氏 9.6　嘯堂 5.2

拓片　嘯堂

1767　𢀖作尊方鼎

字數　3

時代　西周早期

著録　文物 1972 年 12 期 8 頁圖 15　學報 1977 年 2 期 108 頁圖 8.13

出土　1967 年甘肅靈臺縣白草坡西周墓葬

現藏　甘肅省博物館

拓片　考古編輯部檔案

1768　𤞷𦘴方鼎(𤞷𦘴方鼎、揚𦘴方鼎)

字數　3

時代　西周早期

著録　三代 2.31.6

長安 1.3　攈古 1.2.6　敬吾上 28.3　周金 2.66.1　小校 2.22.3

出土　道光年間得於長安

流傳　劉喜海舊藏

現藏　上海博物館

拓片　考古研究所藏

1769　尚方鼎(冋鼎、尚鼒)

字數　3

時代　西周早期

著録　筠清 4.23.2　古文審 2.15　從古 8.8　攈古 1.2.2　敬吾上 28　周金 2.65　小校 2.22.1

流傳　瞿世瑛、李國松舊藏(攈古録、小校)

拓片　陳邦懷先生藏

1770　羞鼎

字數　3

時代　西周中期

著録　三代 2.32.8

西乙 1.33　貞松 2.17.3　寶蘊 30　故圖下下 77

流傳　瀋陽故宫舊藏

現藏　臺灣省“中央博物院”

拓片　考古研究所藏

1771　𨏒鼎(車鼎)

字數　3

時代　西周

著録　西甲 1.41　録遺 60

流傳　頤和園舊藏

現藏　故宫博物院

拓片　考古研究所藏

1772　㣇作旅鼎

字數　3

時代　西周早期

著録　未見

現藏　故宫博物院

拓片　考古研究所拓

1773　作旅鼎

字數　3

時代　西周中期

著録　三代 2.33.7

求古上 19　綴遺 3.17

流傳　陳經舊藏

拓片　陳邦懷先生藏

1774　作旅鼎

字數　3

時代　西周中期

著録　三代 2.33.8

愙齋 6.17　綴遺 3.17　小校 2.23.4

拓片　考古研究所藏

1775　作旅鼎

字數　3

時代　西周中期

著録　三代 2.34.1

擦古 1.2.51　綴遺 3.16　小校 2.23.3

流傳　洪小䈭舊藏(擦古録)

拓片　三代

1776　口作旅鼎

字數　3

時代　西周早期

著録　三代 2.34.8

拓片　三代

備注　首字不清,有可能是伯字

1777　作旅鼎

字數　3

時代　西周中期

著録　文物 1979 年 11 期 3 頁圖 4.1　陝青 3.16

出土　陝西扶風縣齊家村 19 號墓(M19: 27)

現藏　陝西周原扶風文管理所

拓片　陝西周原扶風文物管理所提供

1778　作旅鼎

字數　3

時代　西周中期

著録　陝青 3.17

出土　陝西扶風縣齊家村 19 號墓(M19: 28)

現藏　陝西周原扶風文物管理所

拓片　陝西周原扶風文物管理所提供

1779　作寶鼎

字數　3

時代　西周早期

著録　三代 2.34.3

貞松 2.18.1　希古 2.1.3

流傳　丁筱農舊藏(羅表)

拓片　陳邦懷先生藏

1780　作寶鼎

字數　3

時代　西周早期

著録　三代 2.34.4

貞松 2.18.2　希古 2.1.4

拓片　陳邦懷先生藏

1781　作寶鼎

字數　3

時代　西周早期

著録　三代 2.34.5

貞松 2.18.3　希古 2.1.5

流傳　劉鶚舊藏(貞松)

現藏　故宫博物院

拓片　考古研究所拓

1782　作寶鼎

字數　3

時代　西周中期

著録　恒軒上 20　小校 2.23.1　周金 2 補 22.2

流傳　吴大澂舊藏

拓片　陳邦懷先生藏

1783　作寶鼎

字數　3

時代　西周中期

著録　三代 2.34.6

頌齋 3　貞續上 17.1　希古 2.2.1　小校 2.23.2　故圖下下 71

出土　山西長子縣(頌齋)

流傳　容庚舊藏

現藏　臺灣省"中央博物院"

拓片　考古研究所藏

1784　作寶鼎

字數　3

時代　西周

著録　彙編 7.876

現藏　美國紐約某氏

拓片　彙編

1785　作寶鼎

字數　3

時代　西周早期

著録　未見

現藏　故宫博物院

拓片　考古研究所拓

1786　作寶鼎

字數　3

時代　西周中期

著録　陜圖 28　五省圖版叁拾 1　學報 1957 年 1 期 79 頁圖 2.2圖版叁 1

出土　陜西長安縣斗門鎮墓葬

現藏　陜西省博物館？

拓片　考古學報編輯部

1787　作寶鼎

字數　3

時代　西周中期

著録　未見

現藏　瑞典斯德哥爾摩遠東古物館

拓片　考古研究所藏

1788　作旅彝鼎

字數　3

時代　西周中期

著録　未見

拓片　考古研究所藏

1789　作旅彝鼎

字數　3

時代　西周中期

著録　三代 2.33.2

拓片　陳邦懷先生藏

1790　作旅寶鼎

字數　3

時代　西周中期

著録　三代 2.34.2
　　　貞松 2.18.4　善齋 2.31　小校 2.23.5

流傳　劉鶚、劉體智舊藏（羅表）

拓片　考古研究所藏

1791　作寶彝方鼎

字數　3

時代　西周中期

著録　陜青4.42

出土　1974 年陜西寶鷄市茹家莊 1 號墓乙（M 1 乙：16）

現藏　寶鷄市博物館

拓片　寶鷄市博物館提供

1792　作寶彝鼎

字數　3

時代　西周早期

著録　學報 1980 年 4 期 468 頁圖 16.8

出土　1967 年陜西長安縣張家坡西周 87 號墓（M 87：1）

現藏　考古研究所

拓片　考古研究所拓

1793　作寶彝方鼎

字數　3
時代　西周早期
著録　未見
現藏　故宫博物院
拓片　考古研究所拓
備注　此器有可能是1929年寶鷄祀鷄臺出土銅器之一，參«右輔瓌寶留珍»

1794　作寶鼎方鼎
字數　3(器蓋同銘)
時代　西周早期
著録　未見
現藏　故宫博物院
拓片　考古研究所拓

1795　作寶彝鼎
字數　3
時代　西周早期
著録　未見
拓片　考古研究所藏

1796　作寶彝鼎
字數　3
時代　西周早期
著録　未見
拓片　陳邦懷先生藏

1797　作从彝方鼎
字數　3
時代　西周早期
著録　未見
現藏　上海博物館
拓片　上海博物館提供
備注　器形未見著録，爲方鼎

1798　子𡆥氏鼎
字數　3
時代　戰國
著録　巖窟上10
出土　1942年春安徽壽縣出土
流傳　梁上椿舊藏
拓片　巖窟

1799　𡭊鼎蓋(掌鼎蓋)
字數　3
時代　戰國
著録　三代2.35.1
貞續上17
現藏　故宫博物院
拓片　考古研究所拓

1800　長畣鼎
字數　3
時代　戰國晚期
著録　美集録R435（P）　彙編7.883
現藏　美國西雅圖美術博物館
拓片　考古研究所藏
備注　畣字爲會字古文

1801　右𡋲刃鼎
字數　3
時代　戰國
著録　楚展68　湖南考古輯刊一圖版拾肆10—11
出土　解放前湖南長沙出土
現藏　湖南省博物館
拓片　湖南省博物館提供
備注　鼎蓋近環處、鼎蓋内面、鼎内各刻同銘三字

1802　𣲙頣官鼎
字數　3(器蓋同銘)
時代　戰國晚期
著録　未見

現藏　故宫博物院

拓片　考古研究所拓

備注　第二字爲夏字

1803　客豊愆鼎

字數　3

時代　戰國晚期

著録　三代 2.35.3

　　　小校 2.24.2　楚録 8

出土　1933 年安徽壽縣朱家集

現藏　安徽省博物館

拓片　三代

備注　或以爲«三代»2.35.3 與 2.36.1 爲一器，器蓋同銘。第三字上部左右從二阜，或可隸定爲隊

1804　客豊愆鼎

字數　3

時代　戰國晚期

著録　三代 2.35.2

　　　小校 2.24.1　安徽金石 1.7.3

出土　1933 年安徽壽縣朱家集

流傳　安徽省立圖書館舊藏（安徽金石）

現藏　安徽省博物館

拓片　三代

1805　客豊愆鼎

字數　3

時代　戰國晚期

著録　三代 2.35.4

　　　小校 2.24.3　安徽金石 1.7.2

出土　1933年安徽壽縣朱家集

流傳　安徽省立圖書館舊藏（安徽金石）

現藏　安徽省博物館

拓片　三代

1806　客豊愆鼎

字數　3

時代　戰國晚期

著録　三代 2.36.1

　　　小校 2.24.4

出土　1933 年安徽壽縣朱家集

拓片　三代

備注　或以爲«三代»2.35.3 與 2.36.1 爲一器，器蓋同銘

1807　集脰鼎（大子鼎）

字數　3

時代　戰國晚期

著録　楚録 9

出土　1933年安徽壽縣朱家集

現藏　安徽省博物館

拓片　安徽省博物館提供

備注　現器上有大子二字，係後刻，故未録

1808　四分鼎

字數　存 3

時代　戰國晚期

著録　三代 2.36.2

　　　武英 33　小校 2.36.8

流傳　承德避暑山莊舊藏

拓片　考古研究所藏

1809　秉父辛鼎

字數　存 3

時代　西周早期

著録　未見

出土　陝西寶鷄市竹園溝西周墓葬（M13：18）

現藏　寶鷄市博物館

拓片　寶鷄市博物館提供

備注　第二字殘泐不清，秉或釋禾

1810 文方鼎
字數 存 3
時代 西周早期
著録 三代 2.36.4
貞松 2.25 武英 8 小校 2.30.7 藝展10
故圖下下 47
流傳 承德避暑山莊舊藏(貞松)
現藏 臺灣省“中央博物院”
拓片 考古研究所藏

1811 王且甲方鼎(雙獸形王且甲鼎)
字數 4
時代 西周早期
著録 三代 2.46.3
陶齋 1.23 續殷上 11.9 小校 2.12.3 美集録R241
流傳 端方舊藏
拓片 考古研究所藏

1812 [illegible]作且丁鼎
字數 4
時代 殷或西周早期
著録 未見
現藏 上海博物館
拓片 上海博物館提供

1813 且丁癸口鼎
字數 4
時代 殷
著録 三代 2.36.5
小校 2.38.3 貞續上 17.3
拓片 陳邦懷先生藏

1814 [illegible]作且戊鼎
字數 4
時代 西周早期
著録 三代 2.36.6
貞松 2.19 善齋 2.33 續殷上 18.4 小校 2.25.2 善彝 26 頌續 4
流傳 劉體智舊藏
拓片 考古研究所藏

1815 且己父癸鼎
字數 4
時代 殷或西周早期
著録 三代 2.37.1
綴遺 3.1 貞續上 17.4
現藏 故宫博物院
拓片 考古研究所拓

1816 目目亞且癸鼎
字數 4
時代 殷或西周早期
著録 三代 2.37.2
貞松 2.20 續殷上 18.5 貞圖上 10
流傳 羅振玉舊藏
拓片 考古研究所藏

1817 亞鳥父甲鼎
字數 4
時代 殷
著録 攈古 1.2.49 綴遺 5.17
拓片 攈古

1818 亞[illegible]父乙鼎
字數 4
時代 殷
著録 美集録 R152 柏景寒 147 頁
現藏 美國芝加哥美術館
拓片 考古研究所藏

1819 亞醜父乙鼎

字數　4

時代　殷

著録　三代 2.20.2

　　西清 1.5　貞續上 13.2　故圖下上 18

流傳　清宫舊藏

現藏　臺灣省"故宫博物院"

拓片　考古研究所藏

備注　«故圖»云：父乙二字疑僞

1820　亞獻父乙鼎

字數　4

時代　殷

著録　未見

現藏　故宫博物院

拓片　考古研究所拓

1821　𠬝册父乙方鼎

字數　4

時代　殷

著録　三代 2.47.5

　　十六1.1　積古1.3　從古10.9　攈古1.3.39

流傳　阮元舊藏(積古)

拓本　考古研究所藏猗文閣拓本

備注　第一字爲扶字。«羅表»在五字册册父乙方鼎下誤將«兩罍»、«憲齋»及«奇觚»之僞器收作一器

1822　天册父乙鼎

字數　4

時代　殷或西周早期

著録　未見

現藏　故宫博物院

拓片　考古研究所拓

1823　𠛱父乙鼎(𩿧刀父乙鼎)

字數　4

時代　殷或西周早期

著録　三代 2.19.7

　　憲齋 3.10.1　綴遺 5.28.1　續殷上 12.7

　　小校 2.13.7

流傳　徐子静舊藏(憲齋)

拓片　考古研究所藏

1824　鄉宁父乙方鼎

字數　4

時代　殷

著録　鄴三 1.14　美集録 R36　中國圖符 15.16

　　録遺 54

出土　傳出安陽

現藏　美國紐約凡特畢爾特夫人處(美集録)

拓片　考古研究所藏

1825　矢宁父乙方鼎

字數　4

時代　殷

著録　基建圖版五五　陝圖 1　陝青 1.15

出土　陝西岐山縣禮村

現藏　中國歷史博物館

拓片　陝青

1826　子刀父乙方鼎

字數　4

時代　殷

著録　攈古 1.2.45　綴遺 5.29

流傳　韓崇舊藏(攈古録)

拓片　攈古

1827　子口父乙鼎

字數　4

時代　西周

著録　未見

現藏　上海博物館

拓片　上海博物館提供

備注　第二字僅可見下部之皿，上部已泐

1828　子[illegible]父乙鼎

字數　4

時代　殷

著録　未見

現藏　清華大學圖書館

拓片　考古研究所拓

1829　[illegible]父乙乙鼎

字數　4

時代　殷

著録　三代 2.38.1

奇觚 1.6　小校 2.25.4

流傳　潘祖蔭舊藏(小校)

拓片　考古研究所藏

1830　[illegible][illegible]父丁鼎

字數　4

時代　殷或西周早期

著録　三代 2.37.8

續殷上 18.10

拓片　考古研究所藏

1831　[illegible][illegible]父乙鼎

字數　4

時代　殷或西周早期

著録　西清 3.5　頌續 1

流傳　清宫舊藏，後歸容庚

現藏　廣州市博物館

拓片　陳邦懷先生藏

1832　冂作父乙鼎

字數　4

時代　西周早期

著録　未見

拓片　考古研究所藏

1833　父乙爻口鼎

字數　4

時代　殷或西周早期

著録　西清 1.4

流傳　清宫舊藏

拓片　西清

備注　第四字應爲[illegible]字之摹誤

1834　耳衡父乙鼎

字數　4

時代　殷

著録　三代 2.47.1

貞續上 18　美集録 R190　布倫戴奇(1977)

圖 6

流傳　美國紐約辛科維奇舊藏

現藏　美國舊金山亞洲美術博物館布倫戴奇藏品

拓片　考古研究所藏

1835　耳衡父乙鼎

字數　4

時代　殷

著録　三代 2.47.3

拓片　三代

1836　宁羊父丙鼎

字數　4

時代　西周早期

著録　未見

出土　北京房山縣琉璃河253號墓

現藏　首都博物館

拓片　考古研究所拓

1837　亞[illegible]父丙方鼎

字數　4

時代　殷

著録　西拾 2

流傳　頤和園舊藏

拓片　西拾

1838　𡧊父丁鼎

字數　4

時代　殷

著録　未見

拓片　唐蘭先生藏

1839　亞䰜父丁方鼎

字數　4

時代　殷

著録　三代 2.23.5

　　　窓齋3.5　奇觚1.7　殷存上3.7　小校2.16.5

流傳　潘祖蔭舊藏(奇觚)

現藏　故宫博物院

拓片　考古研究所拓

備注　銘文曾有致疑者

1840　亞䰜父丁方鼎

字數　4

時代　殷

著録　三代 2.23.6

　　　殷存上 3.8　善齋3.3　小校2.16.6　善彝40

流傳　劉體智舊藏

拓片　考古研究所藏

1841　亞獏父丁鼎

字數　4

時代　殷

著録　美集録 R146e

流傳　美國盧芹齋舊藏

拓片　考古研究所藏

1842　亞獏父丁鼎

字數　4

時代　殷

著録　三代 2.38.5

　　　綴遺 5.18　夢郼 續 4　續殷上 19.4　小校 2.16.7

流傳　丁樹楨、羅振玉舊藏(羅表)

拓片　考古研究所藏

1843　亞獏父丁鼎

字數　4

時代　殷

著録　彙編 8.994　高本漢(1958)38 頁圖 1

現藏　瑞典韋森氏?

拓片　彙編

1844　亞獏父丁鼎

字數　4

時代　殷

著録　三代 2.38.6

　　　續殷上 19.3　鏡齋 1 頁 3

出土　傳安陽出土

拓片　考古研究所藏

1845　亞犬父丁方鼎

字數　4

時代　殷

著録　博古 1.17　薛氏 10.1　嘯堂 1

拓片　嘯堂

1846　亞旃父丁鼎

字數　4

時代　殷

著録　美集録 R148　中國圖符 9

流傳　美國盧芹齋舊藏

拓片　考古研究所藏

1847　亞西父丁鼎

字數　4

時代　殷

著録　彙編 8.1078

現藏　美國紐約某氏處

拓片　彙編

1848　亞豈父丁鼎

字數　4

時代　西周早期

著録　三代 14.43.11

貞松 9.19.4　小校 2.26.3

拓片　三代

備注　《三代》、《貞松》作觶，《小校》稱鼎，今從《小校》

1849　田告父丁鼎

字數　4

時代　殷或西周早期

著録　未見

現藏　上海博物館

拓片　上海博物館提供

1850　子羊父丁鼎

字數　4

時代　殷

著録　三代 2.38.4

拓片　三代

1851　㝐母父丁方鼎

字數　4

時代　殷

著録　三代 2.38.2

愙齋 3.14　綴遺 3.9　奇觚 1.7　敬吾上 1

殷存上 5.7　小校 2.26.2

流傳　朱爲弼、潘祖蔭舊藏(綴遺)

拓片　考古研究所藏

備注　《敬吾》誤作盤

1852　敃父丁鼎

字數　4

時代　殷或西周早期

著録　三代 2.38.3

彙編 9.1676　綜覽一圖版扁足鼎 28

出土　1929年黨毓坤由寶鷄祀鷄臺盗掘出土

流傳　美國布倫戴奇舊藏

現藏　美國紐約薩克勒氏（綜覽）

拓片　三代

1853　耳衡父丁鼎

字數　4

時代　殷

著録　三代 2.38.8

從古 7.5　攈古 1.3.39　綴遺 3.2　敬吾上 35　續殷上 19.2　小校 2.32.2

流傳　瞿穎山、夏松如舊藏(攈古録、敬吾)

拓片　三代

1854　耳奚父丁鼎

字數　4

時代　西周早期

著録　西清 1.8

流傳　清宫舊藏

拓片　西清

備注　按器形、銘文相合，但銘文摹寫甚劣

1855　庚豩父丁方鼎

字數　4

時代　殷

著録　未見

出土　1982年河南安陽小屯西地墓葬(M 1：44)

現藏　考古研究所安陽工作站

拓片　考古研究所拓

1856　𦣻父丁册方鼎

字數　4

時代　殷

著録　三代 3.1.8

冠斝上 10

流傳　榮厚舊藏

拓片　三代

1857　尹舟父丁鼎(般父丁鼎)

字數　4

時代　殷

著録　三代 2.23.1

擦古 1.2.50　綴遺 5.28.2　敬吾上 36.4

續殷上 14.8　小校 2.16.2

拓片　三代

備注　尹舟或以爲一字,今暫取二字説

1858　𡗞父丁册方鼎

字數　4

時代　殷

著録　文物 1964 年 4 期 49 頁圖 1

現藏　中國歷史博物館

拓片　考古研究所拓

1859　弓𦎫父丁方鼎

字數　4

時代　殷

著録　三代 2.47.7

擦古 1.3.8　綴遺 5.23　澂秋 1　續殷上 14.7

美集録 R38　皮斯柏圖 1　中國圖符 5

彙編 9.1572

出土　見于長安(擦古録)

流傳　陳承裘舊藏(澂秋)

現藏　美國皮斯柏寄陳米里阿波里斯美術館

拓片　考古研究所藏

備注　弓𦎫或釋一字,以爲即弴,今暫取二字説

1860　作父丁𠬞方鼎

字數　4

時代　西周早期

著録　未見

現藏　故宫博物院

拓片　考古研究所拓

1861　[illegible]父丁鼎

字數　4

時代　西周

著録　未見

拓片　陳邦懷先生藏

1862　季父戊子鼎

字數　4

時代　殷

著録　彙編 8.1234　出光(十五年) 394 頁 2

現藏　日本東京出光美術館

拓片　出光美術館提供

1863　亞[illegible]父戊鼎

字數　4

時代　殷或西周早期

著録　三代 2.24.1

西清 1.10　貞補上 5　故宫 18 期

流傳　清宫舊藏

拓片　考古研究所藏

備注　《故宫》以爲銘文係後刻

1864　角戊父字鼎

字數　4

時代　殷

著録　録遺58　弗里爾(1967年)169頁　彙編 9.1807

現藏　美國華盛頓弗里爾美術陳列館

拓片　録遺

1865　亞[illegible]父己鼎

字數　殷

著録　彙編 8.1019　荷、比 84 頁圖版 2NO.2

現藏　荷蘭某氏處

拓片　彙編

1866　亞[illegible]父己鼎

字數　4

時代　殷

著録　三代 2.25.7

彙編 8.1018

現藏　日本京都黑川古文化研究所

拓片　彙編

1867　父己亞[illegible]方鼎

字數　4

時代　殷

著録　三代 2.25.6

現藏　故宫博物院

拓片　考古研究所拓

1868　亞[illegible]父己鼎

字數　4

時代　殷

著録　三代 2.39.2

憲齋 3.5　綴遺 5.31　小校 2.26.7

流傳　方濬益舊藏

拓片　三代

1869　亞戈父己鼎

字數　4

時代　殷

著録　美集録R 150　皮斯柏圖 4　彙編 8.1069

流傳　美國盧芹齋舊藏

現藏　美國皮斯柏寄陳米里阿波里斯美術館

拓片　考古研究所藏

備注　«彙編»誤作方鼎

1870　亞獸父己鼎

字數　4

時代　殷

著録　考古與文物 1980年 2期 16頁

出土　1975年陝西渭南縣陽郭公社南堡村墓葬

現藏　渭南縣圖書館?

拓片　考古與文物

1871　亞[illegible]父己鼎

字數　4

時代　殷

著録　未見

現藏　故宫博物院

拓片　考古研究所拓

1872　亞[illegible]父己鼎

字數　4

時代　西周早期

著録　三代 2.25.3

貞松 2.14.2　武英 13　續殷上 15.3　小校 2.17.8　故圖下下36

流傳　承德避暑山莊舊藏

現藏　臺灣省“中央博物院”

拓片　考古研究所藏

1873　子申父己鼎

字數　4

時代　西周早期

著録　文參1957年5期85頁　文叢3　45頁圖12

流傳　1957年洛陽專區文物普查隊在伊川寺後村收集

現藏　洛陽市博物館

拓片　洛陽市博物館提供

1874　小子父己方鼎

字數　4

時代　殷

著録　中國歷史博物館館刊1982年4期91頁

出土　傳出河南安陽

現藏　中國歷史博物館

拓片　考古研究所拓

1875　又敉父己鼎

字數　4

時代　殷

著録　三代2.39.1

十二貯7—8　小校2.32.4

出土　傳出安陽

流出　王辰舊藏

拓片　考古研究所藏

1876　弓𦎫父己鼎

字數　4

時代　殷

著録　三代2.47.8

愙齋3.6　殷存上5.8　小校2.26.6

拓片　陳邦懷先生藏

1877　遽作父己鼎

字數　4

時代　西周中期

著録　三代2.36.3

善齋2.34　小校2.26.5　貞松2.21.1　續殷上19

流傳　劉體智舊藏

拓片　考古研究所藏

備注　遽字已不清晰

1878　作父己冄鼎

字數　4

時代　殷或西周早期

著録　三代2.39.3

貞松2.20.4　善齋2.35　續殷上19.6　小校2.26.4　彙編7.799

流傳　劉體智舊藏

拓片　考古研究所藏

1879　子𠚤父己鼎(持刀父己鼎、子父己鼎)

字數　4

時代　殷或西周早期

著録　博古1.23　薛氏9.3　嘯堂3

拓片　嘯堂

備注　第二字或可釋刀字

1880　亞得父庚鼎

字數　4

時代　殷

著録　三代2.26.4

貞續上15.1　小校2.18.7　尊古1.17

流傳　劉體智舊藏

現藏　故宫博物院

拓片　考古研究所拓

1881　子刀父辛鼎

字數　4

時代　西周早期

著録　未見

現藏　故宫博物院

拓片　考古研究所拓

1882　子刀父辛方鼎

字數　4

時代　殷

著録　三代2.39.6

攈古 1.2.46　窓齋 3.7　綴遺 5.29　敬吾上35

續殷上19.10　小校2.26.8

流傳　程洪溥舊藏(攈古録)

拓片　考古研究所藏

1883　亞䨻父辛鼎

字數　4

時代　殷或西周早期

著録　三代 2.28.8

西清 1.14　綴遺 5.4　殷存上 4.6

流傳　清宫舊藏,後歸丁彼農(綴遺)

拓片　唐蘭先生藏

備注　«小校» 2.20.4 乃仿此僞作

1884　亞䚷父辛鼎

字數　4

時代　殷

著録　三代 2.29.1

敬吾上 36.4　殷存上 4.3　小校2.20.5

拓片　三代

1885　虎重父辛鼎

字數　4

時代　西周早期

著録　未見

現藏　故宫博物院

拓片　考古研究所拓

1886　㓞作父辛鼎

字數　4

時代　殷或西周早期

著録　三代 2.39.4

貞松 2.21　善齋 2.36　小校 2.27.2

流傳　劉體智舊藏

拓片　考古研究所藏

1887　父辛卪册鼎

字數　4

時代　西周早期

著録　三代 2.48.1

貞松 2.26

現藏　旅順博物館

拓片　考古研究所拓

備注　«貞松»誤記爲方鼎

1888　逆𠬝父辛鼎

字數　4

時代　西周早期

著録　三代 2.39.5

善齋 2.37　續殷上 19.9　小校 2.27.1　故圖下下40

現藏　臺灣省"中央博物院"

拓片　三代

1889　𩦹父辛鼎

字數　4

時代　殷

著録　三代 2.28.7

貞松 2.15　善齋 2.26　續殷上 16.4　小校 2.19.5　故圖下下28

流傳　劉體智舊藏

現藏　臺灣省"中央博物院"

拓片　三代

1890　父辛矢鼎

字數　4

時代　西周早期

著録　文物 1977 年 8 期 16 頁

出土　1976 年河南襄縣丁營公社霍莊村墓葬

現藏　河南省博物館

拓片　文物

1891　子𠾅父癸鼎

字數　4

時代　殷

著録　三代2.40.1

續殷上20.3

拓片　唐蘭先生藏

1892　亞𠂤父癸鼎

字數　4

時代　西周

著録　未見

拓片　陳邦懷先生藏

1893　何父癸鼎

字數　4

時代　殷

著録　三代2.40.4

貞松2.21.3　善齋2.39　續殷上20.4　小校2.27.4

流傳　劉體智舊藏

拓片　考古研究所藏

1894　何父癸鼎

字數　4

時代　殷

著録　三代2.40.5

貞補上6　續殷上20.5　小校2.27.3　善齋2.38.1　彙編7.924

流傳　劉體智舊藏

拓片　考古研究所藏

1895　射獸父癸鼎

字數　4

時代　殷

著録　博古1.25　薛氏10.4　嘯堂4　復齋6

積古1.5　攈古1.2.51

拓片　嘯堂

備注　«積古»、«攈古»據«復齋»本摹入

1896　衎天父癸鼎

字數　4

時代　殷

著録　西清1.21

流傳　清宫舊藏

拓片　西清

1897　册𡨦父癸鼎

字數　4

時代　殷

著録　三代2.48.4

綴遺5.33　續殷上20.7　小校2.32.6

拓片　陳邦懷先生藏

1898　册𢆶父癸鼎

字數　4

時代　殷

著録　三代2.48.3

攈古1.3.3　綴遺5.33　敬吾上35.2　殷存上5.10　小校2.32.7　尊古1.19　甲骨學12號圖一3C、3D

流傳　劉喜海舊藏(攈古録)

現藏　日本東京湯島孔廟斯文會(甲骨學)

拓片　考古研究所藏

1899　允册父癸鼎

字數　4

時代　西周早期或中期

著録　未見

現藏　故宫博物院

拓片　考古研究所拓

1900　父癸疋册鼎

字數　4

時代　殷

著録　録遺55　綜覽一圖版扁足鼎 4

現藏　美國紐約大都會美術博物館

拓片　録遺

1901　𠷎作父癸鼎

字數　4

時代　西周早期

著録　三代 2.40.3

續殷上 20.6　尊古 1.18.1　使華 6　彙編 7.804

出土　傳洛陽出土(使華)

流傳　德因陶德曼舊藏

拓片　考古研究所藏

1902　𠂤父癸鼎

字數　4

時代　西周早期

著録　三代 2.40.2

續殷上 20.1

拓片　三代

1903　作母娀彝鼎

字數　4

時代　西周

著録　未見

現藏　故宫博物院

拓片　考古研究所拓

1904　聑𦣞婦𪓇鼎

字數　4

時代　殷

著録　文物 1978 年 5 期 95 頁圖 9　河南 1.348

出土　1952 年河南輝縣褚邱出土

現藏　新縣市博物館

拓片　河南省文物研究所提供

1905　亞婦未于方鼎

字數　4

時代　殷

著録　録遺 56　彙編 8.1168　澳銅選 62 頁圖 4

現藏　澳洲墨爾本買亞氏(彙編)、澳銅選)

拓片　録遺

1906　司母㠯康方鼎

字數　4

時代　殷或西周早期

著録　文物 1978 年 2 期 95 頁圖 4　陜青 1.51

出土　1975年陜西扶風縣白龍村墓葬

現藏　扶風縣博物館

拓片　扶風縣博物館提供

備注　此器司母㠯康或可釋㠯母康及姒康，今暫作四字計

1907　彭女彝鼎

字數　4

時代　西周早期

著録　三代 2.41.1

憲齋 6.17.1　周金 3.117　小校 2.30.6　續殷上20.9　彙編 7.803　綜覽一圖版鼎 115

流傳　潘祖蔭舊藏(憲齋)

現藏　美國普林斯頓大學博物館卡特氏藏器(彙編)

拓片　考古研究所藏移林館金文拓本

1908　彭女彝鼎

字數　4

時代　西周早期

著録　三代 2.41.2

貞松 2.24.1

拓片　考古研究所藏

1909　亞㠱女子鼎

字數　4

時代　殷

著録　三代 2.40.8

殷存上 5.2

流傳　丁彼農舊藏(羅表)

拓片　考古研究所藏

1910　子𧸘君妻鼎

字數　4

時代　殷或西周早期

著録　三代 6.22.5

貞松 4.35　希古 4.2　續殷上 41.1　小校 2.30.5

流傳　潘祖蔭舊藏

現藏　上海博物館

拓片　考古研究所藏移林館金文拓本

備注　妻下似有皿,此字可隸定作𡠹

1911　北伯作隮鼎

字數　4

時代　西周早期

著録　三代 2.41.8

貞松 2.22　希古 2.3.3

出土　"光緒十六年(1890年)直隸淶水張家窪出土古器十餘,皆有北白字,此鼎其一也"(貞松)

拓片　三代

1912　伯作寶方鼎

字數　4

時代　西周

著録　未見

現藏　故宫博物院

拓片　考古研究所拓

1913　戜伯鼎(臧伯鼎)

字數　4

時代　西周早期

著録　三代 2.41.7

筠清 2.3.2　攈古 1.2.47　綴遺 4.24.2

流傳　吴式芬舊藏(雙虞壺齋藏器目)

拓片　考古研究所藏

備注　據上海博物館藏«三代»容庚眉批云是鬲,因未見器形,暫仍稱作鼎

1914　伯作寶鼎

字數　4

時代　西周早期

著録　三代 2.43.1

憲齋 6.18.2　周金 2.65.3　小校 2.29.7

流傳　丁彼農、許延暄舊藏(周金、羅表)

現藏　清華大學圖書館

拓片　考古研究所拓

1915　伯作旅鼎

字數　4

時代　西周中期

著録　三代 2.44.1

冠斝上 9

流傳　榮厚舊藏

現藏　故宫博物院

拓片　考古研究所拓

備注　旅字省一人

1916　伯作旅彝鼎

字數　4

時代　西周早期或中期

著録　録遺 59

拓片　考古研究所藏

1917 伯作寶彝鼎

字數 4

時代 西周早期

著録 三代 2.44.7

拓片 三代

1918 伯作寶彝鼎

字數 4

時代 西周早期

著録 三代 2.44.8

希古 2.2.5 貞松 2.24.3

拓片 三代

1919 伯作寶彝鼎

字數 4

時代 西周早期

著録 三代 2.45.1

貞松 2.24.2 武英 15 故圖下下 63 小校 2.29.6

流傳 承德避暑山莊舊藏

現藏 臺灣省"中央博物院"

拓片 考古研究所藏

備注 《故圖》上下爲63,《故圖》下下作62

1920 伯作寶彝鼎

字數 4

時代 西周早期

著録 未見

現藏 清華大學圖書館

拓片 考古研究所拓

1921 伯作旅鼎

字數 4

時代 西周中期

著録 三代 2.44.5

現藏 旅順博物館

拓片 考古研究所拓

備注 首字經刮磨,原爲伯字,筆劃猶依稀可辨

1922 仲作旅鼎

字數 4

時代 西周早期

著録 積古 4.2 攈古 1.3.2 求古 1.17

流傳 陳經、素夢蟾舊藏(攈古録)

拓片 攈古

1923 叔作寶彝鼎

字數 4

時代 西周

著録 未見

拓片 陳邦懷先生藏

1924 内叔作鼎

字數 4

時代 西周中期

著録 博古 3.18 薛氏 79.1 嘯堂 17

拓片 嘯堂

1925 叔尹作旅方鼎

字數 4

時代 西周早期

著録 文物 1977 年 12 期 28 頁圖 13

出土 1974年遼寧喀左縣山灣子村西周窖藏

現藏 遼寧省博物館

拓片 考古研究所拓

1926 叔作穌子鼎

字數 4

時代 春秋早期

著録 考古通訊 1958 年 11 期 72 頁 虢國墓 35 頁

出土 1957 年河南陝縣上村嶺虢國墓地 1753 號墓

（M1753：1）

現藏　中國歷史博物館

拓片　考古研究所拓

1927　叔作𫻴鼎

字數　4

時代　西周早期

著録　三代 2.42.2

貞續上 19.2　善齋 2.43　小校 2.29.8　頌續 7

出土　洛陽出土（頌續）

流傳　劉體智、容庚舊藏

現藏　廣州市博物館

拓片　考古研究所藏

1928　叔作旅鼎

字數　4

時代　西周中期

著録　學報 1954 年第八册圖版捌　陜圖 9

出土　1954 年陜西長安縣斗門鎮普渡村 2 號墓

現藏　陜西省博物館

拓片　考古編輯部檔案

1929　叔作旅鼎

字數　4

時代　西周早期或中期

著録　未見

現藏　故宫博物院

拓片　考古研究所拓

1930　叔我鼎

字數　4

時代　西周早期

著録　三代 2.41.6

筠清 4.19　古文審 2.5　攈古 1.2.48　愙齋6.16　敬吾上38.2　小校2.30.2

流傳　葉志詵舊藏（平安館藏器目）

拓片　考古研究所藏葉志詵手拓本

1931　季作寶彝鼎

字數　4

時代　西周早期

著録　文物 1981 年 9 期 20 頁圖 4

出土　1979 年山東濟陽縣劉臺子 2 號墓

現藏　濟陽縣圖書館

拓片　濟陽縣圖書館提供

1932　師公鼎

字數　4

時代　戰國晚期

著録　未見

現藏　清華大學圖書館

拓片　考古研究所拓

1933　中脯王鼎

字數　4

時代　戰國晚期

著録　湖南考古輯刊一93頁圖3.8　古文字研究10.277

圖 36.3

出土　1976 年湖南溆浦縣馬田坪 26 號墓

現藏　湖南省博物館

拓片　湖南省博物館提供

1934　公鼎

字數　4

時代　西周早期

著録　未見

流傳　德人楊寧史舊藏

現藏　故宫博物院

拓片　考古研究所拓

1935　國子鼎

字數　4（器蓋各 2 字）

時代　戰國早期

著録　考古通訊 1958 年 6 期 51 頁圖 4

出土　1956 年山東臨淄姚王村

現藏　山東省博物館

拓片　考古研究所拓

備注　同銘八器，此其一

1936　楙史䌛鼎

字數　4

時代　西周中期

著録　小校 2.27.8

拓片　小校

1937　大祝禽方鼎

字數　4

時代　西周早期

著録　十六 1.15　積古 4.4—5　金索 1.33　攈古 1.2.47　周金 2.65.2　小校 2.27.7

流傳　錢坫、阮元、江寧胡氏舊藏（十六、積古、周金）

拓片　考古研究所藏僧達受手拓本

備注　此與《三代》2.41.5 並非一器，過去各家均誤合爲一

1938　大祝禽方鼎

字數　4

時代　西周早期

著録　三代 2.41.5

尊古 1.24　鏡齋 6

流傳　德國艾克舊藏

現藏　聯邦德國科隆東亞美術博物館

拓片　考古研究所藏

備注　《十六》、《積古》等著録乃另一同銘方鼎，一真一僞，抑或一對真品，因未驗原器不能定。今暫作二器處理

1939　又敎父癸鼎

字數　4

時代　殷

著録　三代 2.40.6

拓片　三代

1940　更鼎

字數　4

時代　西周早期或中期

著録　文物1986年 1 期11 頁圖18

出土　1981年陝西長安縣普渡村14號墓葬

現藏　陝西省文物管理委員會

拓片　陝西省文物管理委員會提供

1941　劦冊)(辛鼎

字數　4

時代　殷

著録　未見

流傳　丁樹楨舊藏

現藏　山東省博物館

拓片　王獻唐先生提供

1942　臣辰册方鼎

字數　4

時代　西周早期

著録　彙編 9.1429

現藏　加拿大多倫多士棟夫人處

拓片　彙編

備注　《彙編》1429、1430 二器，銘文字體與它器有別，因未見原器難以定真僞，姑收于此以待考定

1943　臣辰册方鼎

字數　4

時代　西周早期

著録　彙編 9.1430

現藏　加拿大多倫多士棟夫人處

拓片　彙編

1944　亞𠦪𢐗方鼎

字數　4

時代　殷

著録　録遺 61

現藏　故宫博物院

拓片　考古研究所拓

1945　𠊲公右自鼎

字數　4

時代　戰國

著録　未見

流傳　某華僑捐獻，1957 年文化部文物局撥交故宫博物院

現藏　故宫博物院

拓片　考古研究所拓

備注　器已殘。第二字系公字。第四字爲官字。«中原文物» 1981 年 4 期41 頁有𠊲公右官鼎摹本

1946　公朱右自鼎

字數　4

時代　戰國晚期

著録　未見

現藏　中國歷史博物館

拓片　考古研究所拓

1947　滑斿子鼎（滑孝子鼎）

字數　4（又合文一）

時代　戰國晚期

著録　未見

現藏　中國歷史博物館

拓片　考古研究所藏

備注　斿子或釋孝子，從字形看，似是斿子合文，今暫取斿子説

1948　戈作寶鼎

字數　4

時代　西周中期

著録　三代 2.43.5

攈古 1.2.48　清愛 19　憲齋 3.2　綴遺 3.12　敬吾上 38.4　小校 2.29.1　三代補 734　賽爾諾什　18頁

出土　"丙戌三月得于邘上"（清愛）

流傳　劉喜海舊藏

現藏　法國巴黎賽爾諾什博物館

拓片　唐蘭先生藏

1949　甲作寶方鼎

字數　4

時代　西周早期

著録　三代 2.43.6

貞續上 18.4

拓片　三代

1950　𠁩作寶鼎（𠁩鼎）

字數　4

時代　西周中期

著録　三代 2.42.5

積古 4.4　攈古 1.2.46　周金 2.65.4　小校 2.28.2

拓片　考古研究所藏

1951　車作寶鼎

字數　4

時代　西周中期

著録　三代 2.43.3

周金 2.65.7　貞松 2.22　善齋 2.42　小校 2.28.6

流傳　劉體智舊藏

拓片　考古研究所藏

1952 車作寶方鼎

字數 4

時代 西周中期

著録 未見

現藏 故宫博物院

拓片 考古研究所拓

1953 舟作寶鼎

字數 4

時代 西周中期

著録 西清 4.19

流傳 清宫舊藏

拓片 西清

1954 舟作寶鼎

字數 4

時代 西周中期

著録 未見

現藏 故宫博物院

拓片 考古研究所拓

1955 鼎之伐鼎

字數 4

春秋 春秋

著録 未見

出土 湖北天門縣黄檀出土

現藏 荆州地區博物館

拓片 考古研究所拓

1956 右作旅鼎

字數 4

早代 西周早期

著録 三代 2.44.2

周金 2 補 夢郼上 6 小校 2.29.3 彙編 7.805

流傳 盛昱、羅振玉舊藏

現藏 瑞典斯德哥爾摩遠東古物館

拓片 考古研究所藏

1957 中作寶鼎

字數 4

時代 西周早期

著録 博古 2.16 薛氏 79.2 嘯堂 7

出土 "重和戊戌(1118 年) 安州孝感縣民耕地得之"(金石録)

拓片 嘯堂

備注 此爲安州六器之一

1958 員作用鼎

字數 4

時代 西周早期或中期

著録 未見

現藏 中國歷史博物館

拓片 考古研究所拓

1959 舌臣鼎

字數 4

時代 殷

著録 未見

現藏 故宫博物院

拓片 考古研究所拓

備注 舌臣如果釋爲㖶字,則此器銘應爲三字

1960 毛作寶鼎

字數 4

時代 西周中期

著録 三代 2.43.4

貞松 2.23.1 善齋 2.41 小校 2.28.8

流傳 劉體智舊藏

現藏 故宫博物院

拓片 考古研究所拓

備注 第一字與一般毛字寫法不同,暫從舊説釋毛

1961 益作寶鼎

字數 4

時代 西周中期

著録 博古 2.34 薛氏 78.5 嘯堂12

拓片 嘯堂

備注 益或釋嗌，與從水从皿之益有别，其造字本意不明

1962 興作寶鼎

字數 4

時代 西周中期

著録 三代 2.42.4

恒軒 19 小校 2.28.5

出土 陜西鳳翔出土

流傳 潘祖蔭舊藏

拓片 三代

1963 興作寶鼎

字數 4

時代 西周中期

著録 陜青 2.119

出土 1977 年陜西扶風縣齊家村 1 號墓

現藏 陜西周原扶風文物管理所

拓片 陜青

1964 寵作寶鼎

字數 4

時代 西周早期或中期

著録 三代 2.42.8

貞松 2.22.3 希古 2.3.1 小校 2.28.7

流傳 羅振玉舊藏（貞松）

拓片 考古研究所藏

1965 𢿱作寶鼎

字數 4（器蓋同銘）

時代 西周中期

著録 三代 2.42.7

積古4.5 攈古1.3.2 周金 2 補 小校2.30.1

流傳 吴大澂舊藏（愙齋先生所藏古器物目）

現藏 上海博物館

拓片 三代

備注 《三代》僅録一拓本，《攈古》録二銘

1966 𦍒作寶鼎

字數 4

時代 西周早期

著録 三代2.42.6

筠清 4.24 攈古 1.2.46 敬吾上27 小校 2.28.3

流傳 陳介祺、王錫棨、李璋煜舊藏（選青閣藏器目、本所藏拓題跋、羅表）

拓片 考古研究所藏

1967 𢩞作寶𪔂鼎

字數 4

時代 西周中期

著録 三代 2.43.2

現藏 故宫博物院

拓片 考古研究所拓

1968 寡長方鼎

字數 4

時代 西周早期

著録 三代 2.43.7

攈古 1.2.47 周金 2.65.5 小校 2.28.4

流傳 金蘭坡舊藏（羅表）

拓片 考古研究所藏

1969 樂作旅鼎

字數 4

時代 西周中期

著録　三代 2.44.3

貞松 2.23　希古 2.2

拓片　三代

1970　樂作旅鼎

字數　4

時代　西周中期

著録　三代 2.44.4

拓片　考古研究所藏

1971　攸作旅鼎

字數　4

時代　西周早期

著録　考古 1979 年 1 期 24 頁圖2

出土　1978 年河北元氏縣西張村西周墓葬

現藏　河北省文物研究所

拓片　考古編輯部檔案

1972　[illegible]作寶彝鼎

字數　4

時代　西周早期

著録　三代 6.23.1

筠清 4.34　攈古 1.2.55　綴遺 27.6

流傳　葉志詵舊藏(筠清)

拓片　唐蘭先生藏

備注　此器《三代》稱彝、《筠清》、《綴遺》稱鬲，容庚以爲鼎，此從容氏定爲鼎

1973　[illegible]作寶彝鼎

字數　4

時代　西周中期

著録　三代 2.44.6

周金 2 補　貞松 2.23　希古 2.3.2　小校 2.29.5　貞圖上 11

流傳　盛昱、羅振玉舊藏(希古、貞松)

現藏　故宫博物院

拓片　考古研究所藏

1974　[illegible]作寶器鼎

字數　4

時代　西周中期

著録　三代 2.45.2

憲齋 6.13　夢郼續 5　小校 2.30.3　彙編 7.873

流傳　丁樹楨、李山農、羅振玉舊藏(羅表)

拓片　考古研究所藏

1975　雁[illegible]作旅鼎

字數　4

時代　西周早期

著録　三代 2.45.4

奇觚 1.6　周金 2.65.6　小校 2.29.2

流傳　潘祖蔭舊藏(奇觚)

拓片　三代

1976　[illegible]禾作旅鼎

字數　4

時代　西周早期

著録　三代 2.45.5

拓片　考古研究所藏

1977　考作寶鼎

字數　4

時代　西周中期

著録　三代 2.42.3

陶齋 1.33　小校 2.28.1

流傳　端方舊藏

拓片　三代

1978　[illegible]作旅鼎

字數　4

時代　西周中期

著録　未見

出土　1974 年北京房山縣琉璃河 209 號墓

現藏　首都博物館

拓片　考古研究所拓

備注　第一字或可釋由

1979　㦰作旅鼎

字數　4

時代　西周早期

著録　攈古 1.2.46

出土　得之汴梁

流傳　楊石卿舊藏

拓片　攈古

1980　邵之飤鼎

字數　4

時代　戰國早期

著録　文物 1981 年 6 期 7 頁圖14.2

出土　1980 年四川新都縣馬家公社晒壩墓葬

現藏　四川省博物館

拓片　四川省博物館提供

1981　作執從彝方鼎

字數　4

時代　殷或西周早期

著録　中國考古學報第二册圖版二 4

出土　1931 年山東益都蘇埠屯墓葬

流傳　山東省圖書館舊藏

現藏　山東省博物館

拓片　王獻唐先生提供

1982　作執从彝鼎

字數　4

時代　西周早期

著録　未見

現藏　故宫博物院

拓片　考古研究所拓

1983　作寶隩彝鼎

字數　4

時代　西周早期

著録　三代 2.45.3

拓片　考古研究所藏

1984　作寶隩彝鼎

字數　4

時代　西周早期

著録　未見

流傳　丁樹楨舊藏

現藏　山東省博物館

拓片　王獻唐先生提供

1985　作寶隩彝方鼎

字數　4（器蓋同銘）

時代　西周

著録　未見

拓片　陳邦懷先生藏

1986　作寶隩彝鼎

字數　4

時代　西周早期

著録　未見

流傳　英國布魯克舊藏

現藏　英國倫敦不列顛博物館

拓片　不列顛博物館提供

1987　辛作寶彝鼎

字數　4

時代　西周中期

著録　小校 2.29.4

拓片　小校

1988　明我作鼎

字數　4

時代　西周早期或中期

著録　三代 2.42.1

筠清 4.16　攈古 1.2.48　敬吾上 38　小校 2.30.4

流傳　吴式芬舊藏(雙虞壺齋藏器目)

拓片　考古研究所藏

1989　眉壽作彝鼎

字數　4

時代　西周早期

著録　未見

現藏　故宫博物院

拓片　考古研究所拓

1990　𪂢之行鼎

字數　4

時代　春秋

著録　江漢考古 1983 年 1 期 75 頁圖 2 左

出土　1976 年湖北隨縣義地岡出土

現藏　湖北省博物館

拓片　考古研究所拓

1991　昜兒鼎

字數　4

時代　戰國晚期

著録　三代 2.45.6

西清 7.3　貞松 2.25.3

流傳　清宫舊藏,後歸容庚(貞松)

拓片　三代

備注　兼字不清,該器年代下限有可能稍晚

1992　宜陽右蒼鼎

字數　4

時代　戰國

著録　未見

拓片　陳邦懷先生藏

1993　今永里鼎

字數　4

時代　戰國晚期

著録　三代 2.45.7

陶齋 5.7　小校 2.31.2

流傳　端方舊藏

拓片　三代

備注　此器年代下限較晚

1994　巨萓十九鼎

字數　4

時代　戰國晚期

著録　文參 1957 年 7 期 83 頁

出土　1955 年安徽蚌埠市東郊出土

現藏　安徽省博物館

拓片　安徽省博物館提供

1995　安氏私官鼎

字數　4

時代　戰國

著録　未見

現藏　上海博物館

拓片　上海博物館提供

1996　𢍰且庚父辛鼎

字數　5

時代　殷

著録　三代 2.46.4

貞補上 6　續殷上 20.10

流傳　萍鄉文氏寅齋舊藏(貞補)

拓片　續殷

1997　木且辛父丙鼎

字數　5

時代　殷或西周早期

著録　考古 1984 年 9 期 786 頁圖 3.2

出土　1961 年陝西長安縣張家坡一工區墓葬（M106：3）

現藏　考古研究所西安研究室

拓片　考古研究所拓

1998　亞𠂤覃父甲鼎（西宫父甲鼎）

字數　5

時代　殷

著録　積古 1.18　綴遺 5.29　敬吾上 36　續殷上 20.11　小校 2.30.8（又5.17.1）

拓片　敬吾

備注　《小校》5.17.1 據《積古》誤作尊

1999　作父甲鼎

字數　5

時代　殷或西周早期

著録　三代 2.46.5

十二契17—18　貞補上 7　續殷上 20.12

流傳　商承祚舊藏

拓片　考古研究所藏

2000　馬羊𢆶父乙鼎

字數　5

時代　殷

著録　録遺47　塞利格曼A2　彙編 8.1172

流傳　英國塞利格曼舊藏

現藏　英國倫敦不列顛博物館

拓片　不列顛博物館提供

2001　西單光父乙鼎（單冏父乙鼎）

字數　5

時代　殷

著録　博古 2.32—33　薛氏 79　嘯堂 12

拓片　嘯堂

2002　辰行𡚬父乙鼎

字數　5

時代　殷

著録　三代 2.47.2

貞松 2.25　續殷上 18.12

拓片　考古研究所藏

2003　臣辰父乙鼎

字數　5

時代　西周早期

著録　三代 2.46.7

貞補上 7　賸稿 5

出土　洛陽出土（羅表）

流傳　河南博物館舊藏（羅表）

拓片　三代

2004　臣辰父乙鼎

字數　5

時代　西周早期

著録　三代 2.46.8

出土　洛陽出土

拓片　陳邦懷先生藏

2005　臣辰父乙鼎

字數　5

時代　西周早期

著録　未見

出土　洛陽出土

現藏　中國歷史博物館

拓片　考古研究所拓

2006　父乙臣辰鼎

字數　5

時代　西周早期

著録　懷履光（1956）140 頁 4

出土　洛陽出土

現藏　加拿大多倫多皇家安大略博物館

拓片　懷履光（1956）

2007　作父乙鼎

字數　5

時代　殷或西周早期

著録　三代 2.46.6

從古3.7　窓齋3.9　清儀1.25　續殷上21.1

小校 2.31.4

流傳　張廷濟道光癸未購于郡城(清儀)

拓片　清儀

2008　作父乙䵼鼎

字數　5

時代　殷

著録　未見

出土　傳河南安陽出土

現藏　故宫博物院

拓片　考古研究所拓

2009　旁父乙鼎

字數　5

時代　殷或西周早期

著録　三代 2.47.4

西乙1.14　寶蘊18　貞松2.26　續殷上18.9

故圖下下31

流傳　瀋陽故宫舊藏

現藏　臺灣省"中央博物院"

拓片　考古研究所藏

2010　宰僟宔父丁鼎

字數　5

時代　西周早期

著録　三代 2.47.6

清愛13　攈古1.3.7　綴遺3.14　續殷上

21.2

流傳　劉喜海舊藏

拓片　續殷

2011　𦉢作父戊鼎

字數　5

時代　殷

著録　巴布選 191頁圖2

現藏　法國巴黎基美博物館

拓片　巴布選

2012　𣳾作父戊鼎

字數　5

時代　西周早期

著録　考古 1981 年 6 期 558 頁圖3.3

出土　1976 年甘肅靈臺縣鄭家窪大隊坨窪墓地（M2：1)

現藏　靈臺縣文化館

拓片　考古編輯部檔案

2013　奄作父戊方鼎

字數　5

時代　殷或西周早期

著録　三代3.2.2

窓齋3.9　奇觚1.16　殷存上6.1　小校

2.32.3

流傳　潘祖蔭舊藏(羅表)

現藏　上海博物館

拓片　考古研究所藏猗文閣拓本

2014　父己亞𠤕史鼎

字數　5

時代　殷或西周早期

著録　陜青1.145　考古與文物 1982 年 2 期 7 頁

圖2、2

出土　1975年陝西岐山縣北寨子出土
現藏　岐山博物館
拓片　岐山縣博物館提供

2015　小子作父己鼎
字數　5
時代　殷
著録　盧目(1941) 23　美集録R 209
流傳　美國盧芹齋舊藏
拓片　考古研究所藏

2016　小子作父己方鼎
字數　5
時代　殷
著録　彙編 7.741
現藏　美國聖路易市美術館
拓片　彙編

2017　子册父辛鼎
字數　5
時代　殷
著録　擦古1.3.3　綴遺3.7
拓片　擦古

2018　子作鼎盥彝鼎(子刄鼎)
字數　5
時代　殷
著録　未見
流傳　汪硯山舊藏
拓片　唐蘭先生藏
備注　第二字或釋刄

2019　冀兄戊父癸鼎
字數　5
時代　殷
著録　三代 2.40.7
貞松 2.22　小校 2.33.2
流傳　粤中某氏舊藏(貞松)
拓片　考古研究所藏

2020　冀母䑆父癸鼎
字數　5
時代　殷
著録　三代 2.48.7
拓片　三代

2021　孔作父癸鼎
字數　5
時代　西周中期
著録　三代 2.48.5
憲齋 6.14　綴遺 3.12　奇觚 1.10　簠齋 1 鼎 9
殷存上6.4　小校2.33.1　山東存附17
流傳　陳介祺舊藏
拓片　考古研究所藏

2022　𠬝父鼎(執父鼎)
字數　5
時代　西周早期
著録　西甲 1.24
流傳　清宫舊藏
拓片　西甲

2023　嬰父方鼎
字數　5
時代　西周早期或中期
著録　陝青 3.84　文物 1980 年 4 期 42頁 圖6.1
出土　1976 年陝西扶風縣雲塘村 10 號墓
現藏　陝西周原扶風文物管理所
拓片　周原扶風文物管理所提供

2024　考𠬝鼎(孝䛐鼎)
字數　5

時代　西周早期或中期
著録　三代 2.50.7
　　貞松 2.28.2　周金 2 補 22.5
　　希古2.4.1
現藏　故宫博物院
拓片　考古研究所拓
備注　考字不清，待酌

2025　己方鼎
字數　5
時代　西周早期
著録　陝圖 12　陝青4.101
出土　1955年陝西寶鷄縣虢鎮
現藏　陝西省博物館
拓片　陝圖

2026　[illegible]母鼎（尊形每鼎、周山鼎）
字數　5
時代　殷
著録　三代 2.52.7
　　西乙 1.36　寶蕴 20　貞松 2.30　續殷上21.5
　　故圖下下45
流傳　瀋陽故宫舊藏
現藏　臺灣省“中央博物院”
拓片　考古研究所藏

2027　嬴氏鼎
字數　5
時代　西周中期
著録　三代 2.49.7
　　憲齋 6.14.2　周金 2 補 20.3　小校 2.34.1
　　夢郼上 7
流傳　盛昱、羅振玉舊藏（夢郼、羅表）
拓片　考古研究所藏

2028　亶姜鼎
字數　5
時代　西周中期
著録　三代 2.50.5
　　貞松 2.27　希古 2.4.3　小校 2.34.6
拓片　三代

2029　散姬方鼎
字數　5
時代　西周中期
著録　三代 2.51.1
　　貞松 2.28　小校2.33.4
流傳　劉體智舊藏（羅表）
拓片　三代

2030　王伯鼎
字數　5
時代　西周早期
著録　博古2.12　薛氏79　嘯堂 7　續考4.10
流傳　松島吴衍舊藏（續考）
拓片　嘯堂

2031　王季作鼎彝鼎
字數　5
時代　西周早期或中期
著録　未見
出土　1979 年山東濟陽縣劉臺子 3 號墓
現藏　濟陽縣圖書館
拓片　濟陽縣圖書館提供

2032　小臣鼎
字數　5
時代　西周
著録　三代 2.51.7
　　憲齋6.14　周金2.64.8　小校2.36.1
流傳　潘祖蔭舊藏（羅表）
拓片　三代

2033　亞䪞鼎(召夫鼎)

字數　5

時代　殷

著録　博古 1.16　薛氏 12　嘯堂 1　商拾上 5

拓片　嘯堂

2034　亞白禾鼎

字數　5

時代　殷或西周早期

著録　三代 2.45.8

貞續上 19.3　小校 2.31.1

現藏　上海博物館

拓片　三代

2035　亞貣矦鼎

字數　5

時代　西周早期

著録　未見

出土　1975 年北京房山縣琉璃河251號墓

現藏　首都博物館

拓片　考古研究所拓

2036　史㖧鼎

字數　5

時代　西周中期

著録　文物 1972 年 10 期 23 頁圖 7

出土　1964 年河南洛陽市龐家溝西周墓(M410:3)

現藏　洛陽市博物館

拓片　文物

2037　𨟭鼎

字數　5

時代　西周早期

考録　考古 1980 年 1 期 38 頁圖 7.2

出土　1975 年山東滕縣金莊墓葬出土

現藏　滕縣博物館

拓片　考古編輯部檔案

2038　伯員鼎

字數　5

時代　西周

著録　薛氏80

拓片　薛氏

2039　伯申鼎

字數　5

時代　西周早期

著録　博古 1.39　薛氏 11　復齋 6　嘯堂 5(又96)

積古1.6　攈古1.3.7

拓片　嘯堂

備注　«積古»、«攈古»據«復齋»摹入

2040　伯旂鼎

字數　5

時代　西周中期

著録　三代 2.49.3

移林 6　周金 2 補 12.6　小校 2.34.3

流傳　丁麟年舊藏

拓片　考古研究所藏

2041　𨳿伯鼎

字數　5

時代　西周早期

著録　三代 2.49.1

筠清 5.18　攈古 1.3.7

流傳　李璋煜、王錫棨、葉志詵舊藏(羅表)

拓片　考古研究所藏

備注　"筠清館録葉眉洲搨本誤彝"(攈古録)

2042　𨳿伯鼎

字數　5

時代　西周早期

著録　未見

出土　陝西扶風縣北呂西周148號墓出土

現藏　扶風縣博物館

拓本　扶風縣博物館提供

2043　戱伯鼎

字數　存5

時代　西周晚期

著録　周金2.57.7

拓片　周金

2044　𢦏伯鼎

字數　5

時代　西周中期

著録　三代2.49.2

貞松2.27.3　周金2補8.5　希古2.5.1

出土　山東黄縣萊陰(分域)

拓片　考古研究所藏

2045　𣛶仲鼎

字數　5

時代　西周早期

著録　三代2.51.2

拓片　考古研究所藏

2046　仲自父鼎(中皁父鼎)

字數　5

時代　西周中期

著録　攈古1.3.4　敬吾上28.8　周金2.63　小校2.35.2

流傳　蔣生沐舊藏(攈古録)

拓片　考古研究所藏

2047　仲作寶鼎

字數　5

時代　西周

著録　未見

現藏　上海博物館

拓片　上海博物館提供

2048　仲作旅寶鼎

字數　5

時代　西周中期

著録　三代2.49.4

積古4.1　攈古1.3.2　周金2.63.7　小校2.34.5

流傳　長白素夢蟾舊藏(攈古録)

拓片　考古研究所藏猗文閣拓本

2049　叔攸作旅鼎

字數　5

時代　西周

著録　三代2.49.5

周金2補　貞松2.27　希古2.4.4　小校2.35.5

拓片　考古研究所藏猗文閣拓本

2050　叔伐父作鼎

字數　5

時代　西周晚期

著録　古文字研究9.324

出土　1979年山西芮城縣柴郇廟後溝出土

現藏　芮城縣文化館

拓片　考古研究所藏

2051　叔作懿宗方鼎

字數　5

時代　西周

著録　三代2.49.5

奇觚1.17　周金5.103　希古2.7.3　小校2.36.6

拓片　三代

2052　叔鼎

字數　5（器蓋同銘）

時代　西周早期

著録　彙編 7.739　綜覽一圖版鼎 222

流傳　美國布倫戴奇舊藏（彙編）

現藏　美國紐約薩克勒氏處（綜覽）

拓片　1.彙編;2.綜覽

2053　叔作寶障彝鼎

字數　5

時代　西周早期

著録　未見

出土　1964年北京市房山縣琉璃河採集

現藏　首都博物館

拓片　考古研究所拓

備注　圖象及拓本未發表

2054　叔作寶障彝鼎

字數　5

時代　西周早期

著録　考古1963年10期575頁圖5.4

陝青4.35

出土　1958年羣衆在寶鷄市東北郊五里廟發現

現藏　寶鷄市博物館

拓片　考古編輯部檔案

2055　單光方鼎（單從方鼎）

字數　5

時代　西周早期

著録　考古圖 4.9　薛氏 111.4

出土　河南河清出土（考古圖）

拓片　薛氏

備注　僅存器身，四足殘失

2056　單光方鼎（單從鼎）

字數　5

時代　西周早期

著録　博古 3.5—6　薛氏 86　嘯堂 15

出土　河南河清出土

拓片　嘯堂

2057　良季鼎

字數　5

時代　西周晚期

著録　未見

出土　傳出陝西扶風、岐山間，與圅皇父諸器同出

拓片　傅大卣同志藏

2058　竟鼎

字數　5

時代　殷或西周早期

著録　三代 2.52.1

貞松 2.29　善齋 2.44　續殷上 21.6　小校

2.36.5

流傳　劉體智舊藏

拓片　考古研究所藏

2059　丂隻鼎

字數　5

時代　西周早期

著録　三代 2.51.6

西乙1.35　寶蘊 12　貞松 2.29.1　續殷上

21.7 故圖下下62

流傳　瀋陽故宫舊藏

現藏　臺灣省“中央博物院”

拓片　考古研究所藏

2060　䚄鼎

字數　5

時代　西周早期

著録　三代 2.51.3

憲齋 6.15.1　奇觚 1.9.1　周金 2.64.1

綴遺 4.18.1　小校 2.36.4

流傳　張筱農、丁筱農舊藏(奇觚、羅表)

拓片　考古研究所藏移林館金文拓本

2061　腹鼎

字數　5

時代　西周早期

著録　三代 2.50.1

貞松 2.27.1　希古 2.5.3

拓片　考古研究所藏

2062　作寶障彝方鼎

字數　5

時代　西周早期

著録　汉漢考古　1982 年 2 期 45 頁圖6.7

出土　1978 年湖北黄陂縣魯臺山墓葬(M30：6)

現藏　湖北省博物館

拓片　湖北省博物館提供

2063　䟽鼎

字數　5

時代　西周早期或中期

著録　三代 2.49.8

攈古 1.3.4　筠清 4.23.1　周金2.65.1　小校2.33.7　清愛11　攀古1.16.1　恒軒18

流傳　劉喜海、陳介祺、潘祖蔭舊藏(攈古録、羅表)

拓片　考古研究所藏

2064　㽙鼎

字數　5

時代　西周早期

著録　綴遺4.1

流傳　器見京師

拓片　綴遺

2065　䓀鼎

字數　5

時代　西周中期

著録　三代 2.50.2

夢鄣上 8　小校 2.34.4

流傳　羅振玉舊藏

拓片　考古研究所藏

備注　第一字待考，暫隷定作此形

2066　訞啓鼎

字數　5

時代　西周中期

著録　三代 2.50.6

貞松 2.28.1　小校 2.35.5　希古 2.4.2　善齋 2.46.1　頌續 9

出土　傳出洛陽(頌續)

流傳　溥倫、劉體智、容庚舊藏(羅表)

現藏　廣州市博物館

拓片　考古研究所藏

2067　䲨鼎

字數　5 (器蓋同銘)

時代　西周早期或中期

著録　三代 2.50.3—4

憲齋 6.9.2—3　攈古 1.3.4　簠齋 1 鼎 7.1—2　奇觚 1.10.1—2　周金 2.64.4—5　小校 2.35.3—4

流傳　陳介祺舊藏

現藏　上海博物館

拓片　考古研究所藏

2068　姚鼎

字數　5

時代　西周中期

著録　三代 2.50.8

貞補上7.3　小校2.35.1　尊古1.21.1
流傳　劉體智舊藏(羅表)
現藏　故宫博物院
拓片　考古研究所拓

2069　立鼎
字數　5
時代　西周中期
著録　三代2.51.4
貞續上19.4　小校2.34.8　善齋2.47.1
頌續8
流傳　劉體智、容庚舊藏
現藏　廣州市博物館
拓片　考古研究所藏

2070　𨒅鼎(農鼎)
字數　5
時代　西周早期或中期
著録　三代2.51.5
小校2.35.7　貞松2.29—30　善齋2.48
頌續10　彙編7.745
流傳　劉體智、容庚舊藏
拓片　考古研究所藏

2071　旁庫鼎(旁肇鼎)
字數　5
時代　西周
著録　三代2.52.2
攈古1.3.3　愙齋6.15.4　簠齋1鼎16　奇觚1.9.2　從古13.17.1　敬吾上28.7　周金2.64.6　小校2.35.7
流傳　陳介祺舊藏
現藏　上海博物館
拓片　考古研究所藏

2072　劃鼎(㓼鼎)
字數　5
時代　西周早期
著録　三代2.52.3
西乙1.34　寶藴10　續殷上21.4　貞松2.29.3
故圖下下53
流傳　瀋陽故宫舊藏
現藏　臺灣省"中央博物院"
拓片　考古研究所藏

2073　[illegible]建鼎
字數　5
時代　西周中期
著録　三代2.52.5
貞松2.30　續殷上21.8
流傳　溥倫舊藏(貞松)
拓片　考古研究所藏

2074　㦰鼎
字數　5
時代　西周中期
著録　陝青2.101　文物1976年6期58頁圖19
出土　1975年陝西扶風縣莊白家村墓葬
現藏　扶風縣博物館
拓片　扶風縣博物館提供

2075　䎵鼎
字數　5
時代　西周中期
著録　未見
現藏　故宫博物院
拓片　考古研究所拓

2076　覲[illegible]鼎
字數　5
時代　西周
著録　未見

現藏　故宫博物院

拓片　考古研究所拓

2077　𩍦鼎

字數　5

時代　西周中期

著録　陝青 1.170　陝圖 83

出土　1962 年陝西岐山縣高店出土

現藏　陝西省博物館

拓片　陝西省博物館提供

2078　事作小旅鼎

字數　5

時代　西周早期

著録　小校 2.36.3　美集録R 345　彙編7.768

拓片　小校

備注　此據《小校》誤以爲鼎，後查得《美集録》A 439器形，應入尊

2079　𣪕鼎

字數　5

時代　西周早期

著録　博古 1.31　薛氏 11　嘯堂 1

拓片　嘯堂

2080　口作𡚱鼎

字數　5

時代　西周

著録　三代 2.52.8

拓片　三代

2081　本鼎

字數　5

時代　西周中期

著録　攈古 1.3.5

拓片　攈古

2082　𢉩北鼎

字數　5

時代　春秋早期

著録　三代 2.46.2

西乙1.30　寶蕴31　貞松2.25　故圖下下88

流傳　瀋陽故宫舊藏

現藏　臺灣省“中央博物院”

拓片　考古研究所藏

2083　連迂鼎

字數　5

時代　春秋

著録　考古 1982 年 2 期 143 頁圖3.9

出土　1975 年湖北隨縣均川劉家崖

現藏　隨州市博物館

拓片　考古編輯部檔案

2084　連迂鼎（殘耳）

字數　5

時代　春秋

著録　考古 1982 年 2 期 143 頁圖3.7—8

出土　1975 年湖北隨縣均川劉家崖

現藏　隨州市博物館

拓片　考古編輯部檔案

備注　據原報告稱，形制相同的三件耳外均鑄相同的銘文，此其一。又，迂字誤作迂

2085　𩰫鼎

字數　5（器蓋同銘）

時代　春秋中期或晚期

著録　未見

出土　湖北京山縣

現藏　荆州地區博物館

拓片　考古研究所拓

2086　君子之弄鼎

字數　5

時代　春秋晚期或戰國早期

著録　未見

出土　傳河南輝縣出土

流傳　曾在北京，後歸東北人民大學

現藏　吉林大學歷史系陳列室

拓片　考古研究所藏

2087　悕子鼎

字數　5

時代　春秋晚期或戰國早期

著録　癡盦下 9　録遺62

現藏　故宫博物院

拓片　考古研究所拓

備注　銘文在蓋上圈形捉手内，悕殆即蔡之借

2088　左使車工[illegible]鼎

字數　5

時代　戰國晚期

著録　文字編 122 頁

出土　1974年河北平山縣中山王墓(MI東庫 1)

現藏　河北省文物研究所

拓片　故宫博物院陳列部藏

2089　左使車工[illegible]鼎

字數　5

時代　戰國晚期

著録　文字編 122 頁

出土　1974 年河北平山縣中山王墓(MI東庫 2)

現藏　河北省文物研究所

拓片　故宫博物院陳列部藏

2090　左使車工[illegible]鼎

字數　5

時代　戰國晚期

著録　文字編 122 頁

出土　1974 年河北平山縣中山王墓(MI東庫 3)

現藏　河北省文物研究所

拓片　故宫博物院陳列部藏

2091　左使車工㬎鼎

字數　5

時代　戰國晚期

著録　文字編 127 頁

出土　1974 年河北平山縣中山王墓(MI西庫 3)

現藏　河北省文物研究所

2092　左使車工北鼎

字數　5

時代　戰國晚期

著録　文字編 127 頁

出土　1974 年河北平山縣中山王墓(MI西庫 5)

現藏　河北省文物研究所

拓片　故宫博物院陳列部藏

2093　左使車工蔡鼎

字數　5

時代　戰國晚期

著録　文字編 127頁

出土　1974 年河北平山縣中山王墓(MI西庫 7)

現藏　河北省文物研究所

拓片　故宫博物院陳列部藏

2094　左使車工蔡鼎

字數　5

時代　戰國晚期

著録　文字編127頁

出土　1974年河北平山縣中山王墓(M 1 西庫10)

現藏　河北省文物研究所

拓片　故宫博物院陳列部藏

備注　此爲流鼎。東庫 1— 3 爲小鼎。西庫3.5.7.爲升鼎

2095　集脰大子鼎

字數　5(左耳 2、右耳 3)

時代　戰國晚期

著録　三代 2.55.2—3

小校 2.37.2—4　安徽金石 1.7.5

出土　1933年安徽壽縣朱家集

流傳　安徽省立圖書館舊藏(安徽金石)

現藏　安徽省博物館

拓片　右耳銘拓安徽省博物館提供；左耳銘拓考古研究所藏

2096　集脰大子鼎

字數　5(蓋)

時代　戰國晚期

著録　三代 2.55.1

小校 2.37.5　安徽金石 1.7.4　楚録 7

出土　1933 年安徽壽縣朱家集

流傳　安徽省立圖書館舊藏

拓片　三代

2097　王后鼎

字數　5

時代　戰國晚期

著録　未見

拓片　考古研究所藏

備注　此契齋拓本，未見著録。與《十二契》22—23及《三代》2.54.3 内容相似，但非一器

2098　無臭鼎

字數　5(器蓋同銘)

時代　戰國晚期

著録　三代 2.53.1—2

長安 1.12　攈古 1.23.6　貞圖上12　大系録199

流傳　劉喜海舊藏

拓片　考古研究所藏

備注　《貞圖》上 12 後拓本爲器銘

2099　無臭鼎

字數　5(器蓋同銘)

時代　戰國晚期

著録　三代 2.53.3—4

小校 2.33.5　周金 2.64.2—3

拓片　陳邦懷先生藏

2100　半斗鼎

字數　5(蓋 2、器 3)

時代　戰國晚期

著録　文物 1975 年 6 期 75 頁圖 13.3—4

出土　1966 年陝西咸陽市塔兒坡墓葬

現藏　咸陽市博物館

拓片　考古研究所拓

2101　三斗鼎

字數　5

時代　戰國

著録　三代 2.54.2

小校 2.44.4　陶齋 5.6

流傳　端方舊藏

拓片　陶齋

2102　中厶官鼎

字數　5(器蓋同銘)

時代　戰國

著録　三代 2.53.10—11

貞續上 20.1

拓片　考古研究所藏

2103　眉脒鼎

字數　5

時代　戰國

著録　三代2.54.1

憲齋6.18.3　奇觚11.8.1　周金2.64.7

（又2.66.9）　簠齋1鼎20　小校2.38.2

流傳　陳介祺舊藏

拓片　考古研究所藏

備注　蓋銘"商"字乃漢後人所刻，未予收録

2104　上㞢床鼎

字數　5（又合文1）

時代　戰國晚期

著録　文物1959年8期61頁圖1

拓片　文物

2105　上樂床鼎

字數　5（又合文1）

時代　戰國晚期

著録　三代2.53.7

貞松2.30

出土　傳河南洛陽金村出土

流傳　加拿大明義士舊藏（貞松）

現藏　故宫博物院

拓片　考古研究所藏

2106　君夫人鼎

字數　5（器蓋同銘）

時代　戰國

著録　未見

現藏　上海博物館

拓片　考古研究所藏

備注　器上銘文模糊

2107　㝉女方鼎

字數　存5

時代　西周早期

著録　綜覽一圖版方鼎51

拓片　日本林巳奈夫教授提供

2108　褱閆鼎

字數　5（又合文1）

時代　戰國

著録　未見

現藏　上海博物館

拓片　上海博物館提供

2109　㺬伯鼎

字數　6

時代　西周早期

著録　三代5.16.2　貞補上15.4　彙編7.654

現藏　日本奈良寧樂美術館

拓片　陳邦懷先生藏

備注　《三代》稱鬲，陳邦懷先生以爲鼎，因未見圖像著録，暫作鼎處理

2110　𩰫作且丁鼎

字數　6

時代　西周早期

著録　三代3.1.1

西清2.29　殷存上5.11

流傳　清宫舊藏

現藏　上海博物館

拓片　陳邦懷先生藏

2111　且辛禹方鼎

字數　6

時代　殷

著録　文物1964年4期46頁圖11

出土　1975年山東長清縣興復河北岸發現（附1）

現藏　山東省博物館

拓片　考古研究所拓

2112　且辛禹方鼎

字數　6

時代　殷

著録　文物 1964 年 4 期 46 頁圖12

出土　1975 年山東長清縣興復河北岸發現(附 2)

現藏　山東省博物館

拓片　考古研究所拓

2113　犬且辛且癸鼎

字數　6

時代　殷

著録　三代3.1.3

續殷上21.9

拓片　三代

2114　般作父乙方鼎

字數　6

時代　殷

著録　美集録R 101

流傳　盧芹齋舊藏

現藏　美國紐約康恩氏

拓片　考古研究所藏

2115　臣辰册父乙鼎

字數　6

時代　西周早期

著録　三代 3.1.4

小校 2.39.1　美集録R 310

出土　傳1929年洛陽馬坡出土

流傳　美國紐約Kleij Kamp舊藏(美集録)

現藏　美國紐約魏格氏

拓片　考古研究所藏

2116　臣辰册父乙鼎

字數　6

時代　西周早期

著録　未見

出土　傳 1929 年洛陽馬坡出土

流傳　侯外廬舊藏

現藏　中國歷史博物館

拓片　考古研究所藏

2117　亼犬犬魚父乙鼎

字數　6

時代　殷

著録　三代3.1.5

綴遺 5.18　續殷上 19.1　十二鏡 2　小校 2.26.1

流傳　張瑋舊藏

現藏　故宫博物院

拓片　考古研究所拓

備注　此器銘文似經酸處理，或以爲僞

2118　疋作父丙鼎

字數　6

時代　殷

著録　三代 3.1.6

攈古 1.3.38　綴遺 3.7　殷存上5.12

流傳　吴式芬舊藏(攈古録)

拓片　考古研究所藏

2119　作父丙殘鼎

字數　6

時代　西周早期

著録　未見

拓片　考古研究所藏

備注　寶障彝三字字形殘缺

2120　韋作父丁鼎

字數　6

時代　西周早期

著録　三代 3.2.1

西清 3.31

流傳　清宫舊藏

現藏　故宫博物院

拓片　考古研究所拓

2121　𨸏作父丁鼎

字數　6

時代　西周早期或中期

著録　三代 3.1.7

　　貞松 2.31.1　貞圖上 13　彙編 7.643

出土　此器與𨸏且壬鼎同出洛陽（貞松）

流傳　羅振玉、容庚舊藏（羅表）

現藏　故宫博物院

拓片　考古研究所拓

2122　𢓊作父丁障鼎

字數　6

時代　西周早期或中期

著録　未見

出土　陜西武功縣出土

現藏　武功縣文化館

拓片　武功縣文化館提供

備注　第一字下部殘泐

2123　涉作父丁鼎

字數　6

時代　西周

著録　薛氏 12　續考 4.13

流傳　曾藏張才元處（續考）

拓片　薛氏

備注　首字字形不清，暫釋涉字

2124　𠁁日戊鼎

字數　6

時代　殷或西周早期

著録　三代 2.52.4

拓片　考古研究所藏

2125　朿册作父己鼎

字數　6

時代　殷或西周早期

著録　三代 3.2.3

　　攈古 1.3.43　殷存上 6.2

流傳　吴式芬舊藏（攈古録）

拓片　考古研究所藏

2126　𡘋作父己鼎

字數　6

時代　西周早期

著録　未見

現藏　上海博物館

拓片　上海博物館提供

備注　第一字與奉字形同，但丰字部分倒寫

2127　𠚤作父庚鼎

字數　6

時代　殷或西周早期

著録　三代 3.2.5

　　殷存上6.3

現藏　故宫博物院

拓片　考古研究所拓

備注　第一字或可釋剌

2128　具作父庚鼎

字數　6

時代　西周中期

著録　三代 3.2.4

　　陶齋 1.28　小校 2.39.2

流傳　端方舊藏

現藏　故宫博物院

拓片　考古研究所藏

2129　作父辛方鼎

字數　6

時代　西周早期

著録　三代 3.2.6

　　貞續上 20.2　續殷上 21.11　海外吉 5

　　彙編7.647

現藏　日本神户白鶴美術館

拓片　三代

2130　作父辛方鼎

字數　6

時代　西周早期

著録　白鶴 3　日精華3.197　彙編 7.646

現藏　日本神户白鶴美術館

拓片　白鶴

2131　木作父辛鼎

字數　6

時代　西周早期

著録　録遺 63

現藏　故宫博物院

拓片　考古研究所拓

2132　匸賓父癸鼎

字數　6

時代　西周早期

著録　録遺 64　綜覽一圖版鼎 215

出土　傳陝西出土

現藏　瑞典斯德哥爾摩遠東古物館

拓片　録遺

2133　或作父癸方鼎

字數　6

時代　西周早期

著録　上海 30　彙編 6.637

現藏　上海博物館

拓片　上海博物館提供

2134　或作父癸方鼎

字數　6

時代　西周早期

著録　未見

現藏　上海博物館

拓片　上海博物館提供

2135　臣辰父癸鼎

字數　6

時代　西周早期

著録　三代 3.8.7

　　貞圖上16

出土　1929 年洛陽馬坡出土

流傳　羅振玉舊藏

現藏　旅順博物館

拓片　考古研究所拓

2136　子父癸鼎

字數　6

時代　殷

著録　三代 3.2.8

　　貞松 2.31.2　續殷上 22.1　十二雪 1—2

流傳　孫壯舊藏

現藏　故宫博物院

拓片　考古研究所拓

備注　或疑字僞

2137　黿婦姑鼎

字數　6

時代　殷

著録　三代 3.10.4

　　從古 3.8　攈古 2.1.3　綴遺 3.11.2　憲齋 5.21　周金 2.60.5　清儀 1.24　小校 2.43.1

流傳　張廷濟舊藏(攈古録)

拓片　考古研究所藏僧達受手拓本

2138　龕婦姑方鼎

字數　6

時代　殷

著録　綴遺 3.11.1

流傳　“斌笠耕觀察藏”(清儀)

拓片　綴遺

2139　爻癸婦鼎

字數　6

時代　殷或西周早期

著録　西甲 2.9

流傳　清宫舊藏

拓片　西甲

2140　冃婦方鼎

字數　6

時代　殷或西周早期

著録　三代 3.7.3

　　　憲齋 3.5.3　續殷上 22.4　小校 2.42.7

　　　彙編7.645

流傳　王懿榮、劉鶚舊藏(羅表)

現藏　美國普林斯頓大學美術館卡特氏藏品

拓片　考古研究所藏

2141　䢵父鼎

字數　6

時代　西周早期

著録　三代 3.5.5

　　　貞松 2.34　希古 2.6.2

現藏　故宫博物院

拓片　考古研究所拓

2142　安父鼎

字數　6

時代　西周早期

著録　攈古 1.3.46　綴遺 4.11　小校 2.42.3

流傳　吴式芬舊藏(攈古録)

拓片　小校

備注　«綴遺»云“據僧六舟手拓本摹入”

2143　鮮父鼎

字數　6

時代　西周早期

著録　三代 3.4.5

　　　貞松 2.35　十二雪 2—3　彙編 6.638

流傳　溥倫、孫壯舊藏(貞松、十二)

現藏　故宫博物院

拓片　考古研究所拓

2144　旂父鼎

字數　6

時代　西周早期

著録　三代 3.5.1

　　　綴遺 4.10　貞松 2.34　小校 2.43.3

流傳　上海陳氏舊藏(貞松)

拓片　小校

2145　田告母辛方鼎

字數　6（器蓋同銘）

時代　西周早期

著録　三代 3.3.1—2

　　　續殷上 22.2—3　尊古 1.25

出土　傳陜西寶鷄出土(分域)

流傳　南皮張氏舊藏(分域)

現藏　故宫博物院

拓片　考古研究所拓

2146　貟母鼎

字數　6

時代　西周早期

著録　陜青 3.54

出土　1971 年陜西扶風縣齊鎮 1 號墓

現藏　寶鷄市博物館

拓片　寶鷄市博物館提供

2147　王作仲姬方鼎

字數　6

時代　西周早期

著録　陝青 1.137

出土　解放後陝西岐山縣禮村出土

現藏　岐山縣博物館

拓片　岐山縣博物館提供

2148　齊姜鼎

字數　6

時代　西周早期

著録　未見

出土　陝西長安縣澧西墓葬

現藏　考古研究所西安研究室

拓片　考古研究所拓

2149　大王方鼎蓋

字數　6

時代　西周早期

著録　三代 3.3.6

貞松 2.31　希古 2.7.1　十二居 5　彙編 7.641

流傳　丁樹楨舊藏，後歸至德周氏居貞草堂

現藏　上海博物館

拓片　考古研究所藏

2150　雁公方鼎

字數　6

時代　西周早期

著録　三代 3.3.3

綴遺 4.22　周金 2.51.3　貞松 2.35　小校 2.41.4

流傳　平湖韓氏舊藏（羅表）

拓片　考古研究所藏猗文閣拓本

2151　雁公方鼎

字數　6

時代　西周早期

著録　未見

流傳　頤和園舊藏

現藏　故宫博物院

拓片　考古研究所拓

2152　豐公鼎

字數　6

時代　西周早期

著録　未見

出土　陝西寶鷄市竹園溝墓葬（M 7：3）

現藏　寶鷄市博物館

拓片　寶鷄市博物館提供

2153　康侯丰鼎

字數　6

時代　西周早期

著録　三代 3.3.4

筠清4.5　攈古1.3.40　愙齋6.2　綴遺3.18　奇觚 1.1（又16.1）　敬吾上29　周金 2.61.4　小校2.43.4　故圖下下60　彙編7.642

流傳　國子監舊藏（攈古録）

現藏　臺灣省“中央博物院”

拓片　考古研究所藏猗文閣拓本

2154　滕侯方鼎

字數　6（器蓋同銘）

時代　西周早期

著録　考古 1984 年 4 期 335 頁圖 4

出土　1982年山東滕縣莊里西村西周墓

現藏　滕縣博物館

拓片　考古研究所拓

2155　董伯鼎

字數　6

時代　西周早期

著録　三代 3.3.5

愙齋 6.10　綴遺 3.15　奇觚 1.18　周金 2.63.6　簠齋 1 鼎 18　續殷上 22.5　小校 2.42.8

流傳　陳介祺舊藏

拓片　考古研究所藏

2156　董伯鼎

字數　6

時代　西周早期

著録　未見

現藏　上海博物館

拓片　上海博物館提供

2157　大保方鼎

字數　6

時代　西周早期

著録　三代 3.6.4

西甲 1.10　貞補上 7　山東存下5.2

出土　傳山東壽張縣梁山下出土

流傳　清宫舊藏

拓片　三代

2158　大保方鼎

字數　6

時代　西周早期

著録　三代 3.6.5

西甲 1.12　積古 5.30　攈古 1.3.43　奇觚 1.14　陶續1.16　小校2.42.6　山東存下5.3

出土　傳山東壽張縣梁山下出土

流傳　清宫舊藏，後先後歸潘祖蔭、端方、吴榮光（攈古録、羅表）

拓片　考古研究所藏猗文閣拓本

備注　此器舊誤作彝

2159　大保方鼎

字數　6

時代　西周早期

著録　三代 3.6.6

山東存下5.4　綜覽一圖版扁足鼎34

出土　傳山東壽張縣梁山下出土

流傳　瑞典卡爾貝克氏（Orvar Karlbeck）舊藏

現藏　瑞典斯德哥爾摩遠東古物館

拓片　三代

備注　陳夢家先生以爲瑞典藏器爲《三代》3.6.5

2160　㒸伯方鼎

字數　6

時代　西周早期

著録　未見

出土　1972 年甘肅靈臺縣城西北三十里白草坡（M 2：2）

現藏　甘肅省博物館

拓片　甘肅省博物館提供

2161　㒸伯方鼎

字數　6

時代　西周早期

著録　學報 1977 年 2 期 108 頁圖 8.19

出土　1972 年甘肅靈臺縣城西北三十里白草坡（M 2：1）

現藏　甘肅省博物館

拓片　考古編輯部檔案

2162　大丏方鼎

字數　6

時代　西周早期

著録　三代 3.7.4

貞松 2.36.1　希古 2.5

出土　器出近畿(貞松)

流傳　羅振玉舊藏(羅表)

拓片　考古研究所藏

2163　大丏方鼎

字數　6

時代　西周早期

著録　三代 3.7.5

　　貞松 2.35.4　希古 2.5

出土　器出近畿(貞松)

流傳　羅振玉舊藏

拓片　考古研究所藏

2164　史迖方鼎(史迹方鼎)

字數　6

時代　西周早期

著録　文物 1972 年 6 期 26 頁圖 3　陝青 1.154

出土　1966 年陝西岐山縣賀家村西周墓葬

現藏　陝西省博物館

拓片　陝西省博物館提供

備注　第二字或釋逑，或釋逵

2165　史迖方鼎(史迹方鼎)

字數　6

時代　西周早期

著録　陝青 1.155

出土　1966 年陝西岐山縣賀家村西周墓葬

現藏　陝西省博物館

拓片　陝西省博物館提供

2166　𢼸史鼎

字數　6

時代　西周早期

著録　考古 1974 年 5 期 313 頁圖 9

出土　1973 年北京房山縣琉璃河 54 號墓(M54：27)

現藏　首都博物館

拓片　考古研究所拓

2167　伯卿鼎

字數　6

時代　西周早期

著録　三代 3.3.8

　　西清 2.26　愙齋 6.15　綴遺 4.20　周金 2.61.5　小校 2.41.6

流傳　清宫舊藏，後歸丁筱農(羅表)

拓片　陳邦懷先生藏

2168　伯魚鼎

字數　6

時代　西周早期

著録　三代 3.3.7

　　攈古 1.3.43　愙齋 6.16.3　簠齋 1 鼎 15　奇觚 1.15　從古 13.14.1　周金 2.63.5　綴遺 4.19.2　小校 2.41.7

出土　河北易州出土(羅表)

流傳　陳介祺舊藏

拓片　考古研究所藏

2169　史戎鼎

字數　6

時代　西周早期

著録　三代 3.6.1

　　周金 2.63.1　貞松 2.31.4　小校 2.41.1

拓片　小校

備注　史字寫作事

2170　伯矩鼎

字數　6

時代　西周早期

著録　三代 11.22.4

　　周金 2.63.4　小校 2.42.2

流傳　潘祖蔭舊藏(小校)

拓片　小校

2171　𪓐䨓德鼎

字數　6

時代　西周早期

著録　三代 3.6.3

貞松 2.32

流傳　武進陶祖光舊藏(貞松、羅表)

現藏　故宫博物院

拓片　考古研究所拓

備注　《貞松》云:"此鼎特小,異乎常器"

2172　雁叔鼎

字數　6

時代　西周早期

著録　三代 3.4.3

攈古 1.3.40　從古 7.25　綴遺 4.24　敬吾上 28.1　小校 2.41.5

流傳　何夙明、瞿世瑛、夏之盛舊藏(攈古録、羅表)

拓片　陳邦懷先生藏

2173　北單從鼎

字數　6

時代　西周早期

著録　三代 2.52.6

十二鏡 1

流傳　張瑋舊藏

現藏　故宫博物院

拓片　考古研究所拓

2174　田䢅鼎

字數　6

時代　西周早期

著録　録遺 66

現藏　上海博物館

拓片　録遺

2175　𢀛舀作旅鼎

字數　6

時代　西周早期

著録　録遺 68

拓片　陳邦懷先生藏

備注　第一字或釋虫字

2176　烏壬侜鼎

字數　6

時代　西周早期

著録　陜青 1.148

出土　1970 年陜西岐山縣出土

現藏　岐山縣博物館

拓片　陜青

2177　𠁧䢦鼎

字數　6

時代　西周早期

著録　三代 3.5.6

拓片　三代

2178　𠁧䢦鼎

字數　6

時代　西周早期

著録　録遺 67　日精華 3.201　彙編 7.648　有鄰館精華圖版 2　綜覽一圖版鼎 192

出土　傳河南濬縣出土

現藏　日本京都藤井有鄰館

拓片　録遺

2179　吹作𢓊妊鼎

字數　6

時代　西周早期

著録　三代 3.9.2

貞圖上14
流傳　羅振玉舊藏
拓片　考古研究所藏

2180　向方鼎
字數　6
時代　西周早期
著録　寧壽1.30
流傳　清宫舊藏
現藏　故宫博物院
拓片　考古研究所拓

2181　作公隮彝鼎
字數　6
時代　西周早期
著録　三代3.10.6
小校2.42.4
拓片　三代

2182　作口寶隮彝鼎(封鼎)
字數　6
時代　西周早期
著録　綴遺3.13
流傳　宜都曹氏舊藏
拓片　綴遺

2183　才僩父鼎
字數　6
時代　西周中期
著録　三代3.5.2
西甲1.23
流傳　頤和園舊藏
現藏　故宫博物院
拓片　考古研究所拓

2184　𩰫姞鼎
字數　6(器蓋同銘)
時代　西周早期或中期
著録　三代3.5.7—8
從古7.27　攈古1.3.42　綴遺4.16　奇觚1.29　周金2.61.2—3　小校2.44.3
出土　海寧陳受笙得之都中(攈古録)
拓片　考古研究所藏
備注　本所藏拓本與《三代》相符,與《小校》器蓋銘相反

2185　伯䭫方鼎
字數　6
時代　西周早期或中期
著録　文物1976年4期55頁圖48　陝青4.41
出土　1974年陝西寶鷄市茹家莊西周墓(M1乙:15)
現藏　寶鷄市博物館
拓片　寶鷄市博物館提供

2186　外叔鼎
字數　6
時代　西周早期或中期
著録　文物1959年10期84頁　陝青1.138
出土　1952年陝西岐山縣丁童家南壕出土(陝青)
現藏　陝西省博物館
拓片　陳邦懷先生藏

2187　叔旃鼎
字數　6
時代　西周早期或中期
著録　三代3.4.1
貞補上8　十二雪3—4
流傳　孫壯舊藏
拓片　考古研究所藏
備注　第二字或即旅字

2188　考作𠈉父鼎(友父鼎)

字數　6

時代　西周早期或中期

著録　三代 3.5.4

　　　筠清 4.19　攈古 1.3.41　小校 2.40.1

流傳　葉志詵舊藏(攈古録)

拓片　陳邦懷先生藏

2189　史昔鼎

字數　6

時代　西周早期或中期

著録　三代 3.6.2

　　　貞松 2.33.1　貞圖上15

流傳　羅振玉舊藏

拓片　考古研究所藏

2190　伯趆方鼎

字數　6

時代　西周早期

著録　未見

現藏　旅順博物館

拓片　考古研究所拓

2191　王作仲姜鼎

字數　6

時代　西周中期

著録　考古與文物 1982年2期6頁圖4

出土　1981年陝西郿縣油房堡西周窖藏

現藏　寶鷄市博物館

拓片　寶鷄市博物館提供

2192　𢐗作井姬鼎

字數　6

時代　西周中期

著録　文物 1976年4期54頁圖40

　　　陝青4.81

出土　1974年陝西寶鷄市茹家莊西周墓(M2：1)

現藏　寶鷄市博物館

拓片　寶鷄市博物館提供

2193　驫𨦺鼎

字數　6

時代　西周中期

著録　三代 3.7.2

　　　貞松 2.35.2　彙編 7.653

流傳　此器往歲見之都肆，不知歸何所(貞松)

拓片　A、三代；B、貞松

2194　[illegible]父鼎(桀父鼎)

字數　6

時代　西周中期

著録　中原文物 1982年4期65頁圖4

流傳　1976年河南文物商店從洛陽市廢品中選得

現藏　河南省博物館？

拓片　中原文物

2195　伯遲父鼎

字數　6

時代　西周中期

著録　録遺 69　攈古 1.3.42　巖窟上9

出土　傳河南出土

流傳　葉志詵舊藏(攈古録)

拓片　陳邦懷先生藏

2196　史盄父鼎

字數　6

時代　西周晚期

著録　三代 3.5.3

拓片　考古研究所藏

2197　伯咸父鼎

字數　6

時代　西周

著録　薛氏 81　嘯堂 91

流傳　全椒吴氏舊藏(薛氏)

拓片　嘯堂

2198　陵叔鼎

字數　6

時代　西周中期

著録　三代 3.4.2

陶齋 1.27　小校 2.40.2

流傳　端方舊藏

拓片　唐蘭先生藏

2199　井季㚸鼎

字數　6

時代　西周中期

著録　貞松 2.33　希古 2.6.1

流傳　羅氏雪堂藏器，宣統辛亥航載至海東，殘破不復可拓，但存墨本(希古)

拓片　希古

2200　穌還鼎

字數　6

時代　西周

著録　三代 3.7.1

貞松 2.32.1　希古 2.7.4

拓片　**A**、三代；**B**、貞松

2201　非𢦚鼎

字數　6

時代　西周中期

著録　三代 3.7.6

貞松 2.32.4

流傳　此器往歲見之都肆(貞松)

現藏　旅順博物館

拓片　考古研究所拓

2202　孟𡿺鼎

字數　6

時代　西周

著録　復齋 29.1　積古 4.8　攈古 1.3.39

流傳　畢良史得古器于盱眙榷場，摹十五種以納秦熺，此鼎其一也(復齋)

拓片　復齋

備注　«積古»、«攈古»據«復齋»摹入

2203　史宋鼎

字數　6

時代　西周

著録　未見

現藏　上海博物館

拓片　上海博物館提供

2204　羌鼎

字數　6

時代　西周

著録　未見

現藏　上海博物館

拓片　上海博物館提供

2205　䳱叜父鼎

字數　6

時代　西周

著録　未見

現藏　上海博物館

拓片　上海博物館提供

備注　第二字爲叜字

2206　癸子鼎

字數　6

時代　西周

著録　未見

現藏　上海博物館

拓片　上海博物館提供

2207　仲義父鼎

字數　6

時代　西周晚期

著録　三代 3.4.7

貞松 2.32

出土　此器光緒中葉與克鼎同出扶風縣法門寺

現藏　上海博物館

拓片　三代

2208　仲義父鼎

字數　6

時代　西周晚期

著録　未見

出土　光緒中葉與克鼎同出扶風縣法門寺

現藏　上海博物館

拓片　上海博物館提供

2209　仲義父鼎

字數　6

時代　西周晚期

著録　小校 2.40.4　周金 2 補　癡盦 1.1

出土　光緒中葉與克鼎同出扶風縣法門寺

流傳　李泰棻舊藏

現藏　故宫博物院

拓片　考古研究所拓

2210　仲義父鼎

字數　6

時代　西周晚期

著録　未見

出土　光緒中葉與克鼎同出扶風縣法門寺

流傳　清宫舊藏

現藏　故宫博物院

拓片　考古研究所拓

2211　仲義父鼎

字數　6

時代　西周晚期

著録　小校 2.40.5

出土　光緒中葉與克鼎同出扶風縣法門寺

現藏　上海博物館

拓片　考古研究所藏

2212　遣叔鼎

字數　6

時代　西周晚期

著録　三代 3.4.4

金索 1.30　貞松 2.33.2　善齋 2.50.1　小校 2.41.2

出土　得于山東任城(金索)

流傳　馮晏海、劉體智舊藏(金索、羅表)

現藏　故宫博物院

拓片　考古研究所拓

2213　孟湋父鼎

字數　6

時代　西周晚期

著録　三代 3.4.6

長安 1.10　攈古 1.3.40

流傳　劉喜海舊藏

拓片　考古研究所藏

2214　尹小叔鼎

字數　6

時代　春秋早期

著録　虢國墓 37 頁圖 34　考古通訊 1958 年 11 期 72 頁圖 2.3

出土　1957 年河南三門峽市上村嶺虢國墓地（M1819：5）

現藏　中國歷史博物館

拓片　考古研究所拓

2215　蔡侯𪔂

字數　6

時代　春秋晚期

著録　五省圖版三八　蔡侯墓圖版叁壹 2

出土　1955 年安徽壽縣蔡侯墓(2.1)

現藏　安徽省博物館

拓片　考古研究所藏

備注　«蔡侯墓»報告云"𪔂7件，依次略小，均殘破",銘文"見于 3 件,其它 4 件均殘缺"。報告只發表了鼎 2：1的拓本、圖象，其餘情況不詳

2216　蔡侯𪔂

字數　6

時代　春秋晚期

著録　五省圖版三七　蔡侯墓圖版叁壹 1

出土　1955 年安徽壽縣蔡侯墓

現藏　安徽省博物館

拓片　考古研究所藏

備注　此器形體較大

2217　蔡侯鼎

字數　6(器蓋同銘)

時代　春秋晚期

著録　五省圖版三九　蔡侯墓圖版叁壹 3(蓋銘)叁弍 1(器銘)

出土　1955 年安徽省壽縣蔡侯墓(3：1)

現藏　安徽省博物館

拓片　考古研究所藏

備注　«蔡侯墓»云"鼎共 9 件(3：1——3：9),均殘破，已修復較大的三件",報告只發表了鼎 3：1,其餘的,情況不詳。陳夢家云:"有蓋，6 器成三對，大小不同，最大的一對(高48.5厘米),蓋器銘六字；其它 3 器不成對,大小不同"(學報1956年2期95頁)

2218　蔡侯殘鼎

字數　6

時代　春秋晚期

著録　未見

出土　1955 年安徽壽縣蔡侯墓

現藏　安徽省博物館

拓片　考古研究所藏

備注　本所藏蔡侯殘鼎銘文拓本共十二紙，選用銘文完整清晰者八紙,有器,有蓋，器蓋搭配情況已不詳

2219　蔡侯殘鼎

字數　6

時代　春秋晚期

著録　未見

出土　1955 年安徽壽縣蔡侯墓

現藏　安徽省博物館

拓片　考古研究所藏

2220　蔡侯殘鼎

字數　6

時代　春秋晚期

著録　未見

出土　1955 年安徽壽縣蔡侯墓

現藏　安徽省博物館

拓片　考古研究所藏

2221　蔡侯殘鼎蓋

字數　6

時代　春秋晚期

著録　未見

出土　1955 年安徽壽縣蔡侯墓

現藏　安徽省博物館

拓片　考古研究所藏

2222　蔡侯殘鼎蓋

字數　6

時代　春秋晚期

著録　未見

出土　1955年安徽壽縣蔡侯墓

現藏　安徽省博物館

拓片　考古研究所藏

2223　蔡侯殘鼎蓋

字數　6

時代　春秋晚期

著録　未見

出土　1955年安徽壽縣蔡侯墓

現藏　安徽省博物館

拓片　陳邦懷先生藏

2224　蔡侯殘鼎蓋

字數　存2

時代　春秋晚期

著録　未見

出土　1955年安徽壽縣蔡侯墓

現藏　安徽省博物館

拓片　考古研究所藏

2225　蔡侯殘鼎

字數　6

時代　春秋晚期

著録　未見

出土　1955年安徽壽縣蔡侯墓

現藏　安徽省博物館

拓片　考古研究所藏

2226　蔡侯殘鼎

字數　存4

時代　春秋晚期

著録　未見

出土　1955年安徽壽縣蔡侯墓

現藏　安徽省博物館

拓片　考古研究所藏

2227　取它人鼎

字數　6

時代　春秋

著録　三代3.7.7
　　周金2.62.2　希古2.7.2　善齋2.51　小校2.41.3　貞松2.34.2　山東存魯21

流傳　劉鶚、劉體智舊藏(貞松)

拓片　考古研究所藏

2228　中甗鼎

字數　6

時代　戰國早期

著録　文物1975年6期70頁圖13.5—6

出土　1966年陝西咸陽市塔兒坡出土

現藏　咸陽市博物館

拓片　考古研究所拓

2229　沖子鼎

字數　6

時代　戰國早期

著録　三代3.7.8
　　貞松2.33.4

流傳　李放舊藏(貞松)

拓片　陳邦懷先生藏

2230　口子鼎

字數　存6

時代　戰國

著録　三代2.46.1
　　貞松2.36.2

拓片　A、三代；B、貞松

2231 楚子�鼎

字數 6

時代 春秋晚期

著録 江漢考古 1983 年 1 期 81 頁圖 1

出土 1974 年湖北當陽縣趙家湖墓葬

現藏 宜昌地區博物館

拓片 考古研究所拓

2232 右卜胅鼎

字數 6

時代 戰國晚期

著録 三代 2.53.8—9

陶齋 5.4 小校 2.36.7 尊古 3.48

流傳 端方舊藏

現藏 故宫博物院

拓片 考古研究所拓

2233 宋公䜌鼎蓋

字數 6

時代 春秋晚期(宋景公)

著録 博古 3.35 薛氏 80 嘯堂 19 大系録206

出土 元祐間得于南都,藏秘閣(金石録)

拓片 嘯堂

2234 鄧尹疾鼎

字數 6(器蓋同銘)

時代 春秋晚期

著録 未見

出土 1972 年湖北襄陽縣餘岡公社出土

現藏 襄陽地區博物館

拓片 考古研究所拓

備注 鄧尹或釋鄧子

2235 鄧子午鼎

字數 6

時代 春秋晚期

著録 江漢考古 1983 年 2 期 36 頁圖 2

現藏 武漢市文物商店

拓片 考古研究所拓

備注 武漢市文物商店從廢品中收集,原失蓋;後在廢品中找到一蓋,恰合。但蓋器上作器者不同,是否原爲一器,已無法查明,兹分爲兩件處理。蓋銘爲 7 字 (2286)

2236 王氏官鼎蓋

字數 6

時代 戰國

著録 未見

現藏 中國歷史博物館

拓片 考古研究所拓

2237 王蔑鼎

字數 6

時代 戰國晚期

著録 三代 2.16.4

貞續上 12.3 小校 2.31.3—4 故圖下下 10

流傳 容庚舊藏(貞續)

現藏 臺灣省"中央博物院"

拓片 A、小校; B、考古研究所藏

備注 «貞續»及«三代»只録左耳"王蔑"二字, 右耳及蓋銘乃經容庚氏去銹後顯出

2238 須𤔲生鼎蓋

字數 6

時代 戰國

著録 三代 3.8.1

貞松 2.34.1 十二舊 2

流傳 方若舊藏

現藏 中國歷史博物館

拓片 考古研究所拓

2239　𠫑子𥘏鼎

字數　6

時代　戰國

著録　未見

現藏　故宫博物院

拓片　考古研究所拓

備注　失蓋

2240　十年弗官容齋鼎

字數　6

時代　戰國晚期

著録　中國古代度量衡圖集 167

現藏　中國歷史博物館

拓片　A、考古研究所藏；B、中國歷史博物館提供

2241　東陲鼎蓋

字數　6

時代　戰國晚期

著録　録遺 70.1—2

現藏　浙江省博物館

拓片　浙江省博物館提供

備注　疑爲壽縣出土楚器之一

2242　垣上官鼎

字數　5

時代　戰國

著録　未見

現藏　上海博物館

拓片　上海博物館提供

2243　𠉡𡱂鼎（楚弩鼎）

字數　6

時代　戰國早期

著録　文物 1980 年 8 期 25 頁圖 2

出土　1977 年安徽貴池縣徽家冲出土

現藏　安徽省博物館

拓片　安徽省博物館提供

備注　銘文反書

2244　䜌作且乙鼎

字數　7

時代　西周早期

著録　三代 3.8.2

　　　愙齋 6.2　殷存上 6.6　小校 2.45.1

流傳　潘祖蔭舊藏（小校）

拓片　陳邦懷先生藏

2245　亞𦨶曆作且己鼎

字數　7

時代　殷或西周早期

著録　三代 3.1.2

　　　西甲 1.1　山東存附 4

流傳　清宫舊藏，後存頤和園

現藏　故宫博物院

拓片　考古研究所拓

2246　木工册作匕戊鼎

字數　7

時代　西周早期

著録　三代 3.8.8

　　　積古 4.1.1　金索首 2　攈古 2.1.1　愙齋 3.9　殷存上 6.10　小校 2.45.4　彙編 6.587

流傳　清乾隆欽頒内府周器十事在曲阜孔廟，此其一（積古）

現藏　山東曲阜縣文物管理委員會

拓片　考古研究所藏

2247　𡗜𠬝作父乙鼎

字數　7

時代　西周早期

著録　考古 1983 年 3 期 218 頁圖 2.3　245 頁圖 1.1
出土　1982 年陝西長安縣灃西新旺村窖藏
現藏　考古研究所西安研究室
拓片　考古研究所拓

2248　亞[illegible]作父乙鼎
字數　7
時代　西周早期
著録　未見
出土　1975 年北京房山縣琉璃河 251 號墓
現藏　首都博物館
拓片　考古研究所拓
備注　第二字可釋爲盉字

2249　或作父丁鼎
字數　7
時代　西周早期
著録　未見
流傳　瀋陽故宫舊藏
現藏　遼寧省博物館
拓片　考古研究所拓

2250　[illegible]作父丁鼎
字數　7
時代　西周早期
著録　未見
拓片　考古研究所藏

2251　穆作父丁鼎
字數　7
時代　西周
著録　復齋 7.3　積古 1.7　攈古 2.1.2　奇觚 16.3
拓片　復齋
備注　«積古»、«奇觚»之器«羅表»疑僞。按，
«積古»諸書之器皆據«復齋»，如«復齋»不僞，
則阮氏諸書之器亦不能視爲僞

2252　作父己鼎
字數　7
時代　西周早期
著録　三代 3.8.4
憲齋 6.15　奇觚 1.17　殷存上 6.7　小校
2.45.2
流傳　潘祖蔭舊藏(小校)
現藏　故宫博物院
拓片　考古研究所拓

2253　[illegible]屮父辛鼎
字數　7
時代　西周早期
著録　未見
出土　陝西寶鷄市竹園溝 13 號墓(M13：13)
現藏　寶鷄市博物館
拓片　寶鷄市博物館提供

2254　奄黽作父辛鼎
字數　7
時代　西周早期
著録　西清 2.34
流傳　清宫舊藏
拓片　西清

2255　扟作父辛鼎
字數　7
時代　西周早期
著録　未見
出土　1975 年北京房山縣琉璃河209 號墓
現藏　首都博物館
拓片　考古研究所拓

2256　昜作父辛鼎
字數　7

時代　西周早期

著録　未見

現藏　故宫博物院

拓片　考古研究所拓

備注　銘文倒鑄

2257　𠑹作父癸鼎

字數　7

時代　西周早期

著録　三代 3.8.6

清愛 9　攈古 2.1.2　綴遺 3.14　殷存上6.9

小校 4.48.5

流傳　劉喜海、王錫棨、瞿世瑛舊藏(綴遺、小校、羅表)

拓片　考古研究所藏猗文閣拓本

備注　通高七寸,口徑六寸五分,重四十五兩。此器不知下落,今録《清愛》尺寸重量以供參考

2258　𠑹父癸鼎

字數　存 7

時代　西周

著録　未見

現藏　上海博物館

拓片　上海博物館提供

2259　册作父癸鼎

字數　7

時代　西周

著録　未見

現藏　上海博物館

拓片　上海博物館提供

2260　亞𠑹作母丙鼎

字數　7

時代　西周早期

著録　綜覽一圖版鼎 155

拓片　日本林巳奈夫教授提供

2261　王作康季鼎

字數　7

時代　西周早期

著録　考古 1964 年 9 期 472 頁圖 1

出土　陝西岐山縣周家橋程家村

流傳　1944 年西京籌備委員會購得

拓片　考古編輯部檔案王獻唐先生摹本

備注　僅存殘片,重 18 斤,圖象未見著録

2262　亞𠑹𠑹𠑹作母癸鼎

字數　7

時代　殷

著録　巖窟上 8　録遺 65

出土　傳 1941 年河南安陽出土

流傳　梁上椿舊藏

現藏　故宫博物院

拓片　考古研究所拓

2263　曰𠑹𠑹姑鼎

字數　7

時代　殷或西周早期

著録　未見

流傳　頤和園舊藏

現藏　故宫博物院

拓片　考古研究所拓

2264　自作𨼆仲方鼎

字數　7

時代　西周早期

著録　三代 3.9.6

寧壽 1.27　積古 5.30　貞松 2.37.2　故宫 7 期　故圖下上 45　彙編 6.589

流傳　清宫舊藏

現藏　臺灣省"故宫博物院"

拓片　考古研究所藏

備注　《積古》誤作彝

2265　𠂤作隩仲方鼎

字數　7

時代　西周早期

著録　三代 3.9.7

西清 2.36　綴遺 4.19　貞續上 20　故圖下上 46

流傳　清宫舊藏

現藏　臺灣省"故宫博物院"

拓片　考古研究所藏

2266　自作隩仲方鼎

字數　7

時代　西周早期

著録　三代 3.9.8

憲齋 6.13　奇觚 1.13　周金 2.60.1　小校 2.46.6

流傳　潘祖蔭舊藏(奇觚、憲齋)

現藏　上海博物館

拓片　三代

2267　自作隩仲方鼎

字數　7

時代　西周早期

著録　三代 3.10.1

攈古 2.1.2　周金 3.114.4(又 2 補)　夢郼上 9　小校2.46.5

流傳　沈秉成、羅振玉舊藏(夢郼)

拓片　考古研究所藏

2268　周公作文王方鼎(魯公鼎、文王鼎)

字數　7

時代　西周早期

著録　博古 2.3　薛氏 81　嘯堂 7.2

流傳　"紹聖間宗室仲忽獲此器以獻"(金石録)

拓片　嘯堂

備注　清代著録同銘鼎十餘件,均爲仿宋僞作,入附録

2269　匽侯旨作父辛鼎

字數　7

時代　西周早期

著録　三代 3.8.5

攈古 1.14　恒軒 16　憲齋 6.2　綴遺 4.10　殷存上 6.8　小校 2.45.3

流傳　潘祖蔭、王懿榮舊藏(綴遺、羅表)

拓片　考古研究所藏

2270　叔作單公方鼎

字數　7

時代　西周早期

著録　彙編 6.585

現藏　澳大利亞墨爾本國立維多利亞博物館

拓片　彙編

備注　《文物》1979 年 12 期有文介紹此器

2271　子咸鼎

字數　7

時代　西周早期

著録　未見

現藏　故宫博物院

拓片　考古研究所拓

2272　𠃬小子鼎

字數　7

時代　西周早期

著録　三代 3.10.2

貞松 2.36　善齋 2.52　小校 2.46.7

流傳　劉體智舊藏

拓片　考古研究所藏

2273　王作𠂹姬鼎(垂姬鼎)

字數　7

時代　西周

著録　三代 3.9.4

從古 5.3　周金 2.60　希古 2.8.2　小校 2.45.5

流傳　葛嵩舊藏(從古)

拓片　考古研究所藏僧六舟手拓本

備注　第三字舊釋垂,似可從

2274　侯作父丁鼎

字數　7

時代　西周

著録　未見

拓片　考古研究所藏

備注　銘文倒鑄

2275　豊方鼎

字數　7

時代　西周

著録　博古 3.30　薛氏 80.4　嘯堂 18.3

拓片　嘯堂

2276　強伯鼎

字數　7

時代　西周中期

著録　未見

出土　1974 年陝西寶鷄市茹家莊 1 號墓(M1乙:13)

現藏　寶鷄市博物館

拓片　寶鷄市博物館提供

備注　«文物» 1976年 4 期 37 頁只録銘文的釋文,無銘拓及圖象

2277　𢐗伯作井姬方鼎

字數　7

時代　西周中期

著録　未見

出土　1974 年陝西寶鷄市茹家莊 2 號墓(M2: 5)

現藏　寶鷄市博物館

拓片　寶鷄市博物館提供

2278　𢐗伯作井姬鼎(獨柱帶盤鼎)

字數　7

時代　西周中期

著録　文物 1976 年 4 期 54 頁圖 41　陝青 4.83

出土　1974 年陝西寶鷄市茹家莊 2 號墓(M2: 6)

現藏　寶鷄市博物館

拓片　寶鷄市博物館提供

2279　仲義昌鼎

字數　7

時代　春秋

目録　積古 5.37　攈古 2.1.4　奇觚 17.11.4　小校 7.36.1

拓片　奇觚

2280　[illegible]鼎

字數　7

時代　西周中期

著録　三代 3.10.5

貞松 2.37.3　善齋 2.53　小校 2.46.3

善彝 30　故圖下下 68

流傳　劉體智舊藏

現藏　臺灣省"中央博物院"

拓片　考古研究所藏

2281　師閔鼎

字數　7

時代　西周

著録　未見

現藏　上海博物館

拓片　上海博物館提供

2282 尹叔作陧姞鼎

字數 7

時代 西周中期

著録 三代 3.9.5

貞松 2.37 周金 2.60.6 希古2.8.1

拓片 考古研究所藏

2283 卑汜君光鼎

字數 7

時代 春秋中期

著録 博古3.9 薛氏81.3 嘯堂16.1

拓片 嘯堂

備注 汜或即汾字

2284 喬夫人鼎

字數 7

時代 春秋早期

著録 未見

出土 1970 年安徽合肥市烏龜崗墓葬

現藏 安徽省博物館

拓片 安徽省博物館提供

備注 《文化大革期間出土文物》99 頁及《文物》1972年1期77頁僅有圖象和釋文,未附拓本

2285 子陝口之孫鼎

字數 存7

時代 春秋

著録 三代 3.13.3

貞松 2.39 善齋 2.68 小校 2.76 善彝 39 頌續 16

流傳 劉體智、容庚舊藏

現藏 廣州市博物館

拓片 考古研究所藏

備注 陝疑爲陕字

2286 盅子臧鼎蓋

字數 7

時代 春秋晚期

著録 江漢考古 1983 年 2 期 36 頁圖 1

現藏 武漢市文物商店

拓片 考古研究所拓

備注 收集時,與鄧子午鼎配成一器,是否原配無法肯定,現暫作二器處理。鄧子午鼎 6 字(2235)

2287 鈇侯之孫陸鼎

字數 7

時代 春秋

著録 三代 3.11.2

貞松 2.38.1 貞圖上17 小校 2.47.1

流傳 羅振玉舊藏

現藏 吉林大學歷史系陳列室

拓片 考古研究所藏

2288 卲王之諻鼎

字數 7

時代 春秋晚期

著録 三代 3.11.3

周金 2 補 貞松 2.37 希古 2.8.3 小校 2.45.6

拓片 三代

2289 王子𦣞鼎(王子姪鼎)

字數 7 (器蓋同銘)

時代 春秋晚期或戰國早期

著録 戰國式 37 美集録R 426 彙編 7.651

流傳 日本大阪山中商會舊藏(戰國式)

現藏 美國耶魯大學美術館陳列室

拓片 1.戰中式(蓋); 2.考古研究所藏(器)

備注 《戰國式》蓋、器銘皆爲照片,《美集録》只録器銘照片,《彙編》録器、蓋銘的摹本。第三字或

釋姪。或可釋侄。

2290 曾侯乙鼎

字數 7

時代 戰國早期

著録 未見

出土 1979年湖北隨縣曾侯乙墓（中室96）

現藏 湖北省博物館

拓片 湖北省博物館提供

備注 鼎共出22件（3件無銘），有無蓋大鼎2、束腰平底鼎9、蓋鼎9（2無銘）、小口提梁鼎1、匜鼎1（無銘）。此爲兩件無蓋大鼎中的一件

2291 曾侯乙鼎

字數 7

時代 戰國早期

著録 未見

出土 1979年湖北隨縣曾侯乙墓（中室90）

現藏 湖北省博物館

拓片 湖北省博物館提供

備注 此爲形制相同的九件束腰平底鼎之一

2292 曾侯乙鼎

字數 7（器蓋同銘）

時代 戰國早期

著録 未見

出土 1979年湖北隨縣曾侯乙墓（中室102）

現藏 湖北省博物館

拓片 湖北省博物館提供

備注 此爲形制相同的五件蓋鼎之一

2293 曾侯乙鼎

字數 7（器蓋同銘）

時代 戰國早期

著録 未見

出土 1979年湖北隨縣曾侯乙墓（中室103）

現藏 湖北省博物館

拓片 湖北省博物館提供

備注 此爲形制與前不同的一件蓋鼎

2294 曾侯乙鼎

字數 7（器蓋同銘）

時代 戰國早期

著録 未見

出土 1979年湖北隨縣曾侯乙墓（中室104）

現藏 湖北省博物館

拓片 湖北省博物館提供

備注 此爲形制與前不同的又一蓋鼎

2295 曾侯乙鼎

字數 7（器蓋同銘）

時代 戰國早期

著録 未見

出土 1979年湖北隨縣曾侯乙墓（中室185）

現藏 湖北省博物館

拓片 湖北省博物館提供

備注 此爲小口鼎。1.蓋内；2.器表肩部

2296 鑄客鼎

字數 7（器5.左耳2）

時代 戰國晚期

著録 三代2.54.6——7
小校2.37.4 安徽金石1.10.2 楚録5

出土 1933年安徽壽縣朱家集

流傳 安徽省圖書館舊藏

現藏 安徽省博物館

拓片 三代

備注 容庚先生以爲2字在耳上，«三代»誤以爲在器。右耳有一刻劃符號 △

2297 鑄客爲集胆鼎

字數　7

時代　戰國晚期

著録　三代 3.13.1

　　小校 2.48.1　安徽金石 1.10.2　楚録 6

出土　1933 年安徽壽縣朱家集

流傳　安徽省圖書館舊藏(安徽金石)

現藏　安徽省博物館

拓片　三代

備注　失蓋

2298　鑄容爲集朐鼎

字數　7 (蓋)

時代　戰國晚期

著録　三代 3.13.2

　　小校 2.48.2　安徽金石 1.10.1　楚録10

出土　1933 年安徽壽縣朱家集

流傳　安徽省圖書館舊藏(安徽金石)

現藏　安徽省博物館

拓片　考古研究所藏

2299　鑄客爲集糌鼎

字數　7

時代　戰國晚期

著録　三代 3.12.6

　　小校 2.47.4　安徽金石 1.10.4

出土　1933 年安徽壽縣朱家集

現藏　安徽省博物館

拓片　三代

2300　鑄客爲集囗鼎

字數　7 (器蓋各 7 字)

時代　戰國晚期

著録　三代 3.12.7—8

　　小校 2.47.3　安徽金石 1.9.4

出土　1933 年安徽壽縣朱家集

現藏　日本東京國立博物館

拓片　A、三代；B、日本東京國立博物館提供

2301　巨荁王鼎(巨蒼鼎)

字數　7

時代　戰國晚期

著録　文參 1957 年 7 期 83 頁

出土　1955 年安徽蚌埠市東郊

現藏　安徽省博物館

拓片　安徽省博物館提供

2302　膉所借鼎

字數　7

時代　戰國晚期

著録　三代 3.12.5

　　貞松 2.38　武英 32　小校 2.47.2　故圖下下95

流傳　承德避暑山莊舊藏(貞松)

現藏　臺灣省"中央博物院"

拓片　考古研究所藏

2303　𨗻公上夌鼎(襄公鼎、寇公鼎)

字數　7 (器7.耳 6、又合文 2)

時代　戰國晚期

著録　三代 3.11.5—6

　　陶齋 5.9　小校 2.63.1

流傳　端方舊藏

拓片　考古研究所藏

2304　𨘢詴侯鼎(梁鼎蓋)

字數　7 (又合文 1)

時代　戰國

著録　恒軒 22

流傳　吴大澂舊藏

拓片　恒軒

2305　墉夜君成鼎(坪夜君鼎)

字數　7

時代　戰國

著録　三代 3.11.4

筠清 4.5　古文審 2.12　攈古 2.1.1　愙齋 5.22　敬吾上 39　小校 2.46.1

流傳　葉志詵舊藏(小校)

拓片　三代

2306　𥂔鼎

字數　7

戰國　戰國

著録　未見

現藏　故宫博物院

拓片　考古研究所拓

備注　銘文在兩耳下邊

2307　右𥧰公鼎

字數　7

時代　戰國

著録　貞續上 20.1　録遺 71

拓片　考古研究所藏

2308　半齋鼎

字數　7

時代　戰國

著録　三代 3.12.2—4

西乙 4.15　寶蘊 33　貞松 2.38　故圖下下 111

流傳　瀋陽故宫舊藏

現藏　臺灣省"中央博物院"

拓片　考古研究所藏

2309　口𤔲鼎(之左鼎)

字數　存 7

時代　戰國晚期

著録　三代3.12.1

寶蘊 32　貞松 2.38　故圖下下96

流傳　瀋陽故宫舊藏

現藏　臺灣省"中央博物院"

拓片　考古研究所藏

備注　«西乙» 4.23失録銘文

2310　𢓊作且丁鼎(㣉且丁鼎)

字數　8

時代　西周早期

著録　三代 3.14.1

貞補上 8　貞圖上 18

流傳　羅振玉、容庚舊藏(貞補、貞圖)

拓片　考古研究所藏

2311　咸𡛷子作且丁鼎

字數　8

時代　殷

著録　三代 3.14.2

貞松 2.40　續殷上 22.6　小校 2.51.3

流傳　吴大澂舊藏,"得之粤東"(愙齋先生所藏古器物目)

拓片　考古研究所藏猗文閣拓本

備注　第二、四字或以爲一字,今暫以二字計

2312　堇𦣞作父乙方鼎

字數　8

時代　西周早期

著録　三代 3.14.5

西清 2.40　攈古 2.1.47　愙齋 3.11　綴遺 3.15　奇觚 1.19　簠齋 1 鼎 4　續殷上 22　小校 2.49

流傳　清宫舊藏,後歸阮元、陳介祺(攈古録、簠齋)

拓片　考古研究所藏

備注　第二字或釋臨字

2313　作父乙鼎

字數　8

時代　西周早期

著録　西清 4.11

流傳　清宫舊藏

拓片　西清

2314　士作父乙方鼎

字數　8

時代　西周早期

著録　西甲 1.15

流傳　清宫舊藏

拓片　西甲

2315　亞豚作父乙鼎

字數　8

時代　西周早期

著録　三代 3.14.3

殷存上 72　小校 2.49.2

拓片　考古研究所藏

備注　亞内兩點如果是一字，則此器應算 9 字

2316　亳作父乙方鼎

字數　8

時代　西周早期

著録　攈古 2.1.20　綴遺 3.10

流傳　劉喜海舊藏(攈古録)

拓片　攈古

2317　亞[illegible]作父丁鼎

字數　8

時代　西周早期

著録　三代 3.8.3

貞松 2.36

現藏　故宫博物院

拓片　考古研究所拓

2318　引作文父丁鼎

字數　8

時代　殷

著録　三代 3.14.6

愙齋 3.13　殷存上 7　小校 2.49.4　故宫 24 期　故圖下上 9

現藏　臺灣省"故宫博物院"

拓片　考古研究所藏

2319　[illegible]作父丁鼎

字數　8

時代　西周早期

著録　文物 1957 年 8 期 43 頁

出土　山西洪趙縣永凝東堡

現藏　山西省博物館

拓片　考古研究所藏

2320　[illegible]子旅作父戊鼎

字數　8

西代　西周早期

著録　未見

現藏　上海博物館

拓片　上海博物館提供

2321　[illegible]作父辛鼎

字數　8

時代　西周早期

著録　文物 1975 年 5 期 89 頁圖 4

出土　1972 年長武縣棗園村

現藏　陝西省博物館

拓片　文物

2322　作文辛方鼎

字數　8

時代　西周早期

著録　三代 3.15.1

西清4.12　藝展8　故宫29期　故圖下上24

流傳　清宫舊藏

現藏　臺灣省"故宫博物院"

拓片　考古研究所藏

備注　《倫敦》圖版6.12誤以爲尊銘

2323　㪽作父癸鼎

字數　8

時代　西周早期

著録　薛氏17　續考1.18

流傳　張才元所得(續考)

拓片　薛氏

備注　《薛氏》稱尊，《續考》稱彝，今查器形乃鼎

2324　玥作父癸鼎

字數　8

時代　西周早期

著録　三代3.15.3

貞松2.41　小校2.49.6　雙吉上6　尊古1.20　巴洛142頁

出土　傳洛陽出土(雙吉)

流傳　劉體智、于省吾舊藏(羅表、雙吉)

現藏　英國倫敦阿倫及巴洛氏

拓片　考古研究所藏猗文閣拓本

2325　𠭯季作父癸方鼎

字數　8

時代　西周早期

著録　三代3.15.2

懷米上6　攈古2.1.19　綴遺4.6　彙編6.535

流傳　曹秋舫舊藏(攈古録)

現藏　美國聖格氏(彙編)

拓片　考古研究所藏猗文閣拓本

2326　史造作父癸鼎

字數　8

時代　西周中期

著録　西清3.23

流傳　清宫舊藏

拓片　西清

2327　易貝作母辛鼎

字數　8

時代　西周早期

著録　三代3.9.1

綴遺3.10　貞續上21.1　續殷上22.8

拓片　考古研究所藏猗文閣拓本

2328　册木工作母辛鼎

字數　8

時代　殷或西周早期

著録　三代3.17.4

窓齋3.8.2　續殷上23.1　小校2.53.3

流傳　潘祖蔭舊藏(小校)

拓片　三代

2329　北子作母癸方鼎

字數　8

時代　西周早期

著録　三代6.42.4

攈古2.1.22　殷存上18.4

流傳　劉鏡古舊藏(攈古録)1955年見原器(斷代)

拓片　考古研究所藏

2330　姞𦣞母方鼎

字數　8

時代　西周早期

著録　三代3.15.6

小校2.50.3　彙編6.531　洛爾180頁NO.55

現藏　丹麥哥本哈根裝飾藝術博物館(彙編)

拓片　三代

2331　穆父作姜懿母鼎

字數　8

時代　西周中期

著録　三代 3.15.4

　　貞補上 9　善齋 2.55　小校 2.50.2　頌續 11

出土　傳出洛陽(貞補)

流傳　劉體智、容庚舊藏

現藏　廣州市博物館

拓片　考古研究所藏

2332　穆父作姜懿母鼎

字數　8

時代　西周中期

著録　三代 3.15.5

　　貞補上 9　十二式 5　頌續 12

出土　傳出洛陽(貞補)

流傳　孫秋帆舊藏

拓片　考古研究所藏

2333　姬作[illegible]姑日辛鼎

字數　8

時代　西周早期

著録　贖稿 6

出土　見於廠肆，傳河南出

現藏　旅順博物館

拓片　考古研究所拓

備注　或云銘文後刻

2334　[illegible][illegible]父作𨷻姛鼎

字數　8

時代　西周

著録　三代 3.16.8

　　小校 2.50.4　周金 2 補 32.2

流傳　合肥李木公新得(周金)，章乃器捐獻

現藏　故宫博物院

拓片　考古研究所藏

備注　《周金》以爲方鼎，末二字如釋爲一字，則全銘爲七字

2335　亞[illegible]李作兄己鼎

字數　8

時代　殷

著録　三代 3.9.3

　　續殷上 23.2

拓片　陳邦懷先生藏

2336　伯𢦏方鼎

字數　8

時代　西周早期

著録　使華 7　三代補 754　彙編 6.533

出土　傳河南濬縣出土(使華)

流傳　德人陶德曼舊藏

拓片　使華

2337　伯六[illegible]方鼎

字數　8

時代　西周早期

著録　三代 3.16.2

　　貞松 2.40　善齋 3.7　小校 2.50.8　美集録 R538　彙編 6.532

流傳　劉體智舊藏

現藏　美國舊金山亞州美術博物館布倫戴奇藏品

拓片　考古研究所藏

2338　義仲方鼎

字數　8

時代　西周早期

著録　三代 3.18.5

　　貞松 2.41.1　貞圖上 19

流傳　羅振玉舊藏

拓片　考古研究所藏

2339　公大史作姬荃方鼎

字數　8

時代　西周早期

著録　江漢考古 1982 年 2 期 45 頁圖 6.2

出土　1977—1978 年湖北黄陂縣魯臺山墓葬(M30：3)

現藏　湖北省博物館

拓片　湖北省博物館提供

2340　季無作宫伯方鼎

字數　8

時代　西周早期

著録　三代 3.16.1
貞松 2.40　周金 2 補　希古 2.8.4　善齋 3.6
小校 2.51.1　美集録 R 451　皮斯柏圖 4
彙編 6.534

流傳　盛昱、劉體智、盧芹齋舊藏(小校、美集録)

現藏　美國皮斯柏寄陳米里阿波里斯美術館

拓片　考古研究所藏

2341　叔具鼎

字數　8

時代　西周早期

著録　三代 3.15.7
貞補上 8　小校 2.50.6

流傳　此鼎近見之遼東(貞補)

現藏　中國歷史博物館

拓片　考古研究所拓

2342　叔䳄作南宫鼎

字數　8

時代　西周早期

著録　三代 3.15.8
貞續上 22.2

拓片　陳邦懷先生藏

2343　叔虎父作叔姬鼎

字數　8

時代　西周

著録　攈古 2.1.20

出土　見于長安

拓片　攈古

2344　𨙸沽伯遙鼎

字數　8

時代　西周早期

著録　三代 3.16.3

拓片　三代

2345　般子作寏圍宫鼎

字數　8

時代　西周早期

著録　三代 3.16.7

拓片　陳邦懷先生藏

備注　第一字或釋解

2346　勅䦉作丁侯鼎

字數　8

時代　西周早期

著録　三代 3.18.6
貞松 2.41.3　小校 2.50.7　善齋 2.56　善彝 23　故圖下下 74

流傳　劉體智舊藏

現藏　臺灣省"中央博物院"

拓片　考古研究所藏

2347　旅鼎(㫋鼎)

字數　8

時代　西周早期或中期

著録　文物 1981 年 9 期 18 頁圖 1

出土　1979 年山東濟陽縣劉臺子

現藏　山東濟陽縣圖書館

拓片　濟陽縣圖書館提供

備注　第一字或可釋軌

2348　作長鼎(長日戊鼎)

字數　8

時代　西周早期或中期

著録　三代3.16.4

貞補上9　十二式6　續殷上23.3

流傳　孫秋帆舊藏

拓片　考古研究所藏

2349　㦸鼎

字數　8

時代　西周中期

著録　考古1974年1期2頁圖3.2

出土　1973年陝西長安縣灃西馬王村窖藏

現藏　西安市文物管理委員會

拓片　考古編輯部檔案

2350　作寶鼎

字數　8(又重文1)

時代　西周中期

著録　三代3.18.7

貞松2.42.1　周金2補8　希古2.9.1　小校2.53.6　録遺75

現藏　故宫博物院

拓片　考古研究所拓

2351　小臣氏𣏟尹鼎

字數　8

時代　西周早期或中期

著録　三代3.16.6

西乙1.26　寶蕴28　貞松2.40　故圖下下69

流傳　瀋陽故宫舊藏

現藏　臺灣省"中央博物院"

拓片　考古研究所藏

2352　𣲧作鼎

字數　8

時代　西周

著録　未見

拓片　唐蘭先生藏

2353　師窦父作季姞鼎

字數　8

時代　西周晚期

著録　博古3.25　薛氏82　嘯堂17

拓片　嘯堂

2354　魯内小臣床生鼎

字數　8

時代　西周晚期或春秋早期

著録　三代3.16.5

攈古1.18　愙齋6.14　周金2.59.3　小校2.50.5　山東存魯18

流傳　潘祖蔭舊藏

拓片　考古研究所藏

2355　洖叔之行鼎

字數　8

春秋　春秋

著録　考古1982年2期145頁圖6.2

出土　1980年湖北隨縣劉家崖1號墓

現藏　隨州市博物館

拓片　考古研究所拓

2356　盅之嚽鼎

字數　8

時代　春秋

著録　考古1982年2期145頁圖6.1　江漢考古1983年1期13頁圖14

出土　1980年湖北隨縣劉家崖1號墓

現藏　隨州市博物館

拓片　考古研究所拓

2357　楚叔之孫倗鼎

字數　8

時代　春秋晚期

著録　考古 1981 年 2 期 122 頁圖 3.6

出土　1978 年河南淅川縣下寺 1 號墓

現藏　河南省博物館

拓片　考古編輯部檔案

2358　宋君夫人鼎蓋

字數　8

時代　春秋晚期

著録　考古圖 1.21　博古 3.37　薛氏 82　嘯堂 19

出土　得于京兆(考古圖)

流傳　秘閣舊藏(考古圖)

拓片　嘯堂

2359　吴王孫無土鼎

字數　8(器蓋同銘)

時代　春秋晚期

著録　文物 1981 年 1 期圖版陸 2

出土　1977 年陝西鳳翔縣高王寺窖藏

現藏　鳳翔縣雍城文物管理所

拓片　鳳翔縣雍城文物管理所提供

2360　王后左相室鼎

字數　8(蓋 5、器 8)

時代　戰國晚期

著録　三代 2.54.4—5

十二契22—23

流傳　商承祚舊藏

拓片　考古研究所藏

備注　相室之相從舊釋,從字形看,應爲和字

2361　公朕右自鼎

字數　8(器蓋同銘)

時代　戰國晚期

著録　未見

現藏　上海博物館

拓片　上海博物館提供

2362　亞㝨鄉宁鼎

字數　9

時代　殷

著録　録遺 72.1—2　鄴三上12

現藏　中國歷史博物館

拓片　考古研究所拓

備注　器内口下前後分别鑄二字及七字

2363　亞父庚且辛鼎

字數　9

時代　殷或西周早期

著録　三代 3.19.3

恒軒上 5　窓齋3.3　綴遺 5.31　續殷上23.5

小校 2.48.3

流傳　三原劉氏、潘祖蔭、吴大澂舊藏

現藏　上海博物館

拓片　考古研究所藏猗文閣拓本

2364　亞父庚且辛鼎

字數　9

時代　殷或西周早期

著録　未見

現藏　上海博物館

拓片　上海博物館提供

2365　歸作且壬鼎

字數　9

時代　西周早期或中期

著録　三代 3.17.2

貞松2.39.2
出土　此器近出洛陽(貞松)
流傳　容庚舊藏(貞松)
拓片　考古研究所藏

2366　㲋作父丁鼎
字數　9
時代　西周早期
著録　日精華3.203　白鶴撰23
出土　傳河南洛陽出土(白鶴撰)
現藏　日本神户白鶴美術館
拓片　白鶴撰

2367　𠭯監父己鼎
字數　9
時代　西周中期
著録　未見
現藏　上海博物館
拓片　上海博物館提供

2368　寧婦方鼎(帝己且丁父癸鼎)
字數　9
時代　西周早期
著録　三代3.17.1
憲齋3.13.3　奇觚1.20　陶續1.17　續殷上23.4　小校2.51.2　美集録R164　彙編6.494
流傳　徐士愷、端方舊藏(羅表)
現藏　美國紐約某氏
拓片　考古研究所藏猗文閣拓本

2369　長子狗鼎
字數　9
時代　西周早期
著録　江漢考古1982年2期45頁圖6.8
出土　1977—1978年湖北黄陂縣魯臺山墓葬(M30：1)
現藏　湖北省博物館
拓片　湖北省博物館提供

2370　公大史作姬埜方鼎
字數　9
時代　西周早期
著録　江漢考古1982年2期45頁圖6.1
出土　1977—1978年湖北黄陂縣魯臺山墓葬(M30：4)
現藏　湖北省博物館
拓片　湖北省博物館提供

2371　公大史作姬埜方鼎
字數　9
時代　西周早期
著録　江漢考古1982年2期45頁圖6.3
出土　1977—1978年湖北黄陂縣魯臺山墓葬(M30:5)
現藏　湖北省博物館
拓片　湖北省博物館提供

2372　大保𣪘作宗室方鼎
字數　9
時代　西周早期
著録　三代6.42.8—9
攈古2.1.33　從古11.7　小校7.38.3　彙編6.497　綜覽一圖版方鼎57
流傳　陳楓崖、嘉善蔡氏舊藏(攈古録)
現藏　日本京都黑川古文化研究所(綜覽)
拓片　彙編
備注　«三代»以爲彝，實爲鼎。«彙編»拓較其他書多出作器者名一字

2373　中斿父鼎(史斿父鼎、中斿父鼎)
字數　9
時代　西周早期

著録　三代 3.18.4

綴遺 4.13　貞松 2.42.2

現藏　故宫博物院

拓片　考古研究所拓

備注　首字史省又。銘文末尾占筮之單卦符號以一字計

2374　𢦏鼎

字數　9

時代　西周早期

著録　文物 1983 年 11 期 65 頁圖 5

出土　1982 年北京順義縣牛欄山金牛村墓葬

現藏　北京市文物工作隊

拓片　考古研究所拓

2375　遂攺諆鼎

字數　9

時代　西周早期

著録　三代 3.18.3

攈古 2.1.32　愙齋 6.13.4　綴遺 4.15

周金2.58.2

出土　道光末年出秦中(羅表)

流傳　葉志詵舊藏(綴遺)

現藏　江蘇鎮江市博物館

拓片　鎮江市博物館提供

2376　乙公鼎

字數　9(又重文 2)

時代　西周中期

著録　博古 3.22　薛氏 83　嘯堂 16.2

拓片　嘯堂

2377　薛侯鼎

字數　9

時代　西周

著録　攈古 2.1.32　綴遺 4.16　大系録 212

流傳　吴雲舊藏(攈古録)

拓片　攈古

2378　季念作旅鼎

字數　9

時代　西周

著録　三代 3.18.2

攈古 2.1.34　敬吾上 28.5　周金 2.59.1

小校 2.51.7　攀古 1.20　長安 1.9

流傳　劉喜海、潘祖蔭舊藏

現藏　故宫博物院

拓片　考古研究所藏移林館金文拓本

2379　鼄𠭰鼎

字數　9

時代　西周

著録　録遺 73

拓片　唐蘭先生藏

2380　亘鼎

字數　9(又重文 1)

時代　西周中期或晚期

著録　陝圖 80　陝青4.153

出土　1956 年陝西醴泉縣黄平村

現藏　陝西省博物館

拓片　陝西省博物館提供

2381　鮢衛妃鼎

字數　9

時代　西周晚期

著録　三代 3.17.7

陶續 1.19.1　恒軒 15

流傳　潘祖蔭、端方舊藏

現藏　山東省博物館

拓片　王獻唐先生提供

2382 觩衛妃鼎

字數 9

時代 西周晚期

著録 三代3.17.6

貞松2.41.2 澂秋3 小校2.51.5 周金2.58.3 彙編 6.498

流傳 陳承裘舊藏

現藏 故宫博物院

拓片 考古研究所藏

2383 觩衛妃鼎

字數 9

時代 西周晚期

著録 三代3.17.8

攈古2.1.33 敬吾上26.3

周金2.58.4 長安1.8 大系録281

流傳 劉喜海舊藏

拓片 三代

2384 觩衛妃鼎

字數 9

時代 西周晚期

著録 三代3.18.1

攈古2.1.33 小校2.51.6

流傳 葉志詵舊藏(攈古録)

現藏 中國歷史博物館

拓片 考古研究所拓

2385 至作寶鼎

字數 9

時代 西周晚期

著録 三代3.19.4

西清2.35 攈古1.22 周金2補 小校2.53.5

流傳 清宫舊藏,後歸潘祖蔭

拓片 三代

2386 絲駒父鼎

字數 9

時代 西周晚期

著録 博古3.28 薛氏82.4 嘯堂18.2

拓片 嘯堂

2387 内公鼎

字數 9

時代 春秋早期

著録 三代3.19.1

西清2.8 貞續上21.2 藝展15 故宫15期 故圖下上49

流傳 清宫舊藏

現藏 臺灣省"故宫博物院"

拓片 考古研究所藏

2388 内公鼎

字數 9

時代 春秋早期

著録 三代3.19.2

西清6.1 貞續上22.1 故宫20期 故圖下上50

流傳 清宫舊藏

現藏 臺灣省"故宫博物院"

拓片 考古研究所藏

2389 内公鼎

字數 9

時代 春秋早期

著録 三代3.18.8

西清3.19 憲齋6.5 小校2.57.4

流傳 清宫舊藏

現藏 瑞典斯德哥爾摩遠東古物館

拓片 考古研究所藏猗文閣拓本

備注 《小校》認爲用字下還有一享字

2390 郳子余鼎

字數 9

時代 春秋中期

著録 考古 1983 年 2 期 188 頁圖 1

出土 山東費縣上冶公社臺子溝

現藏 費縣圖書館

拓片 考古編輯部檔案

2391 江小仲母生鼎

字數 9

時代 春秋早期

著録 基建圖版 143 上 文參 1954 年 3 期 61 頁左下 文參 1954 年 5 期 40 頁右下 録遺 74

出土 1953 年河南郟縣太僕鄉

現藏 河南省博物館

拓片 録遺

2392 叔姬鼎

字數 9

時代 春秋早期

著録 周金 2.59.2

流傳 費念慈舊藏

現藏 上海博物館

拓片 陳邦懷先生藏

2393 鑄客爲王句小府鼎(王句七府鼎)

字數 9

時代 戰國晚期

著録 三代 3.19.6

安徽金石 1.9.1 (又 18.6) 小校 2.52.1 金石書畫71期第四版右

出土 1933年安徽壽縣朱家集

流傳 龍游余氏塞柯堂舊藏(金石書畫)

現藏 安徽省博物館

拓片 考古研究所藏

2394 鑄客爲王句小府鼎

字數 9

時代 戰國晚期

著録 未見

現藏 上海博物館

拓片 上海博物館提供

備注 同銘之鼎共三器,另一件現藏安徽省博物館,均爲同時出土之器。小字或釋七,或釋十

2395 鑄客爲大句脰官鼎

字數 9

時代 戰國晚期

著録 三代 3.19.5

小校 2.52.2 安徽金石 1.9.2

出土 1933年安徽壽縣朱家集

現藏 安徽省博物館

拓片 考古研究所藏

2396 公朱右自鼎

字數 9(又合文 1)

時代 戰國晚期

著録 美集録R 434

現藏 美國紐約康恩氏

拓片 考古研究所藏

2397 壽春鼎

字數 9

時代 戰國晚期

著録 文物 1964 年 9 期 36 頁圖 5 上

流傳 天津市文化局文物組收集

現藏 天津市歷史博物館

拓片 天津市歷史博物館及陳邦懷先生提供

2398 鄦鼎(䣙鼎)

字數 存 9

時代　西周早期

著録　西清 2.31

流傳　清宫舊藏

拓片　西清

2399　言鼎

字數　存 9

時代　西周

著録　博古 2.28　薛氏 83.1　嘯堂 12.1

拓片　嘯堂

備注　其下缺永字，全銘約爲十字

2400　亞若癸鼎

字數　10

時代　殷

著録　三代 3.10.7

西清 1.28　愙齋 3.3　續殷上 22.9　小校 2.49.7

流傳　清宫舊藏

拓片　考古研究所藏

備注　同銘之«西清»1.25、1.27兩鼎摹寫失真，入附録

2401　亞若癸鼎

字數　10

時代　殷

著録　博古 1.32　薛氏 12.5　嘯堂 2.1　商拾上 4

拓片　嘯堂

2402　亞若癸鼎

字數　10

時代　殷

著録　三代 3.11.1

貞補上 8.2　續殷上 22.10　善齋 2.54　小校 2.49.8

流傳　劉體智舊藏

現藏　上海博物館

拓片　考古研究所藏

備注　亞若癸器銘文字數難定，今暫以十字計

2403　婦闌鼎

字數　10

時代　殷

著録　三代 3.20.3

殷存上 7.4

現藏　上海博物館

拓片　考古研究所藏

2404　伯[illegible]方鼎

字數　10

時代　西周早期

著録　三代 3.20.4

攈古 2.1.49　敬吾上 39.3　小校 2.54.4

拓片　陳邦懷先生藏

2405　德鼎

字數　10(又合文 1)

時代　西周早期

著録　文物 1959 年 7 期封里　上海 27　銅器選31

三代補 870　彙編 6.455

現藏　上海博物館

拓片　上海博物館提供

備注　«彙編»誤作德方鼎

2406　戈父辛鼎

字數　10

時代　西周早期

著録　三代 3.20.2

貞補上 9.4　小校 2.53.2

流傳　劉體智舊藏(羅表)

拓片　唐蘭先生藏

2407　伯䣄鼎

字數　10

時代　西周早期

著録　未見

現藏　故宫博物院

拓片　考古研究所拓

2408　禽鼎

字數　10

時代　西周早期或中期

著録　文物 1986 年 1 期 11 頁圖16

出土　1981 年陝西長安縣普渡村 15 號墓(M15：02)

現藏　陝西省文物管理委員會

拓片　陝西省文物管理委員會提供

2409　大師作叔姜鼎

字數　10

時代　西周中期

著録　三代 3.21.1
　　十二契 21

流傳　商承祚舊藏

拓片　陳邦懷先生藏

2410　甚諆臧鼎

字數　10

時代　西周中期

著録　三代 3.20.1
　　攈古 2.1.48　愙齋 5.21.1　綴遺 4.9.2　奇觚 1.19.2　殷存上 7.3　簠齋 1 鼎 8　小校2.53.1

流傳　陳介祺舊藏

拓片　考古研究所藏

2411　叔師父鼎

字數　10

時代　西周中期

著録　積古 4.23.3　攈古 2.1.48　奇觚 16.5.2
　　希古 2.9.2

流傳　吴式芬舊藏(攈古録)

現藏　故宫博物院

拓片　考古研究所藏

2412　叔盂父鼎

字數　10

時代　西周

著録　三代 3.20.7
　　清愛 14　從古 1.4　攈古 2.1.48　敬吾上 28.6　周金 2.57.6　小校 2.54.1

流傳　文后山、劉喜海舊藏(攈古録、小校)

拓片　陳邦懷先生藏

2413　𢆶鼎

字數　10

時代　西周

著録　三代 3.20.5
　　貞松 2.42.3　周金 2 補

現藏　故宫博物院

拓片　考古研究所拓

2414　伯匄鼎

字數　10

時代　西周

著録　録遺 76

出土　山東泰安(分域續)

流傳　山東省圖書館舊藏

拓片　陳邦懷先生藏

2415　鄭同媿鼎

字數　10

時代　西周

著録　三代 3.20.6
　　攈古 2.1.47　愙齋 6.6.2　簠齋 1 鼎 5　奇

觚 1.20.2　從古 13. 12.1　周金 2.58.1 小校 2.54.3

流傳　陳介祺舊藏

拓片　考古研究所藏

2416　子𨗨鼎

字數　10(又重文 2)

時代　西周晚期

著録　三代 3.24.1

求古 1.21　敬吾上 26.1　小校 2.56.1

拓片　考古研究所藏

2417　廟孱鼎

字數　10(又重文 2)

時代　西周晚期

著録　文物 1976 年 5 期 41 頁圖 20　陜青 1.185

三代補 931

出土　1975 年陜西岐山縣董家村 1 號窖藏

現藏　岐山縣博物館

拓片　岐山縣博物館提供

2418　己華父鼎

字數　10 (又重文 1)

時代　西周晚期

著録　文物 1972 年 5 期 9 頁圖 16—17　考古 1983 年 4 期 290 頁圖 3.2

出土　1969年山東煙臺市上夼村西周墓

現藏　煙臺地區文物管理委員會

拓片　陳邦懷先生藏

2419　樂鼎

字數　10

時代　西周晚期

著録　三代 3.20.8

奇觚 1.21.1　周金 2 補　小校 2.53.4　尊古 1.22

現藏　清華大學圖書館

拓片　考古研究所拓

2420　陽鼎

字數　10

時代　西周

著録　積古 4.7.2　攈古 2.1.47　金索 1.20.4

拓片　攈古

2421　鄭子石鼎

字數　10(又重文 2)

時代　春秋早期

著録　三代 3.24.7

貞松 2.45.3　希古 2.12.1　小校 2.56.6

現藏　天津市藝術博物館

拓片　陳邦懷先生藏

2422　邿䯝鼎

字數　10(又重文 2)

時代　春秋早期

著録　三代 3.24.5

周金 2.56.3　貞松 2.45.2　希古 2.12.3

小校 2.56.4　大系録 223.3　山東存邿 6

出土　清光緒間出土于山東東平縣(大系、山東存)

拓片　考古研究所藏

2423　曾侯仲子斿父鼎

字數　10

時代　春秋早期

著録　文物 1972 年 2 期 53 頁圖 12　三代補 886

出土　1966 年湖北京山縣蘇家壠

現藏　湖北省博物館

拓片　陳邦懷先生藏

2424　曾侯仲子斿父鼎

字數　10

時代　春秋早期

著録　未見

出土　1966年湖北京山縣蘇家壠

現藏　湖北省博物館

拓片　陳邦懷先生藏

2425　乙未鼎

字數　存10

時代　殷或西周早期

著録　三代3.21.2

綴遺4.12.1　貞松2.42.4　希古2.15.2

小校2.55.1

流傳　吴大澂舊藏(愙齋先生所藏古器物目)

拓片　考古研究所藏

2426　鼄㝃鼎

字數　10(又重文2)

時代　春秋早期

著録　三代3.23.8

攈古2.1.65　周金2.56.1　大系録222.2

小校2.56.5　山東存邾15

拓片　考古研究所藏猗文閣拓本

2427　亞㚒鼎(册命鼎)

字數　存10

時代　殷

著録　博古1.19　薛氏12.4

拓片　薛氏

2428　口子每亾鼎(子敏父甗)

字數　存10

時代　春秋早期

著録　三代3.22.7

綴遺9.27　貞松2.45.1　希古2.9.3

拓片　考古研究所藏

2429　𩫖仲鼎

字數　存10

時代　西周晚期

著録　彙編6.469

現藏　上海博物館

拓片　陳邦懷先生藏

2430　殘𨻰鼎

寫數　存10

時代　春秋

著録　未見

現藏　故宫博物院

拓片　考古研究所拓

2431　乃孫作且己鼎

字數　11

時代　殷或西周早期

著録　三代3.21.3

續殷上24.1　故宫27期　故圖下上17

流傳　原藏重華宫(故宫27期)

現藏　臺灣省“故宫博物院”

拓片　考古研究所藏

2432　無敄鼎(無務鼎)

字數　11

時代　殷

著録　三代2.21.4

貞松2.44.4　續殷上23.8　尊古1.26

現藏　上海博物館

拓片　考古研究所藏

2433　𩁹姛方鼎

字數　11

時代　殷或西周早期

著録　録遺77　美集録R505　三代補505

出土　傳出河南

現藏　美國紐約羅比爾氏

拓片　考古研究所藏

2434　𩰫娟方鼎

字數　11

時代　殷或西周早期

著録　美集録R 450　懷履光(1956年)157頁A　三代補450

出土　傳出河南

流傳　美國盧芹齋舊藏

拓片　考古研究所藏

2435　從鼎

字數　11(又合文1)

時代　西周中期

著録　三代2.21.6

十二式7—8

流傳　吴大澂、孫秋帆舊藏(愙齋先生所藏古器物目、十二)

拓片　陳邦懷先生藏

2436　剌攸宁鼎

字數　11

時代　西周早期

著録　未見

現藏　中國歷史博物館

拓片　考古研究所拓

2437　柬虎鼎

字數　11

時代　西周

著録　考古1985年3期286頁圖3上右

出土　河南平頂山

現藏　平頂山市文物管理委員會

拓片　考古編輯部檔案

2438　伯口作隮鼎

字數　11

時代　西周中期

著録　未見

現藏　故宫博物院

拓片　考古研究所拓

備注　第一行四字被刮磨,因而不清

2439　庚兹鼎

字數　11

時代　西周早期或中期

著録　考古1976年1期34頁圖5.1　陝青1.160

出土　1973年岐山縣賀家村5號墓(M5：1)

現藏　陝西省博物館

拓片　陝西省博物館提供

2440　叔口父鼎

字數　11

時代　西周晚期

著録　齊家村8

出土　1960年陝西扶風縣齊家村窖藏

現藏　陝西省博物館

拓片　陝西省博物館提供

2441　蔡侯鼎

字數　11

時代　西周晚期

著録　三代3.21.7

攈古2.1.58　周金2.57.1　小校2.55.2

出土　見于長安(攈古録)

拓片　三代

2442　仲宦父鼎

字數　11(又重文1)

時代　西周晚期

著録　三代 3.23.3

周金 2.54.3　陶續 1.18　小校 2.56.3

流傳　顧壽康、端方舊藏(周金)

現藏　上海博物館

拓片　上海博物館提供

2443　伯𠓛鼎

字數　11

時代　西周晚期或春秋早期

著録　三代 3.22.3

周金 2 補 7.2　貞松 2.43.3　希古 2.10.1　小校 2.55.4

流傳　劉喜海舊藏(貞松)

現藏　蘇州市博物館

拓片　考古研究所藏猗文閣拓本

2444　伯𠓛鼎

字數　11

時代　西周晚期或春秋早期

著録　三代 3.22.5

貞松 2.43.4—44.1　周金 2 補 7.1　希古 2.10.2　小校 2.55.3

流傳　劉喜海舊藏(貞松)

現藏　蘇州市博物館

拓片　考古研究所藏藏文閣拓本

2445　伯𠓛鼎

字數　11

時代　西周晚期或春秋早期

著録　三代 3.22.6

貞松 2.44.3　希古 2.10.3

流傳　盛昱舊藏(貞松)

拓片　三代

2446　伯𠓛鼎

字數　11

時代　西周晚期或春秋早期

著録　三代 3.22.4

貞松 2.44.2　希古 2.10.4

拓片　三代

2447　伯𠓛鼎

字數　11

時代　西周晚期或春秋早期

著録　未見

現藏　濟南市博物館

拓片　考古研究所拓

2448　内大子鼎

字數　11

時代　西周晚期或春秋早期

著録　三代 2.22.1

貞松 2.43.2　周金 2.57.2　希古 2.11.1

現藏　上海博物館

拓片　考古研究所藏

2449　内大子鼎

字數　11

時代　西周晚期或春秋早期

著録　三代 3.22.2

周金 2.57.3　貞松 2.43.1　雙吉上 8　冠斝上 11

流傳　于省吾、榮厚舊藏

拓片　考古研究所藏

2450　曾子誩鼎

字數　11

時代　春秋早期

著録　未見

現藏　上海博物館

拓片　上海博物館提供

備注　誩字倒書

2451 梁上官鼎

字數 11(又合文2)

時代 戰國晚期

著録 三代2.53.5—6

攈古1.3.41 愙齋6.19 簠齋1鼎22 奇觚11.8.2—3 周金2.63.2—3 小校2.37.1—2

流傳 陳介祺、吴大澂舊藏(攈古録、愙齋先生所藏古器物目)

現藏 故宫博物院

拓片 考古研究所藏格林館金文拓本

2452 吴買鼎(䨻鼎)

字數 11

時代 春秋

著録 三代3.21,5

攈古2.1.58

流傳 山東沂水袁氏舊藏(攈古録)

拓片 三代

2453 𥎦父鼎

字數 12

時代 西周早期

著録 三代3.24.2

西清3.29. 貞松2.47.1 故宫5期 藝展12 大系録82 故圖下上44 彙編6.421

流傳 清宫舊藏

現藏 臺灣省"故宫博物院"

拓片 考古研究所藏

2454 𥎦父鼎

字數 12

時代 西周早期

著録 三代3.24.4

西清3.25 愙齋6.12.2 周金2.54.4—55 大系録82 小校2.64.1

流傳 清宫舊藏

拓片 三代

2455 𥎦父鼎

字數 12

時代 西周早期

著録 三代3.24.3

西清3.27 綴遺4.11.2 奇觚1.22.2 小校2.64.2

流傳 清宫舊藏,後歸潘祖蔭(奇觚)

拓片 考古研究所藏

2456 伯矩鼎

字數 12

時代 西周早期

著録 三代3.23.2

筠清4.15.2 從古8.7.1 攈古2.1.66 周金2.56.2 小校2.58.1

流傳 錢塘何氏舊藏(小校)

拓片 陳邦懷先生藏

2457 𢆶侯鼎

字數 12

時代 西周早期

著録 考古1964年10期448頁圖2.1

出土 1964年陝西長安縣張家坡墓葬

現藏 考古研究所西安研究室

拓片 考古研究所拓

2458 中作且癸鼎

字數 12

時代 西周早期

著録 三代3.23.1

殷存上7.5

拓片 三代

2459　交鼎

册數　12

時代　西周早期

著録　三代3.23.6

奇觚5.10.2　周金5.11.2　貞松2.47.2

小校5.31.2

拓片　考古研究所藏

備注　此器《三代》、《貞松》名交從鼎、交鼎，其餘均曰交尊，今從《三代》，收在鼎内

2460　𣎵伯鼎

字數　12

時代　西周中期

著録　三代3.23.5

貞松2.46.1　武英23　小校2.55.5　故圖下下80　彙編6.427

流傳　承德避暑山莊舊藏(貞松)

現藏　臺灣省"中央博物院"

拓片　考古研究所藏

備注　首字可釋爲棫或梍

2461　从鼎

字數　12(又重文2)

時代　西周早期或中期

著録　三代3.28.3

奇觚1.22.1　周金2補　小校2.57.3

現藏　上海博物館

拓片　考古研究所藏

2462　倗仲鼎

字數　12

時代　西周中期

著録　三代2.23.4

貞松2.46.4　希古2.11.3

拓片　考古研究所藏猗文閣拓本

2463　仲殷父鼎

字數　12(又重文1)

時代　西周晚期

著録　三代3.29.4

流傳　頤和園舊藏

現藏　故宫博物院

拓片　考古研究所藏

2464　仲殷父鼎

字數　12(又重文1)

時代　西周晚期

著録　三代3.29.5

擦古2.2.1　小校2.64.5

流傳　浙江臨海洪小筠舊藏(擦古録)

拓片　三代

2465　伯𩫏父鼎

字數　12(又重文2)

時代　西周晚期

著録　三代3.30.2

貞補上10.2　善齋2.60　小校2.65.1　頌續

出土　出于西安(頌續)

流傳　劉體智、容庚舊藏

拓片　考古研究所藏

2466　溓俗父鼎

字數　12(又重文2)

時代　西周晚期

著録　三代3.30.4

憲齋6.11.1　周金2補21.1　小校2.66.1

拓片　三代

2467　鄭姜伯鼎

字數　12(又重文2)

時代　西周晚期
著録　三代3.28.4
貞松3.1.2　希古2.13
現藏　上海博物館
拓片　考古研究所藏

2468　𣪕生寉鼎
字數　12
時代　西周晚期
著録　三代3.23.7
貞松2.46.2　武英26　小校2.57.1　故圖下下86
流傳　承德避暑山莊舊藏
現藏　臺灣省"中央博物院"
拓片　考古研究所藏

2469　大師人鼎
字數　12(又重文1)
時代　西周晚期
著録　三代3.28.2
周金2補　貞松3.2.1　希古2.13.1　小校2.63.5
流傳　劉鶚舊藏(貞松)
現藏　天津市藝術博物館
拓片　考古研究所藏猗文閣拓本

2470　𢦏有嗣爯鼎
字數　12
時代　西周晚期
著録　考古1976年1期34頁圖5.2　陝青1.164
出土　1973年冬岐山縣賀家村3號墓
現藏　陝西省博物館
拓片　陝西省博物館提供

2471　圂口鼎
字數　12(又重文1)
時代　西周
著録　未見
流傳　頤和園舊藏
現藏　故宫博物院
拓片　考古研究所拓

2472　虢姜鼎
字數　12
時代　西周晚期
著録　復齋15—17　積古4.9.1　攈古2.1.65　奇觚16.6.1
拓片　復齋
備注　《積古》以下諸書皆據《復齋》摹入

2473　史喜鼎
字數　12
時代　西周
著録　録遺78
拓片　陳邦懷先生藏

2474　𨰻嗣寇鼎
字數　12
時代　春秋
著録　未見
拓片　商承祚先生藏

2475　内公鼎
字數　12
時代　西周晚期或春秋早期
著録　三代3.24.6
貞松2.12.2　周金2.56.4(又補19)　小校2.57.2　出光(十五周年)394頁9　彙編6.425
現藏　日本東京出光美術館
拓片　唐蘭先生藏

2476　專車季鼎

字數　12(又重文2)
時代　春秋早期
著録　文物1964年12期66頁圖2
流傳　1956年江西省文管會在南昌市廢銅中收集
現藏　江西省博物館
拓片　江西省博物館提供

2477　夃訇君鼎
字數　12
時代　春秋晚期
著録　録遺79
拓片　考古研究所藏

2478　鎬鼎
字數　存12
時代　春秋
著録　三代3.26.5
貞松2.47.3　小校2.58.2
流傳　徐乃昌舊藏
拓片　陳邦懷先生藏

2479　楚王酓肯鉈鼎
字數　12
時代　戰國晚期
著録　三代3.25.1—4
小校2.60.1—3　安徽金石1.10.4(又18.6)
大系録補　藝展105　楚器7頁左
出土　1933年安徽壽縣朱家集
流傳　安徽省圖書館舊藏(通考)
現藏　安徽省博物館
拓片　陳邦懷先生藏
備注　肯字或可釋朏

2480　鑄客鼎
字數　12
時代　戰國晚期
著録　三代3.26.1—3
小校2.61.1—3　大系録補　學報1972年1期81頁　文物天地1981年2期16頁　安徽金石1.8.3(又18.5)　楚録1
出土　1933年安徽壽縣朱家集
流傳　安徽省圖書館舊藏(安徽金石)
現藏　安徽省博物館
拓片　考古研究所藏
備注　足部另有二字，未經著録(文物天地)。今暫歸入十二字内

2481　二年寍鼎
字數　12(又合文1)
時代　戰國晚期
著録　三代3.24.8
貞松2.48.1
拓片　三代

2482　四年昌國鼎
字數　12(又合文1)
時代　戰國晚期
著録　世界美術全集(7)中國1圖版14
拓片　世界美術全集

2483　壴生鼎
字數　存12
時代　西周早期或中期
著録　未見
現藏　英國倫敦不列顛博物館
拓片　不列顛博物館提供

2484　舟鼎
字數　存12
時代　西周中期或晚期
著録　西甲1.42
流傳　清宫舊藏

拓片　西甲

2485　刺觀鼎

字數　13

時代　西周早期

著録　三代 3.27.3

　　貞補上10.1　海外吉3　泉屋1.3　彙編6.413

現藏　日本京都泉屋博古館

拓片　三代

2486　禽鼎

字數　13(又重文2)

時代　西周早期或中期

著録　文物 1986 年 1期11頁圖15

出土　1981 年陝西長安縣花園村 15 號墓(M15:13)

現藏　陝西省文物管理委員會

拓片　陝西省文物管理委員會提供

2487　伯⿴父鼎

字數　13

時代　西周中期

著録　三代 3.28.1

　　貞圖上 21

流傳　羅振玉舊藏

拓片　考古研究所藏

2488　右伯鼎

字數　13(又重文2)

時代　西周早期或中期

著録　未見

現藏　故宫博物院

拓片　考古研究所拓

2489　伯衛父鼎

字數　13(又重文2)

時代　西周中期

著録　未見

拓片　陳邦懷先生藏

2490　叀鼎(嫚氏鼎)

字數　13

時代　西周中期

著録　考古圖 1.12　博古 3.23　薛氏 83　嘯堂17

拓片　嘯堂

備注　《考古圖》所摹銘文不全

2491　居𨚕騕鼎

字數　13

時代　西周中期或晚期

著録　考古與文物 1982 年 2 期 8 頁圖 2.3

出土　1981 年陝西岐山縣北郭公社曹家溝

現藏　岐山縣博物館

拓片　岐山縣博物館提供

2492　虢叔大父鼎

字數　13

時代　西周晚期

著録　三代 3.27.5

　　貞松 3.1.1　貞圖上 20

流傳　羅振玉舊藏

拓片　考古研究所藏

2493　鄭饔原父鼎

字數　13

時代　春秋早期

著録　三代 3.27.4

　　攈古 2.1.80　愙齋 5.20.2　敬吾上 30　小校2.63.4

流傳　葉志詵舊藏(平安館藏器目)

拓片　唐蘭先生藏

2494　杞伯每匕鼎

字數　13(又重文2、器蓋同銘)
時代　西周晚期或春秋早期
著録　三代3.34.1—2
　　貞松3.5　澂秋5—6　周金2.50.2—2.51.1
　　小校2.68.4—69.1　大系録231　山東存杞1
出土　道光、光緒間山東新泰縣出土(山東存)
流傳　陳承裘舊藏
現藏　故宫博物院
拓片　考古研究所拓
備注　故宫博物院云銘有剔損

2495　杞伯每匕鼎
字數　14(又重文2)
時代　西周晚期或春秋早期
著録　三代3.33.3
　　攈古2.2.24　愙齋5.19　奇觚1.24　周金
　　2.50.3　簠齋1鼎17　小校2.69.2　大系録
　　232　山東存杞1　日精華4.315　彙編5.362
出土　道光、光緒間山東新泰縣出土(山東存)
流傳　陳介祺舊藏
現藏　日本京都小川睦之輔氏（日精華）
拓片　考古研究所藏

2496　内大子白鼎
字數　13
時代　西周晚期或春秋早期
著録　西清2.24
流傳　清宫舊藏
現藏　天津市藝術博物館
拓片　陳邦懷先生藏

2497　黄君孟鼎
字數　13
時代　春秋早期
著録　考古1984年4期310頁圖10
出土　河南光山縣寶相寺上官崗磚瓦廠1號墓
　　(G1:A1)
現藏　信阳地區文物管理委員會
拓片　考古編輯部檔案

2498　鄬子眞埶鼎
字數　13(器蓋同銘)
時代　春秋晚期或戰國早期
著録　録遺80
現藏　旅順博物館(失蓋)
拓片　1.陳邦懷先生藏;2.考古研究所拓
備注　埶字或釋夷

2499　彥父丁鼎(彦鼎)
字數　存13(又合文1)
時代　西周早期
著録　三代3.26.4
　　攈古2.2.2　綴遺4.8.1　續殷上24.2
流傳　劉鏡古舊藏(攈古録)
拓片　唐蘭先生藏

2500　伯唐父鼎
字數　存13
時代　西周
著録　録遺81
拓片　陳邦懷先生藏

2501　嗣工殘鼎
字數　存13
時代　西周晚期
著録　考古與文物1980年4期22頁圖21.1
出土　1973年陕西扶風縣太白公社長命寺大隊早楊
　　生産隊窖藏
現藏　扶風縣博物館
拓片　扶風縣博物館提供

2502　圓君鼎(包君鼎)

字數　存 13
時代　春秋早期
著録　三代 3.22.8
　　積古 4.4.1　攈古 2.2.1　奇觚16.4.2
　　周金2.54.1　小校2.64.3
流傳　阮元舊藏
拓片　考古研究所藏僧達受手拓本

2503　𢦏子旅鼎
字數　14
時代　西周早期
著録　三代 3.29.3
　　善齋 2.59　小校 2.65.4
流傳　劉體智舊藏
現藏　上海博物館
拓片　考古研究所藏

2504　作册䢅鼎
字數　14
時代　西周早期
著録　三代 3.30.3
拓片　考古研究所藏

2505　圉方鼎
字數　14(器蓋同銘)
時代　西周早期
著録　文物特刊 5 期
出土　1975 年北京房山縣琉璃河黄土坡 253 號墓
現藏　首都博物館
拓片　考古研究所拓

2506　䍙作且乙鼎
字數　14
時代　西周早期
著録　三代 3.29.1
　　綴遺 4.6.1　陶齋 1.26　續殷上24.3　小校 2.64.4、
流傳　器見於上海(綴遺)端方舊藏
拓片　考古研究所藏

2507　復鼎
字數　14(又合文 1)
時代　西周早期
著録　考古 1974 年 5 期 314 頁圖 10.2
出土　1974 年北京房山縣琉璃河52號墓(M52:15)
現藏　首都博物館
拓片　考古研究所拓

2508　伯考父鼎
字數　14(又重文 1)
時代　西周中期或晚期
著録　三代 3.32.4
　　貞松 3.6　周金 2 補 7　希古 2.15.3　小校 2.66.3
拓片　考古研究所藏

2509　屯鼎
字數　14
時代　西周中期
著録　三代 3.27.1
　　貞續上 23.1　小校 2.63.2　善齋 2.57　善彝 24　故圖下下 75
流傳　劉體智舊藏
現藏　臺灣省"中央博物院"
拓片　考古研究所藏

2510　屯鼎
字數　14
時代　西周中期
著録　三代 3.27.2
　　貞續上23.2　善齋 2.58　小校 2.63.3　善彝 25　故圖下下76　彙編6.412

25×20=500

流傳　劉體智舊藏

現藏　臺灣省“中央博物院”

拓片　考古研究所藏

2511　叔𢾊父鼎

字數　14

時代　西周晚期

著録　三代3.31.1

擦古2.2.2　周金2.53.4　小校2.65.2

出土　見于長安(攈古録)

流傳　徐乃昌舊藏(小校)

拓片　唐蘭先生藏

2512　吉父鼎

字數　14(又重文1)

時代　西周晚期

著録　考古與文物1980年4期13頁圖8.3

出土　1940年今陝西扶風縣法門公社任村西周銅器窖藏出土，同出善夫吉父組、梁其組銅器百餘件

現藏　上海博物館

拓片　上海博物館提供

2513　伯筍父鼎

字數　14(又重文1)

時代　西周晚期或春秋早期

著録　三代2.32.2

西清2.25　故宫1期　貞松3.6　故圖下上43

流傳　清宫舊藏

現藏　臺灣省“故宫博物院”

拓片　陳邦懷先生藏

2514　伯筍父鼎

字數　14(又重文2)

時代　西周晚期或春秋早期

著録　三代3.32.3

拓片　三代

2515　史宜父鼎

字數　14(又重文2)

時代　西周晚期

著録　三代3.30.1

現藏　故宫博物院

拓片　考古研究所拓

2516　𥹛娟鼎(會娟鼎)

字數　14(又重文1)

時代　西周晚期

著録　文物1973年11期79頁圖5

出土　1972年陝西寶鷄市康家村

現藏　扶風縣博物館

拓片　扶風縣博物館提供

備注　原報告以爲此與函皇父器羣同出，後經掩埋保藏者

2517　内子仲口鼎

字數　14(又重文2)

時代　西周晚期或春秋早期

著録　三代3.39.2

清愛3　攈古2.2.38　敬吾上27.4—5　周金2.49.2　小校2.71.1

流傳　此鼎道光初元劉燕庭喜海官閩，以重金購置(小校，翁大年跋)、後歸葉志詵(敬吾)

現藏　上海博物館

拓片　陳邦懷先生藏

2518　蔡生鼎

字數　14(又重文2)

時代　西周晚期

著録　博古3.27　薛氏83　嘯堂18

拓片　嘯堂

2519　君季鼎

字數　存 14
時代　西周晚期或春秋早期
著録　薛氏 84.3
流傳　李成季舊藏
拓片　薛氏

2520　鄭戚句父鼎

字數　14(又重文 2)
時代　春秋早期
著録　大系録200
拓片　考古研究所藏徛文閣拓本
備注　器形爲匜鼎。

2521　雍作母乙鼎

字數　14(又重文 1)
時代　西周晚期或春秋早期
著録　三代 3.31.4
　　貞松 3.4　故宫 4 期　故圖下上 51
流傳　清宫舊藏
現藏　臺灣省"故宫博物院"
拓片　考古研究所藏

2522　武生鼎

字數　14(又重文 2)
時代　春秋早期
著録　三代 3.35.3
　　周金 2.52.4　貞松 3.8　善齋 2.61　善彝32
　　小校2.68.3
流傳　盛昱、王辰、劉體智舊藏
現藏　上海博物館
拓片　考古研究所藏

2523　武生鼎

字數　14(又重文 2)
時代　春秋早期
著録　三代 3.35.4
　　貞松 3.8.1　周金 2.52.3　希古 2.14.2　善齋 2.61.2　小校 2.68.2　善彝 33
流傳　盛昱、王辰、劉體智舊藏
現藏　上海博物館
拓片　考古研究所藏

2524　鬳𦉢生鼎(寶夰生鼎)

字數　14
時代　春秋早期
著録　山東選 42 頁圖 97
出土　山東棲霞縣桃莊
現藏　棲霞縣文物管理所
拓片　陳邦懷先生藏

2525　鄀伯御戎鼎

字數　14(又重文 2)
時代　春秋
著録　三代 3.37.1
　　攈古 2.2.24　大系録222　山東存鄀 1
流傳　劉鏡古舊藏(攈古録)
拓片　陳邦懷先生藏

2526　穌冶妊鼎

字數　14(又重文 2)
時代　春秋早期
著録　三代 3.36.1
　　積古 4.9　金索 1.33　古文審 2.11　攈古 2.2.23　夢郼上11　周金 2.52.1　小校2.70.4
　　大系録280
流傳　費念慈、羅振玉舊藏(羅表)
拓片　考古研究所藏

2527　卅年鼎(卅年安令癰鼎)

字數　14(又合文 1,器脣及器身14字同銘)

時代　戰國晚期

著録　小校 2.98.1　録遺 522

拓片　録遺

備注　拓本字多不清；«小校»作鼎，«録遺»作釜，此據«小校»作鼎處理

2528　异口仲方鼎

字數　存 14

時代　西周早期

著録　三代 3.31.2

貞松 3.3. 2 善彝 41 善齋 3.10 小校2.65.3

流傳　劉體智舊藏

拓片　三代

2529　仲爯父鼎

字數　存14（又重文 1）

時代　西周晚期

著録　中原文物1984年 4 期13 頁圖1.5

出土　1980 年河南南陽郊委磚瓦廠

現藏　南陽市博物館

拓片　南陽市博物館提供

備注　據同出之仲爯父簋知此鼎亦爲仲爯父所作

2530　王子中府鼎（秦王子鼎）

字數　存 14

時代　戰國

著録　小校 2.57.6—7　善齋 28.11

現藏　上海博物館

拓片　上海博物館提供

本册引用書目及簡稱表

壹　中日文部分

二　畫

十六　十六長樂堂古器款識考　4卷　清錢坫　1796年

十二　十二家吉金圖録　2册　商承祚　1935年

二百　二百蘭亭齋收藏金石記　4卷　清吴雲　1856年

三　畫

三代　三代吉金文存　20卷　羅振玉　1937年

三代輔　三代吉金文存輔　1册　周法高　1980年

三代秦漢遺物上的銘刻（《三代秦漢の遺品に識せろ文字》）〔日〕中村不折　1934年

大系　兩周金文辭大系圖録考釋　8册　郭沫若　1935年　本書用1958年重印本

小校　小校經閣金文拓本　18卷　劉體智1935年

上海　上海博物館藏青銅器　1964年

山東存　山東金文集存（先秦編）　曾毅公　1940年

山東選　山東文物選集（普查部分）　1册　山東省文物管理處、山東省博物館1959年

四　畫

文參　文物參考資料　1954—1958年

文物　1959年以來

文物天地　1981年以來

文物特刊　1975年以來

文叢　文物資料叢刊　1—7輯

五省　五省出土重要文物展覽圖録　1958年

日精華　日本蒐儲支那古銅精華　6册〔日〕梅原末治　1959—1962年

中銅　中國古銅器　1册〔日〕杉村勇造　1966年

中原文物　1983年以來

中國歷史博物館館刊　1979年以來

中國古代度量衡圖集　1册　國家計量總局編　1981年

文字編　中山王䀯器文字編　張守中　1981年

巴布選　巴黎、布魯塞爾所見中國銅器選録（《歷史語言研究所集刊》第五十一本第一分）張光裕　1979年

分域　金文分域編　21卷（又補編14卷）　柯昌濟　1934年

支美　支那古美術圖譜　2册　大村西崖　1932年

五　畫

古文審　古文審　8卷　清劉心源　1891年

出光　開館十五周年紀念展圖録　1册　出光美術館　1981年

白鶴　白鶴吉金集　1册　梅原末治　1934年

白鶴撰　白鶴吉金撰集　1册　梅原末治　1941年

甲骨學　日本甲骨學會編

古文字研究　1979年以來

六　畫

安徽金石　安徽通志金石古物考稿　18册　徐乃昌　1936年

西清　西清古鑑　40卷　清梁詩正等　乾隆二年（1755）内府刻本　考古研究所藏

西甲　西清續鑑甲編　20卷　清王杰等　乾隆五十八年(1793)　本書用宣統二年(1910)涵芬樓石印寧壽宫寫本

西乙　西清續鑑乙編　20卷　清王杰等　1793年

西拾　西清彝器拾遺　1册　容庚　1940年

考古圖　考古圖　10卷　宋吕大臨　元祐七年(1092)本書用明程士莊泊如齋刻本　北京圖書館藏

考古　1959年以來

考古與文物　1980年以來

吉志　吉金志存　4卷　清李光庭　咸豐九年(1859)自刻本

考古通訊　1955—1958年

江漢考古　1980年以來

有鄰館精華　日本藤井有鄰館編

世界美術全集　日本　新規矩男等編　1952—1954年

七　畫

辛村　濬縣辛村　郭寶鈞　1964年

求古　求古精舍金石圖初集　4卷　清陳經　1813年

希古　希古樓金石萃編　10卷　劉承幹　1933年

八　畫

河南(一)　河南出土商周青銅器(一)　1981年

河北　河北出土文物選集　1980年

武英　武英殿彝器圖録　2册　容庚　1934年

兩罍　兩罍軒彝器圖釋　12卷　清吴雲　同治十一年(1870)自刻本

奇觚　奇觚室吉金文述　20卷　清劉心源　光緒二十八年(1902)石印本

長安　長安獲古編　2卷　清劉喜海　道光末年　本書用光緒三十一年(1905)劉鶚補刻器名本

周金　周金文存　6卷　鄒安　1916年

金索　金石索　12卷　清馮雲鵬、馮雲鵷　道光四年(1824)邃古齋刊本

金匱　金匱論古初集　陳仁濤　1952年

金村　洛陽金村古墓聚英　〔日〕梅原末治　1943年

九　畫

恒軒　恒軒所見所藏吉金録　2卷　清吴大澂　光緒十一年(1885)自刻本

美集録　美帝國主義劫掠的我國殷周青銅器集録　1册　陳夢家　1963年

冠斝　冠斝樓吉金圖　4册　榮厚　1947年

故宫　45期　故宫博物院　1929—1933年

故圖　故宫銅器圖録　2册　台灣省“故宫、中央博物院聯合管理處”1958年

陝圖　陝西省博物館、陝西省文物管理委員會藏青銅器圖釋　1960年

陝青　陝西出土商周青銅器(一)—(三)　陝西省考古研究所、陝西省文物管理委員會、陝西省博物館　1979—1980年

貞松　貞松堂集古遺文　16卷　羅振玉　1930年

貞圖　貞松堂吉金圖　3卷　羅振玉　1935年

貞補　貞松堂集古遺文補遺　3卷　羅振玉　1931年

貞續　貞松堂集古遺文續編　3卷　羅振玉　1934年

泉屋　泉屋清賞　4册〔日〕濱田耕作　1919年

十　畫

海外吉　海外吉金圖録　3册　容庚　1935年

海外銅　海外中國銅器圖録(第一集)　2册　陳夢家　1946年

移林　移林館吉金圖識　清丁麟年　宣統二年(1910)　本書用1941年孫海波東雅堂重印本

通考　商周彝器通考　2册　容庚　1941年

殷存　殷文存　2卷　羅振玉　1917年

十一畫

清儀　清儀閣所藏古器物文　10卷　清張廷濟　1925年涵芬樓石印本

清愛　清愛堂家藏鐘鼎彝器款識法帖　清劉喜海　道光十八年（1838）　本書用光緒三年（1877）尹彭壽補刻本

商拾　商周文拾遺　3卷　清吴東發　1803年前

基建　全國基本建設工程中出土文物展覽圖録　2册　1955年

陶齋　陶齋吉金録　8卷　清端方　光緒三十四年（1908）石印本

陶續　陶齋吉金續録　2卷　清端方　宣統元年（1909）石印本

張家坡　長安張家坡西周銅器羣　1册　中國科學院考古研究所　1965年

婦好墓　殷墟婦好墓　中國社會科學院考古研究所　1980年

從古　從古堂款識學　16卷　清徐同柏　光緒十二年（1886）　本書用光緒三十二年（1906）蒙學報館石印本

十二畫

善彝　善齋彝器圖録　3册　容庚　1936年

善齋　善齋吉金録　28册　劉體智　1934年

尊古　尊古齋所見吉金圖　4卷　黄濬　1936年

博古　博古圖録　30卷　宋王黼等　宣和五年（1123）　本書用明嘉靖七年（1528）蔣暘翻刻元至大重修本　考古研究所藏

疏要　僞作先秦彝器銘文疏要　〔澳〕張光裕　1974年

麻朔　金文麻朔疏證　2册　吴其昌　1936年

復齋　鐘鼎款識　宋王厚之（復齋）　乾道二年（1166）　本書用清嘉慶七年（1802）阮元刻本

湖南省博物館　湖南省博物館編　1983年

湖南考古輯刊　湖南省博物館編　1982年以來

黑川古文化研究所要覽　黑川古文化研究所編

十三畫

愙齋　愙齋集古録　26册　清吴大澂　1919年涵芬樓初版石印本

敬吾　敬吾心室彝器款識　2册　清朱善旂　光緒三十四年（1908）朱之溱石印本

楚展　楚文物展覽圖録　中國歷史博物館　1954年

楚器　楚器圖釋　2卷　劉節　1935年

楚録　安徽省博物館籌備處所藏楚器圖録（第一集）　1袋　1953年

董盦　董盦吉金圖　1册　1924年

頌齋　頌齋吉金圖録　容庚　1933年

頌續　頌齋吉金續録　2册　容庚　1938年

筠清　筠清館金文　5卷　清吴榮光　道光二十二年（1842）　本書用宜都楊氏重刻本

彙編　中日歐美澳紐所見所拓所摹金文彙編　10册　〔澳〕巴納、張光裕　1978年

董作賓先生全集　董作賓先生全集編輯委員會編　1977年

十四畫

寧壽　寧壽鑑古　16卷　清乾隆敕編　乾隆四十四年前後（1779）　本書用1913年涵芬樓石印寧壽宫寫本

齊家村　扶風齊家村青銅器羣　陝西省博物館1963年

夢坡　夢坡室獲古叢編　12卷　鄒壽祺　1927年

夢郼　夢郼草堂吉金圖　3卷（又續編1卷）　羅振玉　1917年

綴遺　綴遺齋彝器款識考釋　30卷　清方濬益　1935年涵芬樓石印本

銅玉　殷周青銅器和玉（《殷周青銅器と玉》）

〔日〕水野清一　1959年

銅器選　中國古青銅器　1册　文物出版社　1976年

綜覽　殷周時代青銅器の研究·殷周青銅器綜覽一　2册　〔日〕林巳奈夫　1984年

十五畫

澂秋　澂秋館吉金圖　2册　孫壯　1931年

蔡侯墓　壽縣蔡侯墓出土遺物　安徽省文物管理委員會、安徽省博物館　1956年

歐精華　歐米蒐儲支那古·精華　6册　〔日〕梅原末治　1933年

嘯堂　嘯堂集古録　2册　宋王俅　淳熙三年(1176)　本書用1922年續古逸叢書石印宋淳熙本

學報　考古學報　1953年以來

虢國墓　上村嶺虢國墓地　1册　中國科學院考古研究所　1959年

十六畫

濬縣　濬縣彝器　2册　孫海波　1938年

澳銅選　澳大利亞所見中國銅器選録(«屈萬里先生七秩榮慶論文集»抽印本)張光裕　1978年

戰國式　戰國式銅器的研究(«戰國式銅器の研究»)〔日〕梅原末治　1936年

鄴初　鄴中片羽初集　2册　黄濬　1935年

鄴二　鄴中片羽二集　2册　黄濬　1937年

鄴三　鄴中片羽三集　2册　黄濬　1942年

録遺　商周金文録遺　于省吾　1957年

積古　積古齋鐘鼎彝器款識　10卷　清阮元　嘉慶九年(1804)自刻本

衡齋　衡齋金石識小録　2卷　黄濬　1935年

賸稿　河南吉金圖志賸稿1册　孫海波　1939年

十七畫

薛氏　歷代鐘鼎彝器款識法帖　20卷　宋薛尚功　紹興十四年(1144)本書用1953年于省吾影印明崇禎六年(1633)朱謀垔刻本

十八畫

簠齋　簠齋吉金録　8卷　鄧實　1918年

雙王　雙王鉨齋金石圖録　鄒安　1916年

雙吉　雙劍誃吉金圖録　2卷　于省吾　1934年

雙古　雙劍誃古器物圖録　2卷　于省吾1940年

斷代　西周銅器斷代(一)至(六)　陳夢家　考古學報9、10册，1956年1—4期

十九畫

癡盦　癡盦藏金　2册　李泰棻　1940—1941年

攀古　攀古樓彝器款識　2卷　清潘祖蔭　同治十一年(1872)滂喜齋自刻王懿榮手寫本

懷米　懷米山房吉金圖　2卷　清曹載奎　道光十九年(1939)自刻石本

攈古　攈古録金文　3卷　清吴式芬　光緒二十一年(1895)吴氏家刻本

攈古録　攈古録(三代一至三)清吴式芬　1850年前後

藝展　參加倫敦中國藝術國際展覽會出品圖説　1936年(第一册銅器)

羅表　三代秦漢金文箸録表　羅福頤　1933年

二十畫

寶蘊　寶蘊樓彝器圖録　2册　容庚　1929年

寶楚　寶楚齋藏器圖釋　1卷　方煥經　1934年

二十一畫

續考　續考古圖　5卷　宋趙九成　紹興三十二年(1162)本書用清光緒十三年(1887)歸安陸氏十萬卷樓叢書刻本

續殷　續殷文存　2卷　王辰　1935年

二十三畫

巖窟　巖窟吉金圖録　2册　梁上椿　1943年

貳　西文部分

荷、比　H. F. E. Visser, Asiatic Art in Private Collections of Holland and Belgium, 1947, Amsterdam.

巴洛　Michael Sullivan, Chinese Ceramics, Bronzes and Jades in the Collection of Sir Alan and Laby Barlow, 1963, London.

懷履光(1956)　W. C. White (懷履光). Bronze Culture of Ancient China, 1956, Toronto

布倫戴奇　d' Argence, Rene-Yvon Lefebvre, Bronze Vessels of Ancient China in the Avery Brundage Collection. Asian Art Museum of San Francisco, 1977.

柏景寒　Charles Fabens Kelley and Ch'en Meng chia (陳夢家), Chinese Bronzes from the Buckingham Collection, 1946, Chicago

賽爾諾什　Elisseeff, Vadime (葉理夫), Bronzes ar chaiques chinois au Musee Cernuschi (Archaic Chinese Bronzes), Vol. I-Tome 1, Paris, L'Asiatheque, 1977.

倫敦　The Chinese Exhibition, A Commemorative Catalogue of the International Exhibition of Chinese Art. Royal Academy of Arts, November 1935—March 1936, London.

中國圖符　Florance Waterbury, Early Chinese Symbols and Literature. Vestiges and Speculations. E. Weyhe, 1942, New York.

猷氏　W. Perceval Yetts (葉慈), The George Eumorfopoulos Collection: Catalogue of the Chinese and Corean Bronzes, Sculpture, Jades, Jewellery and Miscellaneous Objects, 1929, London.
(猷氏集古録)

弗里爾(1946)　J. E. Lodge, A. G. Wenley and J. A. Pope, A Descriptive and Illustrative Calalogue of Chinese Bronzes, Acquired during the Administration of John Elleroon Lodge, 1946, Washington.

弗里爾(1967)　J. H. Pope, R. J. Gettens, J. Gahill and N. Barnard, The Freer Chinese Bronzos Vol. 1, 1967, Washington.

寶鼎　Willem Van Heusden (萬孝臣), Ancient Chinese Bronzes of the Shang and Chou Dynasties, an Illustrated Catalogue of the Van Heusden Collection With a Historical Introduction, 1952, Tokyo.
(寶鼎齋三代銅器圖録)

鏡齋　Gusatv Ecke (艾克), Sammlug Lochow, Chinesische Bronzen I, II, Peiping, 1943, 1944.
(鏡齋吉金録)

洛爾　Loehr, Ritual Vessels of Bronze Age China, 1968, New York.

卢氏(1924)　Tch'ou Tö-yi, Bronzes Antiques de la Chine Appartenant a C. T. Loo et Cie, Paris,, 1924.

卢氏(1940)　An Exhibition of Ancient Chinese Ritual Bronzes loaned, C. T. Loo and Company, Detvoit.

盧氏(1941)　Exhibition of Chinese Art. C. T. Loo and Company, New York, 1941.

洛陽　W. C. White, Tombs of Old Lo yang.

1934, Shanghai.
(洛陽故城古墓考)

皮斯柏 B. Karlgren, A Catalogue of the Chinese Bronzes in the Alfred F. Pillsbury Collection, University of Minnesota, 1950.

塞利格曼 S. H. Hansford, The Seligman Collection of Oriental Art, Vol. I, 1957, London.

使華 Gustav Ecke (艾克), Frühe Chinesische Bronzen aus der Sammlung Oskar Trautmann, 1939, Peiping.
(使華訪古録)

沃森 W. Watson, Ancient Chinese Bronzes, 1962, London.

蘇黎世 Brinker, Helmut, Bronzen Aus Dem Alten China, Museum Rietberg Zurich, 1975—1976.

高本漢(1936) B. Karlgren (高本漢), Yin and Chou in Chinese Bronzes, Bulletin of the Museum of Far Eastern Antiquities, No. 8, 1936.

高本漢(1949) B. Karlgren (高本漢), Some Bronzes in the Museum of Far Eastern Antiquities, Bulletin of the Museum of Far Eastern Antiquities, No. 21, 1949.

高本漢(1952) B. Karlgren (高本漢), Some New Bronzes in the Museum of Far Eastern Antiquities, Bulletin of the Museum of Far Eastern Antiquities, No. 24, 1952.

高本漢(1958) B. Karlgren (高本漢), Bronzes in the Wess'en Collection, Bulletin of the Museum of Far Eastern Antiquities, No. 30, 1958.

本册器物所在簡目

（一）國内博物館和其它單位所藏

1．中國歷史博物館

1580、1586、1634、1639、1648、1706、1708
1825、1858、1874、1926、1946、1947、1958、
2005、2116、2214、2236、2238、2240、2341、
2362、2384、2436

2．故宫博物院

1522、1524、1527、1528、1536、1540、1543、
1549、1551、1561、1562、1591、1617、1624、
1630、1633、1643、1649、1667、1683、1685、
1687、1724、1736、1742、1750、1759、1762、
1771、1772、1781、1785、1793、1794、1799、
1802、1815、1820、1822、1839、1860、1867、
1871、1880、1881、1885、1899、1903、1912、
1915、1929、1934、1944、1945、1952、1954、
1959、1960、1967、1973、1982、1989、2008、
2024、2068、2075、2076、2087、2105、2117、
2120、2121、2127、2128、2131、2136、2141、
2143、2145、2151、2171、2173、2180、2183、
2209、2210、2212、2232、2239、2245、2252、
2256、2262、2263、2271、2306、2317、2334、
2350、2373、2378、2382、2407、2411、2413、
2430、2438、2451、2463、2471、2488、2494、
2515（北京）

1510、1544、1579、1582、1608、1660、1689、
1690、1819、2264、2265、2318、2322、2387、
2388、2431、2453、2513、2521（臺北）

3．上海博物館

1537、1541、1564、1576、1596、1600、1611、
1644、1757、1764、1768、1797、1812、1827、
1849、1910、1965、1995、2013、2034、2047、
2067、2071、2106、2108、2110、2126、2133、
2134、2149、2156、2174、2203、2204、2205、
2206、2207、2208、2211、2242、2258、2259、
2266、2281、2320、2361、2363、2364、2367、
2392、2394、2402、2403、2405、2429、2432、
2442、2448、2450、2461、2467？、2503、2512、
2517、2522、2523、2530

4．首都博物館

1836、1978、2035、2053、2166、2248、2255、
2505、2507

5．北京市文物工作隊

2374

6．天津市歷史博物館

2397

7．天津市藝術博物館

1556、1735、2421、2469、2496

8．陝西省博物館

1725、1786？、1928、2025、2077、2164、2165、
2186、2380、2439、2440、2470

9．陝西省文物管理委員會

1720、1940、2408、2486

10．西安市文物管理委員會

2349

11．岐山縣博物館

2014、2147、2176、2417、2491

12．陝西周原岐山文物管理所

1598

13．扶風縣博物館

1560、1906、2025、2074、2501、2516

14．陝西周原扶風文物管理所

1777、1778、1963、2023、2042

15．寶鷄市博物館

1664、1691、1722、1729、1791、1809、2054、2146、2152、2185、2191、2192、2253、2276、2277、2278

16. 咸陽市博物館

2100、2228

17. 武功縣文化館

2122

18. 長武縣文化館

2321

19. 鳳翔雍城考古隊

1631

20. 鳳翔雍城文物管理所

2359

21. 渭南縣圖書館

1870?

22. 河南省博物館

1601?1696、1890、2194?、2357、2391

23. 信陽地區文物管理委員會

1535

24. 洛陽市博物館

1873、2036

25. 南陽市博物館

2529

26. 新鄉市博物館

1904

27. 平頂山市文物管理委員會

2437

28. 光山縣文物管理委員會

2497

29. 湖北省博物館

1719、1990、2062、2290、2291、2292、2293、2294、2295、2339、2369、2370、2371、2423、2424

30. 武漢市文物商店

2235、2286

31. 荆州地區博物館

1694、1955、2085

32. 隨州市博物館

2083、2084、2355、2356

33. 襄陽地區博物館

2234

34. 宜昌地區博物館

2231

35. 山東省博物館

1935、1941、1981、1984、2111、2112、2381

36. 濟南市博物館

2447

37. 曲阜縣文物管理委員會

2246

38. 滕縣博物館

2037、2154

39. 濟陽縣圖書館

1931、2031、2347

40. 煙臺地區文物管理委員會

2418

41. 棲霞縣文物管理所

2524

42. 山西省博物館

1538、2319?

43. 芮城縣文化館

2050

44. 河北省文物研究所

1971、2088、2089、2090、2091、2092、2093、2094

45. 遼寧省博物館

1568、1651?、1925、2249

46. 旅順博物館

1887、1921、2135、2190、2201、2333、2498

47. 安徽省博物館

1803、1804、1805、1807、1994、2095、2215、2216、2217、2218、2219、2220、2221、2222、2223、2224、2225、2226、2243、2284、2296、

2297、2298、2299?、2301、2393、2395、2479、2480

48．鎮江市博物館

2375

49．蘇州市博物館

2443、2444

50．浙江省博物館

1554、2241

51．江西省歷史博物館

2476

52．湖南省博物館

1698、1801、1933

53．廣州市博物館

1550、1831、1927、2066、2069、2285、2331

54．甘肅省博物館

1733、1767、2160、2161

55．靈臺縣文化館

2012

56．四川省博物館

1980

57．清華大學圖書館

1828、1914、1920、1932、2419

58．吉林大學歷史系陳列室

2086、2287

59．中國社會科學院考古研究所

1792(所内)、1533、1666、1707、1855(安陽工作站)1761、1997、2148、2247、2457(西安研究室)

60．臺灣省"歷史語言研究所"

1659

61．臺灣省"中央博物院"

1526、1532、1573、1574、1594、1602、1612、1652、1681、1684、1740、1770、1783、1810 1872、1888、1889、1919、2009、2026、2059、2072、2082、2153、2237、2280、2302、2308、2309、2346、2351、2460、2468、2509、2510

（二）流散海外各國

1．日本東京國立博物館

1559、2300

2．日本東京出光美術館

1516、1530、1739、1862、2475

3．日本東京湯島孔廟斯文會

1521、1653、1898

4．日本京都泉屋博古館

2485

5．日本京都黑川古文化研究所

1581、1866、2372

6．日本京都藤井有鄰館

1748、2178

7．日本京都小川睦之輔氏

2495

8．日本奈良寧樂美術館

1747

9．日本奈良天理參考館

1675

10．日本神户白鶴美術館

2129、2130、2366

11．日本箱根美術館

1699

12．日本大阪齋藤悦藏氏

1642

13．美國華盛頓弗里爾美術博物館

Freer Gallery of Art, Washington, D.C, USA

1593、1721、1864

14．美國紐約大都會美術博物館

Metropolitan Museum of Art, New York, N. Y., USA

1716、1900

15．美國哈佛大學福格美術博物館

Fogg Museum of Art, Cambridge, Mass ,

USA

1518、1671、1732

16. 美國波士頓美術博物館

Museum of Fine Arts, Boston, Mass. USA

1566

17. 美國耶魯大學美術陳列館

Yale University Art Gallery, New Haven, Conn., USA

2289

18. 美國聖路易市美術館

The St. Louis Art Museum, St. Louis, Mo., USA

2016

19. 美國柏弗羅科學博物館

Buffalo Museum of Science, Buffalo, N. Y., USA

1657

20. 美國舊金山亞洲美術博物館布倫戴奇藏品

Avery Brundage Collection Asian Art Museum of San Francisco, San Francisco,

1711、1749、1758、1834、2337

21. 美國皮斯柏寄陳米里阿波里斯美術館

Minneapolis Institute of Arts, Minneapolis, Minn., USA

1859、1869、2340

22. 美國普林斯頓大學博物館卡特氏藏器

C. D. and D. Carter Collection, The Art Museum, Princeton University, Princeton, N. J., USA

1907、2140

23. 美國芝加哥美術館

Art Institute of Chicago, Ill., USA

1818

24. 美國堪薩斯納爾遜美術陳列館

William Rockhill Nelson Gallery of Art, Atkins Museum of Fine Arts, Kansas City., Mo., USA

1734、1746

25. 美國西雅圖美術博物館

Seattle Art Museum Seattle, Wash., USA

1800

26. 美國紐約凡特畢爾特夫人

Mrs. W. K. Vanderbilt, New York, USA

1824

27. 美國紐約穆爾氏

Mrs. William H. Moore, NeW York, USA

1717

28. 美國紐約梅益氏

F. M. Mayer, NeW York, USA

1702

29. 美國紐約羅比爾氏

Fritz Low-Beer, New York, USA

2433

30. 美國紐約薩克勒氏

Dr. Arthur M. Sackler, New York, USA

1604、1753、1852、2052

31. 美國紐約某氏

1627、1692、1700、1714、1784、1847、2368

32. 美國賓夕凡尼亞李察布氏

Richard C. Bull, Pennsylvania, USA

1599

33. 美國布拉馬氏

Prof. James Marshall plumer, Ann Arbor, USA

1622

34. 美國康恩氏

Mrs. Otto H. Kahn, New York, USA

2114、2396

35. 美國魏格氏

Harold G. Wacker, New York, USA.

2115

36. 美國聖格氏

Dr Paul Singer, Summit, N.J. USA

2325?

37. 加拿大多倫多皇家安大略博物館

Royal Ontario Museum, Toronto, Canada

2006

38. 加拿大多倫多士楝夫人

Mrs Louise Stone, Toronto, Canada

1942、1943

39. 英國倫敦不列顛博物館

British Museum, London, England

1519、1529、1986、2000、2483

40. 英國倫敦阿倫或巴洛氏

Sir Alanand Lady Barlow Collection, London, England

2324?

41. 法國巴黎賽爾諾什博物館

Musee Cernuschi, paris, France

1672、1948

42. 法國巴黎基美博物館

Musee Guimet, Paris, France

2011

43. 丹麥哥本哈根國家博物館民族學研究部

Ethnography Department of the National Museum of Copenhagen,

1668

44. 丹麥哥本哈根裝飾藝術博物館

Museum of Decorative Art, Copenhagen, Denmark.

2330

45. 瑞典斯德哥爾摩遠東古物館

The Museum of Far Eastern Antiquities, Stockholm, Sweden. Denmark

1680、1787、1956、2132、2159、2389

46. 瑞典韋森氏

1843?

47. 瑞典某氏

1760

48. 瑞士蘇黎世瑞列堡博物館

Museum Rietberg, Zurich, Switzerland

1539

49. 聯邦德國科隆東亞博物館

Museum für Ostasiatische Kunst, Berlin, FRG

1938

50. 德國陶德曼氏

Sammlung Oskar Trautmann, Germany

1901、2336

51. 荷蘭萬孝臣氏

Willem van Heusden Collection, Holland.

1756

52. 荷蘭某氏

1865

53. 澳大利亞墨爾本國立維多利亞博物館

National Gallery of Victoria, Melbourne, Australia

1587、1588、1701、2270

54. 澳大利亞墨爾本買亞氏

Mr Kenneth Myer, Melbourne, Australia

1625、1905

55. 香港趙不波氏

Dr P. P. Chiu. Hong Kong

1547

本册惠予協助的單位

中國歷史博物館
故宫博物院
上海博物館
首都博物館
天津市歷史博物館
陝西省博物館
陝西省文物管理委員會
寶鷄市博物館
扶風縣博物館
陝西周原扶風文物管理所
岐山縣博物館
陝西周原岐山文物管理所
咸陽市博物館
武功县文化館
鳳翔縣雍城考古隊
河南省文物研究所
洛陽市博物館
湖南省博物館
湖北省博物館
荆州地區博物館
宜昌地區博物館
襄陽地區博物館
隨州市博物館
武漢市文物商店
甘肅省博物館
四川省博物館
遼寧省博物館
旅順博物館
滕縣博物館
濟陽縣圖書館
安徽省博物館
鎮江市博物館
浙江省博物館
江西省歷史博物館
清華大學圖書館
吉林大學歷史系
日本東京國立博物館
日本東京出光美術館
日本京都大學人文科學研究所